Gottfried Küenzlen

Die Wiederkehr der Religion

Lage und Schicksal in der säkularen Moderne

OLZOG

Die Deutsche Bibliothek - CIP-Einheitsaufnahme

Küenzlen, Gottfried :
Die Wiederkehr der Religion : Lage und Schicksal
in der säkularen Moderne / Gottfried Küenzlen. -
München : Olzog, 2003
ISBN 3-7892-8122-0

ISBN 3-7892-8122-0

Internet: http://www.olzog.de

Umschlagentwurf: Gruber & König, Augsburg
Satz: Fotosatz H. Buck, Kumhausen
Druck- und Bindearbeiten: Himmer, Augsburg
Printed in Germany

Inhalt

Fünftes Kapitel

Vorwort

Die Religion ist in die Geschichte zurückgekehrt. Das vor uns liegende Jahrhundert wird – soweit wir zu blicken vermögen – *auch* von der Macht der Religion geprägt sein. Nach dem (zumindest vorläufigen) Ende der säkular-diesseitigen Ideologien, deren Heilsversprechen die Geschichte des zwanzigsten Jahrhunderts so tiefgreifend bestimmt haben, ist die Wiederkehr der Religionen unübersehbar: als Lebensführungsmächte, als Garanten kultureller Identität und als religionspolitische Gestaltungskräfte. Blind ist – wer in eurozentrischer Selbstbornierung – nicht wahrnimmt, daß wir die heutige Weltlage, ihre Krisen, Konflikte und Kriege, aber auch das Selbstverständnis und Selbstbewußtsein der außereuropäischen Kulturen nur wirklich verstehen können, wenn wir auch die Rückkehr der Religionen als „Lebensmacht“ (Max Weber) erkennen.

Davon handelt dieses Buch. Es handelt aber auch und vor allem von der Stellung der Religion im säkularen Europa und damit auch in Deutschland. Also geht es um Lage und Schicksal des *Christentums* als der Herkunftsreligion Europas. Unübersehbar ist: Europa scheint seiner Herkunftsreligion müde geworden. Dann aber heißt die Frage: Wohin geht, getrieben von welchen geistig-kulturellen Kräften, der Weg des von seinen kulturellen Herkunftstraditionen sich lösenden Europa?

Diese Frage ist kein geisteswissenschaftlicher Luxus, sondern gründet in der realistischen Einsicht in die Macht der Kultur: Gesellschaften leben nicht nur von der Pragmatik der Interessen und Nutzenkalküle, sondern auch von den in ihnen lebendigen Ideen, Welt- und Menschenbildern. Welche werden künftig die unseren sein – *wenn* sich die öffentliche Entkräftung des europäischen Christentums fortsetzte und das Christentum als Kulturmacht schließlich aufgehört hätte zu existieren?

Ist dies auch die leitende Fragestellung, die sich durch alle Kapitel des Buches zieht, so ist der Anspruch der einzelnen Beiträge bescheidener: Hier geht es um Untersuchungen zu ausgewählten Phänomenen und Sachfragen der religiösen Kultur in der säkularen Moderne. Ein umfassender Überblick, den ohnehin niemand geben könnte, ist selbstverständlich nicht angestrebt.

Die einzelnen Kapitel fußen zum Teil auf Publikationen, die ich in den vergangenen Jahren als Zeitschriftenaufsätze oder Buchbeiträge, an oft entlegener Stelle, teils im Ausland veröffentlicht habe. Sie wurden, abgesehen von den eigens neu verfaßten Kapiteln, teils geringfügig, teils umfassender überarbeitet. Mit Absicht wurden hierbei im Interesse der Versteh- und Lesbarkeit nicht alle Wiederholungen und Gleichklänge getilgt, die sich in den unterschiedlichen Beiträgen immer wieder finden.

Das Buch wendet sich nicht vorrangig an die wissenschaftlichen „Experten". So wurde auch auf einen ausgeführten Anmerkungsapparat verzichtet. Die Fußnoten enthalten im wesentlichen nur die Nachweise der im Text verwendeten Zitate. Auch habe ich, bis auf Ausnahmen, rein theoretische Erörterungen vermieden; dies auch deshalb, weil mich die modernisierungs- und religionstheoretische Dauerdiskussion immer weniger, die realistische Frage aber nach der Zukunft der Religion als Frage nach der Zukunft unserer Kultur immer mehr interessiert.

Einige der hier vorgelegten Studien habe ich in Rohfassungen auf Konferenzen und Tagungen im In- und Ausland vorgetragen. Eigens ist hier das Inter-University-Centre in Dubrovnik (Kroatien) zu nennen. Dort findet jährlich seit über 25 Jahren ein internationales Symposium statt: „The Future of Religion". Dankbar denke ich an die Freunde und Kollegen, denen ich dort begegnen durfte und mit denen ich viele der in dem Buch formulierten Thesen diskutieren konnte. Stellvertretend für viele nenne ich: Denis Janz, Mislav Kukoč, Rudolf J. Siebert, Nikola Skledar.

Auch die jährliche internationale Konferenz „Frane Petrič-Tage" (Insel Cres), veranstaltet von der Kroatischen Gesellschaft für Philosophie, bot mir seit Jahren eine fruchtbare Gelegenheit zum wissenschaftlichen Diskurs.

Zu danken habe ich meinen Mitarbeiterinnen und Mitarbeitern am Institut für Theologie und Gesellschaft der Universität der Bundeswehr München für ihre tätige Mithilfe. Ebenso danke ich dem Olzog Verlag für die erfreuliche und unkomplizierte Kooperation.

Neubiberg/Gäufelden-Tailfingen, im Januar 2003
Gottfried Küenzlen

Erstes Kapitel

Die Entmächtigung des europäischen Christentums und die Wiederkehr der Religion

I. Die Entmächtigung des europäischen Christentums

1. Religion und Kultur

Jede Kultur muß Antwort geben auf die Frage, was ein Mensch ist. Sie muß dies unausweichlich deshalb tun, weil der Mensch selbst naturhaft kein Wissen von sich selbst besitzt. Erst in der Kultur, in der er sich vorfindet, die er sich, sei es in Anpassung, Transformation oder Protest anverwandelt, begegnen ihm Antworten auf die Frage nach sich selbst. Erst hier bilden sich jene Orientierungen und inneren Zielbilder, die seinem Denken, Handeln und Fühlen, Richtung, Entlastung und Sicherheit verleihen.

Jeder Blick in die Kulturgeschichte, einschließlich ihrer verschiedenen Kulturkreise und ihrer unterschiedlichen geschichtlichen Epochen zeigt: Immer waren es die Religionen, die mit ihren selbstverständlich ganz unterschiedlichen Inhalten und Entwicklungsstufen, zwar nicht ausschließlich, so doch wesentlich Antwort auf die Frage des Menschen nach sich selbst boten. Gerade eine Analyse und Diagnose gegenwärtiger, insbesondere westlich-europäischer Religionsverhältnisse ist gut beraten, sich vorab diesen historischen Befund vor Augen zu halten: Religion, in welchen Gestalten, Kulten und Göttern sie sich auch formierte war (nahezu) immer eine bestimmende Größe der unterschiedlichen Kulturen und der in ihnen lebendigen Menschen- und Weltauffassungen.

Diesen weithin universal gültigen historischen Befund muß man sich vergegenwärtigen, um vorweg zu verstehen, daß die von Aufklärung, Religionskritik und säkular-diesseitigen Glaubenskräften geprägte säkulare Moderne, auf die Religion bezogen ein historisch höchst eigenartiges und überdies bislang, geschichtlich betrachtet eher kurzlebiges Gebilde darstellt; nur das in der Dogmatik eines von bestimmten Aufklärungstheoremen gefangene Denken gaukelt uns vor, die Evolutionsdynamik moderner Gesellschaften sei notwendig und geradezu geschichtsprovidentiell verbunden mit dem Verlust der Religion als kulturprägender Kraft.

So sehr solcher Verlust – wie zu zeigen sein wird – die gegenwärtige Realität Europas weithin kennzeichnet, so könnte doch der historisch belehrte Blick auf das Verhältnis von Religion und Kultur, aber auch der gegenwärtige Blick auf Lage und Stellung der Religion in außereuropäischen Kulturen gegenüber solch modernisierungstheoretischer Dogmatik zur Vorsicht mahnen – und zu der Frage führen: Warum eigentlich soll Modernisierung und gesellschaftlich-kulturelle Fortentwicklung immer und überall notwendig verbunden sein mit dem Verlust der Religion als Kulturmacht?

Doch wie man sich auch in kultursoziologischer, religionswissenschaftlicher oder historischer Perspektive zu der Frage verhalten mag, ob Kulturen ohne Religion auf Dauer existieren können, oder je existiert haben, so ist umgekehrt festzuhalten: Religionen haben immer ihre kulturelle Verortung und können immer nur in ihr und aus ihr verstanden und gedeutet werden. Immer sind die Religionen in den Kulturkontext ihrer jeweiligen geschichtlichen und gesellschaftlichen Reallagen hineinverwoben. Ob etwa Religionen regionale und historisch begrenzte Phänomene bleiben, oder über ihren ursprünglichen Entstehungskreis hinaus wachsend, zu geschichtlich langfristiger und räumlich entgrenzter Wirkung gelangen können, hängt zunächst ab von den Inhalten ihrer Botschaften; so zum Beispiel, ob die religiösen Botschaften auf Stammes- und Volksgruppen begrenzt sind oder universalistisch-missionarischen Charakter tragen. Sodann aber ist für diese Frage entscheidend, wie sich das jeweilige Verhältnis von Religion und Kultur gestaltet und entwickelt hat. Dabei geht es nicht um ein bloß mechanistisches Verständnis dieses Verhältnisses, so als ob die Kultur nur das jeweils äußere Gehäuse darstelle, in dem die Religion „rein", unverändert und unveränderbar fortlebe. Vielmehr ist die Geschichte des Verhältnisses der Religionen zu der Kultur immer auch die Geschichte vielfacher Umformungen, Assimilationen und Transformationen der Religion – als Bedingung ihres Überlebens.

Dies ist am Fall des Christentums in glanzvollen Arbeiten vor allem der älteren protestantischen Theologie herausgearbeitet worden.[1] Doch etwa auch bei dem politischen Philosophen Eric Voegelin, der das Verhältnis von Christentum und Kultur in kulturphilosophischer Perspektive thematisiert hat, findet sich in prägnanter Formulierung die Frage, auf die eine Entstehungsgeschichte des Christentums eine Antwort finden muß: „Warum konnte sich das Evangelium in der hellenistisch-römischen Umgebung, in der es entstand, erfolgreich durchsetzen? Warum hat es eine intellektuelle Elite angezogen, die den Sinn des Evangeliums in der Sprache der Philosophie neu formulierte und dadurch eine christliche Lehre schuf? Wie konnte diese Lehre zur Staatsreligion des Römischen Reiches werden? Wie konnte die Kirche, nachdem sie durch diesen Prozeß kultureller Assimilation hindurch gegangen war das Römische Reich überleben und zur chrysalis (i. e. goldfarbene Puppe des Schmetterlings) der westlichen Zivilisation werden ...?"[2]

Voegelin gibt selbst eine erste generelle Antwort: „Indem das Evangelium der früheren ekklesia tou theou des Lebens der Vernunft in der Gestalt der hellenistischen Philosophie in sich aufnahm, ist es zum christlichen Glauben der Kirche geworden. Hätte die Gemeinde des Evangeliums sich nicht auf die Kultur der Zeit eingelassen, indem sie sich auf deren Leben der Vernunft ein-

[1] Siehe zum Beispiel v. Harnack, Adolf: Die Mission und Ausbreitung des Christentums in den ersten drei Jahrhunderten; 1902; v. Soden, Hans: Christentum und Kultur; 1956; Holl, Karl: Urchristentum und Religionsgeschichte; 1928; Bultmann, Rudolf: Das Urchristentum im Rahmen der antiken Religionen; 1949.

[2] Voegelin, Eric: Evangelium und Kultur. Das Evangelium als Antwort; München; 1997; S. 13.

ließ, so wäre sie eine obskure Sekte geblieben und wahrscheinlich aus der Geschichte verschwunden; wir kennen das Schicksal des Judenchristentums."[3]

In dem ersten Zitat Voegelin's klingt schon an, was nun die andere Seite des Verhältnisses von Religion und Kultur ausmacht: Nicht nur daß die jeweilige Kultur die Religion vielfach prägt und umformt, auch kann die Religion, zwar nicht immer und überall, aber in bestimmten historischen Lagen selbst zur kultur- und gesellschaftsbestimmenden Lebensmacht werden. Ganze Kulturen und Gesellschaften haben sich in unterschiedlichen Richtungen entwickelt, je nachdem welches religiöse Konzept und damit welche Auffassungen vom Menschen und seines Verhältnisses zur Welt in ihnen bestimmend waren. Dies hat Max Weber in seiner „Wirtschaftsethik der Weltreligionen" nachdrücklich aufgewiesen. Und wieder bezogen auf das Christentum geht es um die Frage, nicht nur wie das orientalischer Lebens- und Vorstellungswelt entstammende Christentum zur Herkunftsreligion Europas werden konnte, sondern auch wie es die abendländische Welt lange Zeit selbst prägen und bestimmen konnte.

Diese Hinweise und Bemerkungen müssen genügen, um sich den generellen Befund vor Augen zu halten: Eine erklärungskräftige Analyse und Diagnose von Lage und Stellung einer Religion wird stets auch die Analyse und Diagnose ihrer jeweiligen kulturellen Verortung sein. So wird auch die Beschreibung der gegenwärtigen religiösen Entwicklungen diese Frage aufnehmen müssen. Bezieht man sich auf die Lage und Stellung des gegenwärtigen westlichen Christentums, so wird nach dessen jeweiliger Verortung in den Kulturlagen westlicher Gesellschaften zu fragen sein.

Als Ausgangspunkt hierzu nehme ich Hinweise des Theologen und Religionsphilosophen, der das Verhältnis von Christentum und Kultur am eindringlichsten thematisiert und untersucht hat: Paul Tillich. Er schreibt in der Einleitung zum dritten Band seiner „Systematischen Theologie", daß die geistige Situation, aus der sein „System" hervorgehe, durch Ereignisse charakterisiert sei, die die „religiöse Bedeutung alles nur traditionell Theologischen weit

[3] Ebd.; S. 14.

überschreite".[4] Insbesondere seien es drei Punkte, in denen die gegenwärtige Situation, in die die „geschichtlichen Religionen" gestellt seien, sich fassen lasse: „Am wichtigsten ist die Begegnung mit dem Säkularismus und den ‚quasi-Religionen', die dem Säkularismus entstammen. … Ein anderes wichtiges Charakteristikum der gegenwärtigen Situation ist der weniger dramatische, aber immer wichtiger werdende Austausch zwischen den geschichtlichen Religionen, der teilweise durch die gemeinsame Front aller Religionen gegen die auf sie einwirkenden säkularen Kräfte bedingt ist, teilweise durch die Überwindung des räumlichen Abstandes zwischen den verschiedenen religiösen Zentren durch die moderne Technik".[5] Schließlich nennt Tillich, der Theologe des „protestantischen Prinzips", die Begegnung zwischen Protestantismus und Katholizismus, bei der es zu bedenken gelte, „daß die Reformation nicht nur ein religiöser Gewinn, sondern auch ein religiöser Verlust war".[6]

Säkularismus – die Begegnung mit anderen Religionen – das Verhältnis von Protestantismus und Katholizismus: Dies sind die Stichworte für Kulturereignisse, die für Tillich wesentlich die Lage und Stellung des westlichen Christentums bestimmten. Diese Stichworte erweisen sich auch heute am Anfang des 21. Jahrhunderts für eine geistig-religiöse Situationsbeschreibung als richtungsweisend. Freilich gilt es nun, die Diagnose Tillichs in die neueren historischen Wandlungen und Zeitumbrüche zu stellen. Dies hinlänglich zu tun, bedeutete freilich eine umfassende Forschungsaufgabe, die sich die hier vorgelegte Darstellung nicht zutrauen darf. In ihr geht es darum, einige der geistig-kulturellen Strömungen und Bewegungen zu benennen, die für die heutige kulturelle Verortung des westlichen Christentums wesentlich sind.

Hierzu ist – in Aufnahme der Tillich'schen Stichworte – vorweg festzuhalten:

1. Säkularismus war für Tillich noch die Beschreibung kulturmächtiger Strömungen, die mit ihren innerweltlichen Erlösungsansprüchen und Heilsversprechen, die Geschichte der

[4] Tillich, Paul: Systematische Theologie; Bd. III; Stuttgart; 1966; S. 16.
[5] Ebd.
[6] Ebd.

westlichen Moderne bis über die Mitte unseres Jahrhunderts hinaus wesentlich bestimmten. Im Namen innerweltlicher ‚quasi-Religionen' (Tillich) wurden Kriege geführt, Reiche zerstört und erschaffen. Heute – spätestens nach 1989 – sind zumindest die Träume eines politischen Messianismus erloschen. Eine Beschreibung des heutigen Säkularismus wird also nicht mehr die Beschreibung seines Siegeszugs allein sein können, sondern auch die Beschreibung seiner Krise.

2. Hellsichtig hat Tillich schon 1963 die Begegnung der Weltreligionen als grundlegend für die religiöse Situation angesehen, diese freilich in seiner Zeit als „weniger dramatisch" beschreiben dürfen. Heute *ist* die Situation dramatischer. Die heutige Weltlage versteht nicht mehr, wer nicht *auch* die Macht der Religion als gesellschafts-, politik- und kulturbestimmenden Faktor im Blick hat. Die – freilich mißleitende – Formel vom weltweiten „Fundamentalismus" muß hier einleitend als Hinweis genügen.
   Diese beiden Kulturvorgänge gilt es nun in ihrer Bedeutung für die heutige Lage und Stellung des westlichen Christentums genauer zu entfalten.
3. Ganz beiseite muß im folgenden das dritte der Stichworte Tillichs bleiben: Das Verhältnis Protestantismus – Katholizismus; dessen genauere Thematisierung führte zu tief in Spezialfragen der gegenwärtigen ökumenischen Verhältnisse. Doch sei wenigstens festgehalten, in welcher Freiheit der protestantische Theologe Tillich davon sprach, daß die Reformation neben ihrem „religiösen Gewinn" auch der Prozeß eines „religiösen Verlustes" war und es nun darum gehe, „daß das ‚protestantische Prinzip' mit der ‚katholischen Substanz' geeint werden müsse".[7]

2. Geschichtlicher Rückblick

Die Geschichte der säkularen Moderne Europas ist auch die Geschichte der kulturellen Entmächtigung des Christentums. Damit

[7] Ebd.

wird selbstverständlich nicht die unsinnige These vertreten, es wäre das Christentum vom 17. bis Anfang des 21. Jahrhunderts – auch in seiner institutionalisierten Gestalt, den christlichen Kirchen – immer nur noch eine randständige Erscheinung gewesen, oder es hätte der christliche Glaube für den Einzelnen als Macht der Lebensführung aufgehört zu existieren. Eine Untersuchung der Realgeschichte des westlichen Christentums, etwa in Deutschland, wäre *auch* die Beschreibung der vielfältigen Bedeutung, die das Christentum immer noch, immer wieder oder auch ganz neu aufwies, wobei etwa an die religiösen Erweckungsbewegungen als nur einem Beispiel zu erinnern wäre. Auch zeigen die empirischen Erhebungen, im 19. Jahrhundert als „Religionsstatistik" begonnen, eine bis heute, wenn auch relative und weithin fragile Stabilität der Volkskirchen. Ein Befund, der freilich selbst soziologisch höchst erklärungsbedürftig ist. Kulturelle Entmächtigung meint hingegen den Prozeß zunehmenden Geltungsschwunds des Christentums als *öffentliche*, etwa Staat, Recht, Bildung usw. prägende Kraft.

Am Anfang dieses Prozesses standen vor allem die Konfessionsspaltungen des 16. Jahrhunderts und die Erfahrung der darauf folgenden Konfessionskriege in Europa. Dies ist in der einschlägigen Literatur auch häufig beschrieben worden und läßt sich in folgenden knappen Bemerkungen und Hinweisen zusammenfassen: Die Sicherung des bürgerlichen Friedens konnte mit dem Aufkommen konkurrierender, ja sich kriegerisch befehdender religiöser Wahrheitsansprüche nicht mehr durch die öffentliche Autorität der Religion gelingen. Die Einheit der res publica christiana – Grundlage des Heiligen Römischen Reiches Deutscher Nation – war aufgelöst als nunmehr unterschiedliche Christentümer mit dem Anspruch auftraten, jeweils Hüter der christlichen Wahrheit zu sein. „Nun sind päpstlich, lutherisch, calvinisch – diese drei: Es ist die Frage, was das wahre Christentum denn sei?" Man würde diese zeitgenössische religiöse Selbstwahrnehmung ganz mißverstehen, wenn man sie mit einem heutigen aufklärungsbestimmten Blick, als liberalistisch-relativierende Aussage über die prinzipielle Unentscheidbarkeit religiöser Wahrheit begriffe. Was das wahre Christentum sei: Darüber wurde in den religiös-konfessionellen Bürgerkriegen des 16. und 17. Jahrhunderts auf den Schlachtfeldern gekämpft und diese Frage stürzte ganz Europa, insbesondere Deutschland, England und Frankreich in den Strudel ungeheurer, bis dahin so nicht gekannter Vernichtungskämpfe, die schließlich ganze Länder verwüsteten und teils entvölkerten.

Waren zunächst Staat und Politik, also die weltlichen Mächte, die Instrumente, um den jeweiligen religiösen Geltungsansprüchen zum Sieg zu verhelfen, so lag in der Logik dieser Wirren des konfessionellen Bürgerkriegs die Entwicklung hin zur Säkularität des Staates. Denn der einzige Weg zur Sicherung des bürgerlichen Friedens lag in der Entflechtung von Religion und Politik. „Auctoritas non veritas facit legem“ (Thomas Hobbes): Dies ist die religionsneutralisierende und damit friedenssichernde Formel, in der sich nunmehr die Souveränität und schließlich Säkularität des Staates fassen läßt. Die souveräne Autorität des Staates steht nun über den streitenden Religionsparteien. Politik und Staat konnten, ja mußten sich in solcher geschichtlicher Lage von ihren religiösen Fundamentierungen befreien und trieben auf ihre säkulare Begründung hin. Die Religion, sofern sie nicht in zivilreligiöser Absicht politisch benötigt wurde, geriet tendenziell zu einer Angelegenheit privater Religionsausübung, – ein Prozeß der Abdrängung der Religion ins Private, der schließlich in den Umbrüchen der Französischen Revolution sich vollendete. So führte der „Prozeß religionspolitischer Aufklärung“ (Hermann Lübbe) zu immer klarerer Trennung von Religion und Politik und drängte zu rein säkularer Begründung von Politik, Staat und Recht, die der Religion als Legitimationsquelle ihrer selbst nicht mehr länger bedurften.

So klar dieser – hier nur grob skizzierte – Vorgang sich auch darstellt, so wäre es doch ein trügerischer Kurzschluß, wollte man den grundlegenden Wandel hin zur Säkularität und die damit einhergehende politische und kulturelle Entmächtigung der Religion nur in politisch- gesellschaftlichen Umständen und Entwicklungen sehen. Vielmehr: Von der kulturellen Entmächtigung der Religion zu reden, heißt vor allem zu reden von der kulturellen *Ermächtigung* der Säkularität. Denn die Moderne hat ihre eigene säkulare Glaubensgeschichte. Die Genese und Verlaufsgeschichte der säkularen Moderne verstehen wir nur, wenn wir sie auch als Geschichte der *innerweltlichen* Erlösungshoffnungen und Heilsversprechen begreifen.[8] Gerade der Versuch, gegenwartsdiagnostisch Lage und Stellung des Christentums zu verorten, bedarf der Einsicht: „Unsere heutige Situation ist nicht einfach das Resultat eines Säkularisierungsprozesses, der eigene weltliche Ordnungen schuf. Die säkulare Gesellschaft verzichtete zwar auf den alten Glauben, aber damit nicht auf den Glauben. Im Zeichen eines neuen Glaubens vielmehr ist sie entstanden und in dessen Zeichen hat sie gesiegt. Deshalb hat die säkulare Gesellschaft ihre eigene Glaubensgeschichte ...“[9] Die Glaubensmächte der säkularen Religion fasse ich in die Trias: Glaube an die Geschichte als innerweltliche Heilsgeschichte, in der Heil, Unheil und Erlösung sich realisiert; Glaube an die moderne Wissenschaft und die auf sie aufruhende Technik; Glaube an die Politik in Gestalt eines politischen Messianismus, etwa in Form des Glaubens an die heilsbringende Macht der Revolution, wie er sich etwa als Glaube an die heilsgeschichtliche Bedeutung von Klasse oder Rasse in den totalitären Bewegungen des 20. Jahrhunderts formierte.

Gemeinsam ist diesen säkularen Glaubenskräften, die sich in ihrer realen Wirkung ohnedies nicht trennen lassen, vielmehr stets ineinander fließen, ihr innerweltlich diesseitiger Anspruch: Der Mensch könne als Regisseur seines Schicksals, sein Heil und seine Erlösung innerweltlich realisieren. Mit dem Aufstieg solch *säkularer* Religion mußte der kulturelle Abstieg der überlieferten, ohnedies ins Private gedrängten Religion einhergehen. Dies läßt sich am Aufstieg der neuzeitlichen *Wissenschaft* zur alle modernen Daseinsverhältnisse durchdringenden Kulturmacht deutlich zeigen, wobei folgende kurze Hinweise genügen müssen: Entgegen der geläufigen Meinung begann die neuzeitliche Wissenschaft ihren Weg und Siegeszug nicht allein mit dem Versprechen, durch Mehrung ihrer Erkenntnisse die äußeren Bedingungen des Lebens laufend zu verbessern und den äußeren Nutzen zu mehren. Sie trat an mit der Verheißung, der Mensch könne durch Erkenntnis der Na-

[8] Ich habe dies genauer dargestellt in meinem Buch: Der Neue Mensch. Die säkulare Religionsgeschichte der Moderne; ^{2}1995; Frankfurt; Neuausgabe; 1997.
[9] Tenbruck, Friedrich H.: Die Glaubensgeschichte der Moderne; in: Die kulturellen Grundlagen der Gesellschaft. Der Fall der Moderne; Opladen; 1989; S. 131 f.

turgesetze und der Gesetze des menschlichen Zusammenlebens die wahre Ordnung errichten und die Welt endlich den wahren Zwecken des Menschen gemäß einrichten. So gewiß die modernen Naturwissenschaften vornehmlich auch von theologischen Antrieben geprägt waren, was sich am Werk Isaak Newtons studieren läßt, so trieb ihre Entwicklung hin zur religiösen Entzauberung von Welt und Natur und weg von religiöser und theologischer Begründung. Dem entsprach soziologisch das Aufkommen einer von kirchlicher Autorität sich emanzipierenden Kulturintelligenz, die nunmehr im Namen der Wissenschaft zur entscheidenden Deutungsinstanz der menschlichen Dinge wurde. Mit diesem Aufstieg der Wissenschaft zur bestimmenden Kulturmacht war notwendig der Verlust der *Kultur*bedeutung der Religion als Legitimationsquelle und öffentlicher Legitimationsinstanz verbunden.

Diese Anmerkungen waren nötig, um wenigstens anzudeuten, welch tiefe herkunftsgeschichtliche Wurzeln die neuzeitliche Entmächtigung des europäischen Christentums hat.

Selbstverständlich müßte eine ausführlichere Beschreibung der neuzeitlichen Christentumsgeschichte *auch* eingehen auf die wirkungsgeschichtliche Bedeutung, die das Christentum und insbesondere der Protestantismus für die *Entstehung* der neuzeitlichen westlichen Kultur und Gesellschaft hatte. Das haben Max Weber und Ernst Troeltsch in grandiosem Zugriff aufgewiesen. So hat Weber beschrieben, daß es die Kraft einer Religion, nämlich des innerweltlich-asketischen Protestantismus war und nur sie es sein konnte, die den Weg hin zur okzidentalen, kultur- und gesellschaftsbestimmenden Rationalität bahnte. Doch liegt gerade die kulturdiagnostische Pointe der „Weber-These" darin, daß die so geschichtsmächtige Religion am Ende sich selbst aufhob. Die Religion kam, wenn auch nicht an ihr faktisches historisches Ende, so doch an ihr Ende als „Lebensmacht" (Max Weber). Zurück blieb das „stahlharte Gehäuse" und eine Rationalität, die von nun an von innerweltlichen Mächten vorangetrieben wurde. Hierher gehören dann jene Strömungen und Bewegungen, die von einer offensiven Bezweiflung des Christentums getragen wurden.

Es ist bekannt und muß hier nicht breiter ausgeführt werden, daß die Bezweiflung des Christentums ihren offensiven Ausdruck in bestimmten, wenngleich nicht allen, religionskritischen Positionen der Aufklärung fand; Positionen, die zunächst noch reine Intellektuellenangelegenheiten waren, aber im Laufe des 19. Jahrhunderts breite Resonanz fanden: So hatte die religionskritische Aufklärung schon mit der These aufgewartet, daß alle positive Religion unwahr sei, im besten Falle ein Ersatz für die unaufgeklärten Massen, im schlimmeren Falle ein Priestertrug. Für den Weisen gab es nur den Deismus der Vernunftreligion, und bisweilen waren schon Positionen eines dezidierten Atheismus vertreten worden. Die Wirkung dieser Auffassung trat aber erst im 19. Jahrhundert ein, als diese Lehren in die Breite wirkten, zum Beispiel das Freidenkertum und der Atheismus als organisierte Bewegungen zum Kampf antraten und öffentliche Anerkennung und Einfluß fanden bis in die Arbeiterschaft hinein. Je stärker sich die Naturwissenschaften entwickelten und detaillierten, um so mehr erschien auch das naturwissenschaftliche Weltbild als unvereinbar mit der Religion. Somit radikalisierten sich die vergleichsweise milden Positionen der Aufklärung in der Religionsfrage in dem Sinne, daß nun vor dem Hintergrund des sich abzeichnenden Materialismus, Evolutionismus und säkularem Fortschrittsglaubens, die Religion zum entscheidenden Hindernis erklärt wurde, das den Menschen an seiner inneren und äußeren Freiheit, seinem Glück und seinem Fortschritt hinderte. Bei allen national-kulturellen Besonderheiten dieser Radikalisierung war dies die gemeinsame Situation in den westeuropäischen Staaten um die Mitte des 19. Jahrhunderts, wobei man in Deutschland ja nur an die Linkshegelianer, an Feuerbach, Moleschott, Büchner, Marx oder D. F. Strauß zu erinnern braucht. Entscheidend dabei ist, daß solche Christentumskritik nicht bloße Ideengeschichte blieb, sondern weite Verbreitung fand und zu einem bestimmenden Ausdruck eines bürgerlichen Lebensgefühls wurde.

Doch versteht man auch diese radikale Christentumskritik nur ganz, wenn man die ihr eigenen *säkularreligiösen* Antriebe im Blick hat: Gleichzeitig mit der Kritik am Christentum und seinem alten „in Wohnungsnot geratenen Gott“ (D. F. Strauß) ging einher der neue evolutionsbestimmte Glaube an den „Menschen“, die „Menschheit“ und an die wachsende, endlich von den Fesseln positiver Religion erlöste Humanität. Auch dieser neue Glaube wirkte in die Breite, wobei nur an die ungeheure Wirkung Theodor

Haeckels und seinen geradezu als neue Religion sich darbietenden „Monismus" oder an die in hunderttausendfacher Auflage verbreiteten Bände der Zeitschrift „Kosmos" erinnert zu werden braucht.

Grundstürzend-geschichtsprägende Kraft übte die säkulare Religion freilich in ihren Verheißungen eines politischen Messianismus aus. Ob im Glauben an die Heilsbedeutung der Nation oder der Revolution: Die Hoffnungen und Erlösungsziele der politischen Religionen, ideengeschichtlich im 19. Jahrhundert geboren, prägten vielfach die Realgeschichte des vergangenen Jahrhunderts. Insbesondere sind die totalitären Bewegungen des 20. Jahrhunderts Kommunismus, Nationalsozialismus und Faschismus nicht wirklich zu verstehen, wenn man sie nicht *auch* als Bewegungen einer politischen Religion versteht. Hierhin gehört dann aber auch die Einsicht, daß der Totalitarismus selbst ein elementarer Ausdruck des Prozesses der kulturellen Entmächtigung des Christentums darstellt. Ohne die öffentliche Entkräftung des Christentums, die lange vorher schleichend oder in stürmischer Entwicklung begann, hätten die totalitären Bewegungen und Regime niemals ihren Siegeszug beginnen können. Was auch immer sonst an politisch-gesellschaftlichen, ökonomischen und kulturellen Wandlungsprozessen miteingeflossen sein mag: Die sich selbst durchaus zumeist offen als antichristlich verstehenden totalitär-revolutionären Bewegungen sind selbst Ergebnis und Phänomen kulturell-öffentlicher Entmächtigung des Christentums.

Hier läßt sich die Bemerkung nicht unterdrücken: Es berührt eigenartig, daß in der umfangreichen einschlägigen Literatur zur Erforschung totalitärer Systeme, insbesondere des deutschen Nationalsozialismus, dieser Zusammenhang kaum thematisiert ist (wie denn auch die Erforschung des Totalitarismus als Ausdruck politischer Religion, politik- und kulturtheoretisch nur langsam an Boden gewinnt). Man muß schon Spengler, Jünger, Heidegger oder selbstverständlich Nietzsche lesen, um etwa den geistigen Weg Deutschlands, der zum Nationalsozialismus führte, als einen Weg zu verstehen, bei dem die Abkehr vom Christentum teils halb, teils ganz schon vollzogen war.[10]

---

[10] Vgl. hierzu: Rohrmoser, Günter: Deutschlands Tragödie. Der geistige Weg in den Nationalsozialismus; München; 2002.

Diese knappe und die immer gegebene Mannigfaltigkeit historischer Reallagen notwendig vernachlässigende Skizze zeigt: Die Geschichte der westlich-europäischen Moderne ist auch die Geschichte der geistig-kulturellen Entmächtigung des Christentums. Dies gilt auch, wenn man die gegenläufig-gegenstrebenden Bewegungen und Tendenzen, die die neuere europäische Christentumsgeschichte *auch* aufwies, nicht ausblendet.

Der Blick zurück auf diese Geschichte des Geltungsschwundes des Christentums als öffentlicher Kulturmacht ist aber vor allem deshalb nötig: Unsere *Gegenwart* verstehen wir nur, wenn wir sie auch als Ergebnis einer geschichtsmächtigen Entwicklung verstehen. Eine Entwicklung, die wesentlich geprägt ist von der Auszehrung der überlieferten Herkunftsreligion Europas und von neuen Kulturmächten, genährt von einem neuen säkularreligiösen, auf das Diesseits gerichteten Glauben.

3. Zur gegenwärtigen Lage

„Wie sieht nun der Philosoph die Cultur in unserer Zeit an? Sehr anders freilich als jene in ihrem Staat vergnügten Philosophieprofessoren. Fast ist es ihm, als ob er die Symptome einer völligen Ausrottung und Entwurzelung der Cultur wahrnähme, wenn er an die allgemeine Hast und zunehmende Fallgeschwindigkeit, an das Aufhören aller Beschaulichkeit und Simplicität denkt. *Die Gewässer der Religion fluthen ab und lassen Sümpfe und Weiher zurück; ... Die Wissenschaften,* ohne jedes Maas und im blindesten laisser-faire betrieben, zersplittern und *lösen alles Festgeglaubte* auf; die gebildeten Stände und Staaten werden von einer großartig verächtlichen Geldwirtschaft fortgerissen. Niemals war die Welt mehr Welt, nie ärmer an Liebe und Güte ...“[11]

Diese Sätze Friedrich Nietzsches aus dem Jahre 1874 sind von erstaunlich-präziser gegenwartsdiagnostischer Kraft. Und nur in dieser Hinsicht interessiert uns Nietzsche und nicht der Nietzsche, dessen eigener Weg heraus aus der Krise der „Cultur“ – in freilich

[11] Nietzsche, Friedrich: Schopenhauer als Erzieher; in: Sämtliche Werke; Bd. 1; ed. Colli, Giorgio/Montinari, Mazzino; München; 1988; S. 366 (Heraushebung von G. K.).

grandioser Weise – scheiterte. Insbesondere sind es drei Punkte, die sich aus dem obigen Zitat herleiten und die sich – jenseits der damit anklingenden generellen Kulturkritik Nietzsches – für eine Gegenwartsanalyse von Lage und Schicksal der Religion fruchtbar machen lassen. Ich fasse diese vorweg thesenartig zusammen:

1. „Die Gewässer der Religion fluthen ab und lassen Sümpfe und Weiher zurück“: Der Prozeß der kulturellen Entmächtigung des europäischen Christentums ist keine bloß geschichtliche und heute überwundene, sondern gegenwartsbestimmende Realität.
2. „Die Wissenschaften lösen alles Festgeglaubte auf“: Die Problematisierung, Hypothetisierung und damit Relativierung aller Daseinsverständnisse und insbesondere aller Herkunftstraditionen durch Wissenschaft ist das, was von den einstigen Hoffnungen, mit denen die neuzeitliche Wissenschaft antrat, wesentlich übrigblieb.
3. Die Macht der „Geldwirtschaft“: Der Triumph des Utilitarismus bleibt die letzte kulturbestimmende Ideologie, nach dem zumindest vorläufigen Ende der säkularreligiösen, neuzeitlichen Ideologien.

Ich verzichte an dieser Stelle darauf, diese Thesen, die in den Einzelstudien dieses Bandes immer wieder explizit oder in nuce thematisiert werden, im einzelnen systematisch auszuformulieren. Sie bilden aber doch den Hintergrund und Leitfaden der folgenden Zusammenfassung, in der ich die gegenwärtige Lage und Stellung des europäischen Christentums kurz darzustellen versuche. Daß dies notwendigerweise nur an ausgewählten Sachverhalten und mittels eingegrenzter Perspektiven geschehen kann, ist vorweg noch einmal zu betonen.

Die „abfluthenden Gewässer der Religion“, nur „Sümpfe und Weiher“ zurücklassend, – das bezeichnet zunächst den in ein Bild gefaßten Vorgang, den wir die kulturell-öffentliche Entmächtigung der Religion genannt haben. Solche Entmächtigung betrifft aber gegenwartsbezogen nicht nur den Verlust der Religion als öffentliche Legitimationsinstanz für Staat, Politik, Recht, Bildung usw., vielmehr gilt es, diesen Prozeß auch zu beziehen auf das Individuum selbst. Entmächtigung der Religion ist auch ihre Entmächtigung als Macht der Lebensführung. Dies meint: In Europa wächst die Zahl derer, die sich selbst und die Welt ohne Religion erklären können und wollen. Man könnte hier, muß aber nicht, die gesammelten und in sich selbst höchst deutungsbedürftigen Ergebnisse der empirischen Sozialforschung heranziehen, um sich dieses Befundes zu versichern. Der amerikanische Religionssoziologe Peter L. Berger hat diesen Vorgang schon vor dreißig Jahren in die Formel gefaßt: „Vielleicht zum ersten Mal in der Geschichte haben religiöse Legitimationen der Welt ihre Plausibilität nicht nur für eine Handvoll intellektueller und anderer gesellschaftlicher Randfiguren verloren, sondern für die breiten Massen ganzer Gesellschaften".[12]

Zu einer Diagnose gegenwärtiger, auf das Individuum und seine Orientierungen ausgerichteter Religionsverhältnisse gehört freilich der anderer Befund hinzu: Die neuen, diesseitsgerichteten Hoffnungen und Glaubenskräfte säkularer Religion (s.o.) waren auch Mächte der Lebensführung, wovon sich jeder überzeugen kann, der sich auch nur gröbste Kenntnisse der europäischen Literatur des 19. und 20. Jahrhunderts verschafft. Doch zur Signatur der Gegenwart gehört, daß auch diese Träume vom Menschen als dem Regisseur seines Heils zwar nicht gänzlich und überall, aber doch in größerer kulturell-gesellschaftlicher Breite weithin zerronnen sind. Nicht nur das Christentum ist entkräftet, entkräftet ist auch eine an ihren säkularen Glaubenshoffnungen müde gewordene Moderne. Auch die neuen Götter, die „unpersönlichen Mächte" sind alt geworden. Übriggeblieben ist eine schiere Diesseitigkeit die von ihren einstigen Antrieben und Hoffnungszielen nichts mehr weiß. Fast scheint, daß die kulturkritische Vision Nietzsches vom „letzten Menschen" der europäischen Kulturentwicklung inzwischen zur kulturellen Realität geworden ist. Vor über 100 Jahren hat Nietzsche der Zukunft Europas diese Prognose gestellt: Die westliche Kulturentwicklung wird einen Menschentyp hervorbringen, der in schiere Eindimensionalität und Trivialität gebannt, sein Leben führt, ohne noch etwas über sich selbst hinaus zu wissen, der, wie Nietzsche sagt, seinen „Stern" über sich verloren hat.

---

[12] Berger, Peter L.: Zur Dialektik von Religion und Gesellschaft. Elemente einer soziologischen Theorie; Frankfurt/M.; 1973; S. 128.

So wurde zur bestimmenden Orientierungsmacht, aus der die Menschen heute ihr Leben führen, jene bloße Diesseitigkeit, die auf hedonistisches Gegenwartserleben reduziert bleibt und keine Sinn- und Hoffnungsgehalte über sich selbst hinaus mehr kennt. Schon vor über 80 Jahren hat Max Weber die geistige Situation der Zeit in den Satz gefaßt: „Die *äußeren* Güter dieser Welt gewinnen zunehmende und schließlich unentrinnbare Macht über die Menschen." Seitdem ist dieser Prozeß zunehmender Verdiesseitigung unaufhaltsam vorangeschritten. Im Ergebnis heißt dies, daß für immer mehr Menschen Fragen nach den sogenannten „letzten" Dingen, nach Transzendenz ganz fremd und unverständlich werden.

Man muß nicht lange betonen, wie elementar dieser Befund die Lage und Stellung des Christentums berührt. Denn jedes christliche Lebens- und Orientierungsangebot muß mit einer solchen geistigen Lage rechnen, die neben anderem wesentlich durch die eben beschriebene Tendenz säkularer Verdiesseitigung geprägt ist.

Freilich gehört es zur vollen Einsicht in die kultur- und gesellschaftsprägende Kraft des Säkularismus, daß der Prozeß säkularer Verdiesseitigung weitergeht: Mit seinen eigenen Botschaften vom richtigen und guten Leben. Mögen auch, die „großen" Verheißungen des Säkularismus erschöpft sein, geblieben sind doch die säkular-diesseiten Orientierungen und Lebensführungsangebote, die die geistig-kulturelle Lage westlicher Gesellschaften mitprägen. So wäre es ein Irrglaube, anzunehmen, daß es Säkularismus gebe, ohne seine eigenen Botschaften vom richtigen und guten Leben.

Als erstes nenne ich den präsenten *praktischen Atheismus*. Wie es scheint hat die Religionskritik des 19. Jahrhunderts insofern in die kulturelle Breite gewirkt, als sie, freilich ausgewandert aus den Denkgehäusen der Philosophen, nunmehr ohne Theorieansprüche die Praxis der Lebensführung breiter Schichten mitbestimmt. Unübersehbar ist, daß die Fragen nach Transzendenz, nach Jenseits und Ewigkeit im Lebensführungshaushalt vieler Menschen keinen Platz mehr haben. Wenn Brecht das atheistische Credo formuliert: „Ihr sterbt mit allen Tieren und es kommt nichts nachher" – dann scheint dies zur Maxime eines praktischen Atheismus der Lebensführung vieler geworden zu sein. Die schiere Diesseitigkeit als Lebensform: Vielleicht müssen wir uns als Religionssoziologen, Religionsphilosophen und Theologen an den Gedanken gewöhnen, daß – zumindest für eine bestimmte Epoche westlicher Kulturentwicklung – es gar nicht stimmt, was uns lange als sicher galt: daß der Mensch, wie Berdjaew sagt, ein „unheilbar religiöses Wesen" sei.

Damit verbunden ist eine weitere Daseinsorientierung, nämlich eine bestimmte *Auffassung vom Menschen*, die neuzeitlich besonders wirkungsmächtig war und dies gegenwartsbezogen geblieben ist: Die Auffassung nämlich, der Mensch sei von Natur aus gut. Zu den dauerhaftesten kulturellen Folgen gehört diese aufklärungsbestimmte Anthropologie, ein Verstehen vom Menschen als prinzipiell gutes und stetig vervollkommenbares Wesen, das tendenziell die Fähigkeit zur eigenen Perfektibilität besitzt.

Der Mensch als das prinzipiell gute Wesen, dies meint: Seine Fehlhandlungen, sein Unvermögen, sein Versagen usw. sind nur defiziente modi seines eigentlichen Wesens und können deshalb etwa durch gesellschaftspolitische, pädagogische oder therapeutische Anstrengungen aufgehoben werden. Das biblisch-christliche Verständnis von Sünde, nach dem der Mensch, wie es bei Paulus einmal heißt, ein „verkehrtes Geschlecht" ist, weil in seiner natürlichen Existenz von Gott getrennt, hat in jener aufklärungsbestimmten Auffassung vom Menschen als des prinzipiell guten, stets verbesserbaren Wesens keinerlei Verortungschancen. Deshalb auch fällt die christliche Rede von Erlösung, von Rechtfertigung, von Gericht und Gnade und vom Bösen im Menschen so schwer, nicht weil es ein bloßes hermeneutisches Problem oder gar nur Sprachproblem wäre, sondern weil es sich im Kern gegen eine kulturbestimmende, ganz andere Anthropologie richtet.

Der Großinquisitor in Dostojevskijs Erzählung aus den Brüdern Karamasow hat genau dies begriffen: Christus hat die Geister, hat das Gute und das Böse unterschieden und die Menschen damit heillos überfordert, deshalb darf er nicht wieder kommen; der Großinquisitor macht es zum Wohle der Menschen besser, er nimmt ihnen die Last des Gewissens durch seine Botschaft, daß es das Böse nicht gibt und bringt ihnen das „Glück". Nicht mehr das in der Gottesbeziehung zu findende Heil, sondern das Glück wird zur Schlüsselkategorie säkular-diesseitiger Existenz. Noch einmal drängt sich der Blick auf Nietzsches kulturkritische Diagnose vom „letzten Menschen" auf: „Was ist Liebe? Was ist Schöpfung? Was ist

Stern? – so fragt der letzte Mensch und blinzelt. Die Erde ist dann klein geworden und auf ihr hüpft der letzte Mensch, der alles klein macht ...,Wir haben das Glück erfunden' sagen die letzten Menschen und blinzeln. ... Jeder will das gleiche. Jeder ist gleich. Wer anders fühlt, geht freiwillig ins Irrenhaus ... man hat sein Lüstchen für den Tag und sein Lüstchen für die Nacht: Aber man ehrt die Gesundheit. ‚Wir haben das Glück erfunden' sagen die letzten Menschen und blinzeln." Wo das Glück selbst zur entscheidenden Heilskategorie wird, gewinnen deshalb auch die „äußeren Güter dieser Welt" ihren letztgültigen, fast möchte man sagen transzendentalen Wert; oder anders gewendet: Die bloße Immanenz sakralisiert sich selbst.

Eine weitere gegenwärtige Orientierungshaltung sei eigens kurz angemerkt. Sie verbindet sich mit dem Denken der sogenannten „Postmoderne" und wird von deren intellektuellen Vertretern proklamiert. (Wobei hierbei gleich zu sagen ist, daß es um die Rede von der „Postmoderne" – von deren theoretischer Begründung ich ohnedies nie überzeugt war – in kurzer Zeit wieder stiller geworden ist.) In diesem Denken erfährt der faktische Pluralismus seine Dramatisierung, indem er programmatisch überhöht und selbst zum kulturellen Ziel erklärt wird: „Pluralität ist nicht nur der Kampfruf, sondern das Herzwort der Postmoderne. In ihr wird Pluralität radikal wahrgenommen. Die Pluralität, die unter postmodernen Bedingungen entdeckt, favorisiert und verteidigt wird, ist gerade die an die Wurzeln gehende, die radikale ... Indem die Postmoderne nicht nur unsere Höhen, sondern auch unsere Tiefen betrifft, entfaltet sie eine Pluralität, die – anders als im lauen herkömmlichen Pluralismus – auf Elementarfragen durchschlägt. Sie ist nicht mehr durch den Boden einer gemeinsamen Übereinstimmung getragen und entschärft, sondern tangiert die Definition noch eines jeden solchen Bodens."[13] Im Ergebnis heißt dies: Die Auflösung der Idee der einen Wahrheit, von der allenfalls noch einzelne Wahrheiten übrigbleiben, die einander gleich-gültig sind. Ein Wahrheitsanspruch, der die Frage und Suche nach der einen Wahrheit für unsinnig und destruktiv hält.

---

[13] Welsch, Wolfgang in: Welsch, Wolfgang (Hrsg.): Wege aus der Moderne. Schlüsseltexte der Postmodernediskussion; Weinheim; 1988; S. 13 u. 14.

In alldem ist noch einmal die Einsicht zu unterstreichen, daß es sich bei derlei Orientierungshaltungen längst nicht mehr um bloße Intellektuellenkonstrukte handelt, vielmehr um kulturell verbreitete Mächte der Lebensführung. Vor deren Wahrheitsanspruch gilt das Christentum mit seiner Botschaft vom richtigen Leben als endgültig verabschiedet.

II. Die Wiederkehr der Religion

1. Die weltweite Macht der Religion

Unübersehbar also ist zumindest im westlichen Europa der kulturelle Geltungsverlust des Christentums und damit die Entkräftung seiner Herkunftsreligion. Doch der Blick über Europa hinaus zeigt ein ganz anderes Bild: Nicht Entkräftung, sondern Vitalität der Religion!

Dies gilt selbstverständlich zunächst für jene Gesellschaften, in denen Religion immer eine traditionale Macht der Lebensführung war und dies auch unter Modernisierungsbedingungen geblieben ist. Doch darüber hinaus ist die Neuformierung und Renaissance der Religion als Kulturmacht in nahezu allen außereuropäischen Gesellschaften und Kulturkreisen unübersehbar. Wir verstehen die heutige Weltlage nicht mehr, wenn wir nicht erkennen, daß *auch* die Religionen, das heißt religiöse Geltungsansprüche wieder ein Faktor des Geschichtsprozesses geworden sind. Die Religion also ist in die Geschichte zurückgekehrt. Nicht die Religion hat sich überlebt, überlebt haben sich die europäischen Propheten ihres Untergangs.

Diese weltweite Rückkehr der Religion sei hier nur an wenigen Sachverhalten und Beispielen illustriert: Zunächst ist festzuhalten, daß seit rund dreißig Jahren alle Weltreligionen, wenngleich in unterschiedlicher Intensität und Verbreitung, einen Prozeß von Revitalisierung erleben. In nahezu allen Kulturkreisen sehen wir eine Rückbesinnung auf ihre jeweiligen Herkunftsreligionen.

Ohne hier schon auf die möglichen Ursachen dieser Entwicklung einzugehen, ist aber auf ein entscheidendes Merkmal hinzuweisen, das im Hinblick auf unseren bisherigen Fragezusammenhang von eigener Bedeutung ist: Die Neubesinnung auf die jeweilige Religion hat zu tun mit einer Neubesinnung auf die jeweilige *kulturelle Identität*. Dabei wäre es völlig verfehlt, hier vorschnell mit der oft missleitenden Formel „Fundamentalismus" zu operieren, die hier an Einsicht mehr verstellt, als sie erlaubt. Aber es geht in dieser religiösen Neubesinnung auch und gerade darum, sich in und durch die tradierte oder wieder neu anverwandelte Religion seiner Zugehörigkeit zu einer Kultur, zu einem Volk oder einer Nation zu versichern.

Ein nachhaltiges Beispiel hierfür liefern die Staaten und Völker, die sich nach dem Zusammenbruch der Sowjetunion neu formierten. So wurde in Rußland das orthodoxe Christentum in seiner die Nation fundamentierenden Bedeutung wieder neu erlebt. Auch hier geht es nicht vorrangig um die Frage, welche Intensität die persönliche „Frömmigkeit" des Einzelnen, der den orthodox-christlichen Glauben neu für sich entdeckt, wirklich hat. Es geht aber um den grundlegenden Wiederaufstieg des Christentums zur öffentlichen nation- und kulturverbürgenden Macht. Daß die Zahl der neu und wiedereröffneten Kirchen im orthodoxen Rußland sich seit 1990 bis heute in kaum geahntem Maße erhöht hat, daß in wenigen Jahren nach dem Zusammenbruch des kommunistischen Systems, nicht nur weite Teile der alten Kader (gewiß nicht ohne das übliche Maß an politischem Opportunismus), sondern auch über 30 Prozent der jungen Russen schon 1994 angaben, von Atheisten zu Christen geworden zu sein: Dies sind nur die äußeren Indikatoren eines fundamentalen Kulturvorgangs, in dem das russisch-orthodoxe Christentum wieder zur öffentlichen Legitimations- und kulturellen Garantiemacht der russischen Nation wurde.

Auch im ehemaligen Jugoslawien läßt sich ein ähnlicher Prozeß beobachten. Die ehemaligen Teilrepubliken des zerfallenen Jugoslawien haben ihre nationalen Neugründungen (mit der Ausnahme Sloweniens) nach vierzig Jahren kommunistisch-atheistischer Staatsdoktrin auch unter Anknüpfung, Neu- und Wiederentdeckung ihrer jeweiligen Herkunftsreligion vollzogen. Die Kriege der 90er Jahre auf dem Balkan, die insbesondere Serbien gegen seine Nachbarländer begann, waren zwar keine wirklichen „Religionskriege", waren aber angetrieben durch eine explosive Melange von Nationalbewußtsein und Herkunftsreligion. Die öfter verbreitete These, die Religion sei in diesen Kriegen nur mißbräuchlich instrumentalisiert worden, hat keine wirkliche Erklärungskraft: Instrumentalisieren läßt sich gerade eine Religion nur, wenn sie zuvor wieder in Geltung steht und kulturell zuhanden ist.

Dieses Beispiel zeigt ein generelles Merkmal, das die Rückkehr der Religion, die wir heute über den ganzen Erdball verbreitet sehen, wesentlich kennzeichnet: *Die Politisierung der Religion.*

Die Macht solcher Politisierung der Religion steht uns im Falle des *Islam* am deutlichsten und seit dem 11. September 2001 auch am dramatischsten vor Augen. Dabei geht es vorrangig nicht um die unter Islamkennern und auch unter Moslems selbst umstrittene Frage, ob zwischen friedfertig-tolerantem Islam und politisch-gewaltbereitem „Islamismus" zu unterscheiden ist, sondern um die realistische Einsicht: Der gegenwärtige Islam tritt, ob in seiner schiitischen oder sunnitischen Tradition, im eigenen Selbstverständnis und in kritischer Außenbetrachtung heute vor allem als politisierte Religion in Erscheinung. Der Islam als Einheit von Politik und Religion ist nicht nur staatsbestimmend im Iran und auf der arabischen Halbinsel, sondern ist eine teils stürmisch, teils schleichend sich entwickelnde Bewegung, die von Malaysia bis zum Senegal, von den Maghreb-Staaten bis zu den ehemaligen Sowjetrepubliken reicht und inzwischen in die europäischen Metropolen Einzug hält.

Politisierte Religion: Auch der Krieg zwischen Israel und Palästina ist im Kern nur zu verstehen, wenn man ihn *auch* in seiner religiös-politischen Dimension wahrnimmt. Es geht – neben allen äußeren Interessenlagen – um „heiliges Land" und die „heilige Stadt" Jerusalem, auf die beide Seiten eben auch im Namen heilsgeschichtlicher Programmatik Anspruch erheben. Die politischen Mord- und Selbstmordanschläge auf Israel sind der extreme Ausdruck solch politisierter Religion. Doch auch der Staat Israel selbst, konstituiert als ein säkularer Verfassungsstaat mit der Trennung von Religion und Politik, scheint in den vergangenen Jahren immer mehr auf eine Mischung von Religion und Politik hinzutreiben: Die israelitische Siedlungspolitik der vergangenen Jahre ist auch Ausdruck religiös-heilsgeschichtlicher Antriebe, bestimmt vom Glauben an das „Eretz Israel" der biblischen Verheißung.

Eigens muß die gegenwärtige Politisierung des *Hinduismus* erwähnt werden, den wir traditionell gewohnt waren als Ausdruck indisch-spiritueller Innerlichkeit und Weltabgewandtheit zu verstehen. Doch gegenwärtig ist der indische Hinduismus dabei, nicht nur politik-, sondern geradezu staatsbestimmend zu werden. Auch hier geht es durch Rückbesinnung auf die elementaren Werte des Hinduismus um die religiöse Neuversicherung kultureller Identität und um die – etwa in Auseinandersetzung mit Pakistan aber auch mit den indischen Moslems – religiöse Fundamentierung eines hinduistisch-indischen Nationalismus.

Die bisherigen Beispiele zeigen die eine Tendenz der gegenwärtigen Rückkehr der Religion: Die Wieder- und Neuentdeckung der Herkunftsreligionen als kulturbestimmender und identitätsstiftender Kraft. Die andere beobachtbare Tendenz ist das missionarische Eindringen einer Religion in Kulturräume, die solcher Religion bislang versperrt waren oder ihr eine bloß randständige Existenz boten. Dies gilt insbesondere für das Christentum, vor allem für ein protestantisch-evangelikales Christentum pfingstlerischer Prägung. In ungeheurer Dynamik erfaßt diese religiöse Bewegung weite Gebiete Ost- und Südostasiens, Afrikas und nahezu alle Länder Lateinamerikas. Wurden in Lateinamerika 1960 sieben Millionen Protestanten gezählt, so wuchs deren Zahl allein bis 1990 auf über fünfzig Millionen. Schaut man auf Südkorea, das als traditionell buddhistisches Land noch in den fünfziger Jahren nur ein Prozent Christen aufwies, so liegt die Zahl der zum Christentum sich Bekennenden heute bei über dreißig Prozent.

Die Beispiele ließen sich fortsetzen, – der Befund lautet: So entkräftet das europäische Christentum sich auch darbietet, weltweit kann von solcher Entkräftung keine Rede sein.

Die Gründe für diese andauernde oder neu sich formierende weltweite Macht der Religion sind gewiß vielschichtig und vielgesichtig. Sie zu untersuchen, bedürfte ausgedehnter Studien. Doch eine Annahme scheidet – wie eingangs schon erwähnt – als Erklärung aus: Nämlich die säkularisierungstheoretische Annahme, die Macht der Religion sei Zeichen noch nicht erreichter Modernisierung und sie verschwinde, je mehr ein Land oder eine Kultur in der „Moderne" ankäme. Davon kann schon in den oben angeführten Beispielen keine Rede sein. Am schlagkräftigsten aber wird diese Annahme widerlegt durch das Beispiel des Landes, das nun gewiß in der „Moderne“ angekommen ist und doch ein vielfach religiöses Land geblieben ist: Die Vereinigten Staaten von Amerika. Durch ihre Geschichte hindurch hat sich Religion bis heute als eine bestimmende Größe – gerade auch für das politische Handeln – in den USA erwiesen. Religiöser Glaube prägt die Lebensführung vieler Millionen Amerikaner und kein amerikanischer Präsident könnte – sehr im Gegensatz zu einem deutschen Bundeskanzler – zur Wahl auch nur antreten, ohne sich als bekennender Christ zu präsentieren. Gerade in Krisenzeiten aktualisiert sich der religiöse Unterstrom der amerikanischen Kultur und Gesellschaft, bis hinein in die Gestaltung amerikanischer Realpolitik. Ohne diese Dimension ist auch die amerikanische Antwort und deren innere Kraft und Entschlossenheit auf die Ereignisse des 11. September nicht wirklich zu verstehen.

2. Das Christentum hat sein religiöses Monopol verloren

Der Blick über Europa hinaus auf die weltweite Ermächtigung der Religion zeigt: Europa, insbesondere Westeuropa ist ein Sonderfall: Der weltgeschichtliche Sonderfall marginalisierter Religion und vollzogener Säkularität. Das westlich, vor allem westlich-europäische Erschrecken etwa vor der weltweiten politischen Dynamik des Islam, gerade nach dem 11. September 2001 hat gewiß auch damit zu tun: Wir haben uns in westlicher Sicht an die Privatisierung der Religion gewöhnt und in deren öffentlicher Entmächtigung eingerichtet. Wir haben darüber vergessen, daß Religion, wie die ganze Kulturgeschichte lehrt, eine grundstürzende, den Menschen und damit Welt und Geschichte bestimmende Macht sein kann. Gewohnt an die Privatisierung und Entpolitisierung der Religion erleben wir weithin ratlos deren Entprivatisierung und Politisierung.

Eigens sei erwähnt, daß dies auch und gerade für das Gros der Sozialwissenschaftler zutrifft, selbst für den Mainstream der Religionssoziologen. Befangen und gefangen in ihrer eurozentrischen modernisierungstheoretischen Dogmatik, nach der Religion in der Evolutionsdynamik moderner Gesellschaften dahinschwinde, stehen sie hilflos vor der Tatsache, daß die reale Geschichte sich nicht nach solcher „Theorie" richtet (dies hat die Geschichte zwar nie getan, was übrigens gerade die deutschen (Religions-)Soziologen von Max Weber schon längst hätten lernen können).

Dabei ist die Wiederkehr der Religion, wie marginal oder kulturkräftig auch immer, auch in Europa unübersehbar. Freilich trifft solche Wiederkehr der Religion, sei sie von außen einströmend oder von innen sich formierend, auf die eingangs beschriebene, von säkularer Verdiesseitigung und Christentumsentmächtigung geprägte Kulturlage.

Ein allgemeiner Überblick ergibt folgendes – fragmentarisches – Bild. Auch in Europa ist der teils leise, teils spektakuläre weil konfliktbeladene Zufluß außerchristlicher Weltreligionen keine bloße kulturelle Marginalie mehr, die unter der Rubrik religiöser Exotik abzulegen wäre. Auch hier sind die Gründe für die Verbreitung und Aufnahme sicherlich vielschichtig.

Dies soll am Beispiel des Buddhismus wenigstens angedeutet werden: Daß der Buddhismus gerade unter deutschen Gebildeten, aber zum Beispiel etwa auch bei Vertretern des Show-Gewerbes und Ähnlichem eine neue Anhängerschaft gewinnt, hängt mit einer religiösen Eigenart des Buddhismus und mit dem Sinnhorizont säkularer Gesellschaften zusammen: Der Buddhismus ist – sehr verkürzt – im Kern eine Religion ohne Gott, eine atheistische Religion. Dem religionsgeneigten, aber in seinen säkularen Orientierungen lebenden Westler eröffnet sich im Buddhismus die Möglichkeit, sich religiös zu orientieren, ohne die „Zumutung" eines personalen Gottes, die ihm sein aufklärungsgestimmtes Bewußtsein verbietet, übernehmen zu müssen. Gewiß ist dies ein „Buddhismus-light", aber eben eine Religion, kompatibel mit westlicher Säkularität.

Insbesondere ist selbstverständlich der Islam zu nennen, der in selbstbewußter Präsenz schon längst in Europa eingezogen ist und sich anschickt, zu einer der prägenden europäischen Religionsgemeinschaften zu werden. Was dies jetzt schon für das europäische Christentum, aber auch für die Kultur und die Gesellschaft Europas bedeutet und in Zukunft erst noch bedeuten könnte, wollen wir an anderer Stelle thematisieren.[14]

---

[14] Vgl. Fünftes Kapitel: „Ausblicke".

In seiner möglichen kulturellen Dramatik erst noch ausstehend wird dieser Prozeß des Einzugs anderer Weltreligionen nach Europa vorangebracht durch den Vorgang kultureller Internationalisierung und Globalisierung, in den heute die westliche Kultur hineingerissen ist. Globalisierung ist nicht nur ein Wirtschaftsprozeß, als der er gegenwärtig meist diskutiert wird, sondern auch ein Kulturvorgang. Globalisierung der Kultur heißt im Kern, „daß alle ... alten und neuen Nationalkulturen in eine durchgängige und allseitige Beziehung getreten sind und einander durchdringen. ... So ist eine neue Lage entstanden, die sich wohl mit der Spätantike vergleichen läßt, in der das Römische Weltreich schließlich alle Völker und Kulturen der Ökumene – das war die ‚ganze bewohnte Erde' – vereinte. In dieser Lage aber verlieren die Kulturen ihre Selbständigkeit. Die Kulturgrenzen fallen, der allseitige Austausch wird zur alltäglichen Realität."[15]

Es ist offenkundig, daß solch kulturelle Globalisierung grundstürzende Wirkungen auf die religiöse Situation ausübt. Denn im Ergebnis bedeutet der skizzierte Befund, daß im Horizont kultureller Globalisierung auch alle religiösen Lehren, abgelöst von ihrer nationalen und kulturellen Herkunft, überall präsent und als Möglichkeiten menschlicher Erfahrung und Orientierung überall greifbar sind.

Dabei ist es ein Kennzeichen der gegenwärtigen religiösen Lage, daß die religiösen Botschaften auf ihrer Wanderung in andere Kulturzonen, Veränderungen durchlaufen, die sich von ihrer Herkunftstradition ganz ablösen können. Neue religiöse Mischformen entstehen. Dieser Befund läßt sich präzise am gegenwärtigen Aufschwung des Reinkarnationsglaubens in den westlichen Ländern verdeutlichen.

Der Glaube an die Wiederverkörperung ist eine der Möglichkeiten, in der zunehmend die Erfahrung von religiöser Neu- und Wiedergeburt gesucht wird, wozu die sich verbreitenden Angebote von „Reinkarnationstherapien" unmittelbare Anleitung versprechen. In der kulturellen Realität des Westens aber hat dieser „Reinkarnationsglaube" nur noch wenig zu tun mit dem uralten

---

[15] Tenbruck, Friedrich H.: Die kulturellen Grundlagen der Gesellschaft. Der Fall der Moderne; Opladen; 1989; S. 274 (Heraushebung von G. K.).

hinduistischen Konzept von Karma und Reinkarnation, stellt vielmehr eine „verwestlichte" religiöse Orientierung dar. Diese offeriert die Möglichkeit, nachdem die westlich säkularen Möglichkeiten der Suche nach Neu- und Wiedergeburt, getragen von der säkularen Fortschrittsgewißheit, kraftlos geworden sind, diese Suche in esoterischer Transformierung fortzusetzen und dabei am Evolutionismus festhalten zu können. Denn ein solcher Reinkarnationsglaube ist die Fortsetzung des säkularen Fortschrittsgedankens in neuer religiöser Umformung.

Dieser Hinweis auf den Glauben an die Reinkarnation, der in den gegenwärtigen westlichen Gesellschaften eine dynamische Verbreitung erfährt, verweist zugleich auf eine weitere Tendenz, die für die heutige westlich-säkulare Lage kennzeichnend ist: Inmitten unserer säkularen und sich weiter säkularisierenden Kultur ist ein neues Interesse an Religion, sind neue Formen von Spiritualität und neue Frömmigkeitsbewegungen zu beobachten. Geradezu hat sich ein Markt der religiösen Möglichkeiten gebildet: Dabei ist nicht nur zu denken an die herkömmlichen und bekannten Sekten und religiösen Sonder- und Weltanschauungsgemeinschaften, die teilweise weiterhin einen leisen aber stetigen Zulauf haben. Hierher gehört auch das Auftreten sogenannter „neuer religiöser Bewegungen", religiöser Kulte, oft als Jugendreligionen oder Jugendsekten bezeichnet, und von ganz unterschiedlicher Orientierungsherkunft. Dazu treten weithin unorganisierte Formen einer frei vagierenden Religiosität, deren Inhalte von einem prinzipiellen Synkretismus und Eklektizismus der Traditionsströme, auf die sie sich berufen, bestimmt sind; es ist dies eine Religiosität, die unbekümmert die religiösen Traditionen des ganzen Erdballs nützend, sich auswählt, was subjektive Erfahrung verheißt. Hier werden die religiösen Deutungsmuster nicht mehr gewonnnen durch Erziehung, vorgegebene Traditionen, übermittelte Kulturmuster, sondern durch individuelle Wahl. Esoterik und Okkultismus, Astrologie, Geisterglaube, indianische, germanische, indische, chinesische, tibetische Religionsversatzstücke – all dies fließt in bunter Mischung zusammen.

Zu diesem Syndrom neuer religiöser Strömungen gehören auf der anderen Seite – und wie es scheint mit zunehmender Dynamik – aber auch neupfingstlerische, charismatische und fundamentalistische Gruppierungen, die teils als „freie Glaubenswerke", Gemeindeneugründungen usw. auftreten, teils ihren Platz innerhalb der christlichen Kirchen suchen. Unter anderem verheißen sie ihren Anhängern, angesichts eines bindungslosen Pluralismus, der auch die christlichen Kirchen nicht unberührt läßt, die Sicherheit und Geborgenheit einer auf festgefügten, verbindlichen Autorität ruhenden Glaubensgemeinschaft. Im Gegensatz zu den Formen frei vagierender Religiosität, stellt dieser moderne religiöse Fundamentalismus eine hoch organisierte, in den Glaubensbeständen festgefügte und auf abrufbares, „objektives“ Heilswissen angelegte Form gegenwärtiger Religiosität dar.

So heißt der Befund, bezogen zunächst auf die unmittelbare religiöse Lage: Religiöser Pluralismus! Zunehmend leben wir in eine multireligiöse Kultur hinein, in der unterschiedliche religiöse Welt- und Daseinsverständnisse lebendig sind und die Lebensführung von Menschen bestimmen. Für die christlichen Kirchen bedeutet dies: Sie haben ihr religiöses Monopol verloren. Kirche und Christentum sind – zumindest tendenziell – eine Wahlmöglichkeit religiösen Verhaltens auf dem Markt der religiösen Möglichkeiten geworden.

Wenn diese Tendenz eines grundsätzlichen religiösen Pluralismus sich verfestigen sollte, heißt dies: Das Christentum hat seine kulturelle Stellung als die *eine* Herkunftsreligion Europas verloren. Denn im Gegensatz zu Asien, dessen Kulturen stets davon geprägt waren, daß mehrere Religionen mit- und nebeneinander, zeitweise auch gegeneinander lebten, war es in Europa das Christentum, das als einzige Religion zur ausschließlichen Herrschaft gelangte und alle früheren Religionen nahezu restlos überwand.

Multireligiosität prägte die asiatischen Kulturen, wohingegen in Europa das Christentum die eine Religion war – und dies auch in den Brechungen voranschreitender Säkularität blieb. Vermutlich haben wir noch gar nicht begriffen und können auch noch gar nicht verstehen, was diese Auflösung hin zu einer prinzipiellen Multireligiosität bedeuten wird.

Für die kulturelle Lage westlicher Gesellschaften ist die Einsicht entscheidend, daß ein solch religiöser Pluralismus nicht ein bloßer Markt religiöser Beliebigkeit ist. Es treten in ihm vielmehr – in geheimer oder offener Dogmatik – religiöse Botschaften auf, die die Lebensführung der an sie Glaubenden bestimmen.

Hierzu folgende ausgewählte und ganz fragmentarische Hinweise und Bemerkungen. In Wladimir Solowjews „Kurzer Erzählung vom Antichrist", veröffentlicht im Jahr 1900, findet sich folgende erstaunliche Passage: Im dritten Jahr der Herrschaft des Übermenschen, nachdem der allgemeine Weltfriede und die „Gleichheit des allgemeinen Sattseins" erreicht ist, bietet der Übermensch und Weltenkaiser den Menschen noch mehr an, nämlich Unterhaltung und Wunder, eine Art Verzauberung ihres Daseins. Dies verschafft ihnen ein dem Übermenschen huldigender Zauberer, der aus dem fernen Morgenland zu ihm (dem Übermenschen und Weltenkaiser) „nach Rom … kommt, eingehüllt in eine dichte Wolke seltsamer Fabeln und Bildermärchen. Dieser Wundertäter, mit Namen Apollonius, ein zweifellos genialer Mensch, halb Asiat und halb Europäer, katholischer Bischof in partibus infidelium, wird in erstaunlicher Weise die Beherrschung der letzten Ergebnisse der westlichen Wissenschaft und ihrer technischen Anwendung verbinden mit der Kenntnis alles wirklich Soliden und Bedeutenden in der traditionellen Mystik des Ostens und der Fähigkeit, dies praktisch nutzbar zu machen."[16]

Das Erstaunliche daran ist, daß Solowjew hier beschreibt, was heute in kultureller Realität eines der Merkmale gegenwärtiger Religiosität ist, nämlich: Eine bestimmte Verbindung von westlicher Rationalität und östlicher Spiritualität. Dies zeigt sich am klarsten im Bereich gegenwärtiger Esoterik, die seit mehreren Jahrzehnten sich, wie es scheint dauerhaft, als religiöse oder religionsartige Daseinsinterpretation etabliert hat.

Ein Grundzug der Esoterik ist, daß es in ihren Orientierungen im eigenen Selbstverständnis des Esoterikers gar nicht um Glaube geht, vielmehr um Wissen. Das esoterische Orientierungsangebot mit seinem Anspruch auf Wahrheit ist deshalb für einen bestimmten Kreis von Zeitgenossen einladend und überzeugend, weil es in seinen Grundlinien mit Grundhaltungen der säkularen Kultur vereinbar ist. Diese eigentümliche Verbindung von westlicher Rationalität und östlicher Spiritualität läßt sich, wie oben schon ausgeführt, besonders eindringlich zeigen an dem Glauben an die Rein-

---

[16] Solowjew, Wladimir: Kurze Erzählung vom Antichrist; 8. Auflage; München; 1994; übersetzt und erläutert von Ludolf Müller.

karnation, der im Zusammenhang der esoterischen Konjunktur seine Faszination ausübt. Das Beispiel Reinkarnationsglaube zeigt aber vor allem: Es ist dies ein Angebot religiöser oder religionsartiger Wahrheit: Es geht um ewiges Leben. Die Sehnsucht nach dem ewigen Leben findet für nicht wenige Zeitgenossen nunmehr Erfüllung in dem Glauben an das Eingebundensein in immer neuer Wiederkehr; ein Reinkarnationsglaube, der nun freilich sich nicht als Glaube versteht, sondern als belegbares Wissen und gerade deshalb seine gegenwärtige Kulturchance hat.

Eigens sei noch ein weiteres Merkmal gegenwärtiger religiöser Orientierung benannt, das sich in die Formel fassen läßt: Transformation Gottes in das Göttliche. Die Vorstellung eines personalen Gottes als das Gegenüber des Menschen wird hier abgelöst durch die Vorstellung des Göttlichen, von dem ich selbst Teil bin. Auch hier mag die Religionskritik des 19. Jahrhunderts, nunmehr popularisiert, ein Zeitbewußtsein mitgeformt haben, vor dem die Annahme eines personalen Gottes eine Zumutung darstellt. So hat schon Nietzsche festgehalten: „Es scheint mir, daß zwar der religiöse Instinkt mächtig im wachsen ist, daß er aber gerade die theistische Befriedigung mit tiefem Mißtrauen ablehnt."[17]

Insbesondere aber verbindet sich die Ablehnung einer theistischen Gottesvorstellung, aber auch des Glaubens an einen personalen Gott überhaupt mit der Rezeption zumindest von Versatzstücken östlicher Spiritualität.

Eine ganz andere Frage ist freilich die nach der kultursoziologischen Einordnung und Deutung der Wiederkehr der Religion inmitten unserer säkularen Kultur. Sind zum Beispiel die genannten Strömungen vagierender Religiosität und die neuen religiösen Bewegungen und Sekten die letzten „Sümpfe und Weiher", welche die „abflutenden Gewässer der Religion" (Nietzsche, s.o.) noch zurücklassen, sozusagen Epiphänomene der Säkularität? Oder sind sie Hinweis auf die anthropologische Angewiesenheit des Menschen auf Religion und Glaube, die sich unter gegebenen Kulturbedingungen nicht mehr nur christlich artikuliert, sondern sich der Arsenale der Religionstraditionen des ganzen Erdballes,

[17] Nietzsche, Friedrich: Jenseits von Gut und Böse, Kritische Studienausgabe (Hrsg.: Colli, Giorgio/Montinari, Mazzino); Bd. 5; München/Berlin/New York; 1993; S. 73.

wenn auch nur in Versatzstücken bedient? Ist der Rekurs auf „Fundamentalismus“, der auch das europäische Christentum zunehmend prägt nur die Flucht in eine „feste Burg“ von Modernitätsverlieren? Oder zeigen sich darin die Umrisse der Glaubensgestalt, in der das künftige europäische Christentum überleben wird? Wir wollen diese und weitere Fragen offenhalten – in der Hoffnung, daß die folgenden Beiträge, solche Fragen noch klarer hervortreten lassen, wenn sie auch keine letzten Antworten bieten können.

Zweites Kapitel
Religiöse Bewegungen in der säkularen Moderne

I. Fundamentalismus – Phantom oder Phänomen der Moderne?

1. Nach dem 11. September 2001: Religion und Terror

Ist der religiöse Fundamentalismus ein modernes Phantom oder ein Phänomen der Moderne? Nach dem 11. September 2001, nach Djerba, Bali und Moskau läßt sich das Thema „Religiöser Fundamentalismus" nicht mehr in bloß akademisch-distanziertem Zugriff und in rein modernisierungstheoretischer Perspektive abhandeln. Denn in solch religiösem Fundamentalismus begegnet uns der Ernstfall, – den wir freilich längst schon hätten ahnen können; er hat uns nun sichtbar eingeholt, d.h. die offenen und liberalen Gesellschaften des Westens und der sie tragende westlich-liberale Verfassungsstaat sind herausgefordert – vergleichbar womöglich nur mit den Herausforderungen und Bedrohungen durch die totalitären Regime des 20. Jahrhunderts.

Daß die Bedrohungen des Terrors und sein Haß auf den „Westen" auch eine religiöse Wurzel haben – das trifft uns vor allem in Europa ganz unvorbereitet – gewohnt daran in Religion, sofern überhaupt noch beachtenswert, allenfalls eine randständige Frage privater Lebensführung zu sehen. Immer näher aber rückt uns, immer unausweichlicher begegnet uns nunmehr die Wiederkehr der

Religion als politische Kraft. Denn was immer die Antriebe des Terrors im einzelnen sein mögen, *ohne* seine religiös-politische Dimension ist er nicht wirklich zu verstehen. Verfehlt ist deshalb auch jene schnell-fertige Erklärung des Terrors, der sich gerade auch Vertreter der Kulturintelligenz vielfach umstandslos anschlossen, nämlich: Der Terror sei im Kern der Gegenschlag der nicht-westlichen Armen und Ausgebeuteten gegen die Länder des Westens. Es handele sich also ausschließlich um ein weltökonomisches Verteilungsproblem, das, würde es endlich gelöst, auch den Terror zum Verschwinden brächte. So gewiß die ungleich weltweite Verteilung von Gütern den Terror begünstigt und seine Antriebe speist, – der alleinige Hinweis darauf, wird dem Ernst dessen was uns im ‚Terror' begegnet nicht gerecht. Noch einmal: Ohne die *auch* religiös-ideologischen Wurzeln des Terrors wahrzunehmen, werden wir ihn weder verstehen noch ihm wirklich begegnen können.

Arnold Gehlen hat 1970 in einem Vortrag zur Lage der Religion formuliert: „Daß es mit der Religion wieder ernst wird, würde man am Aufbrechen religiös bestimmter kampfbereiter Fronten merken."[1] Was Gehlen noch als eine im Konditional formulierte Möglichkeit ansprach, ist heute Realität. Hierzu muß man nur den Aufruf Bin Ladins nach dem Beginn der amerikanischen Angriffe nachlesen: „Da ist Amerika, von Gott getroffen an einer seiner empfindlichsten Stellen. Seine größten Gebäude wurden zerstört. Gott sei Dank dafür. Da ist Amerika, voll Angst von Norden nach Süden, von Westen nach Osten. Gott sei Dank dafür. Was Amerika jetzt erfährt, ist unbedeutend im Vergleich zu dem, was wir seit etlichen Jahren erfahren. Unsere Gemeinschaft erfährt diese Erniedrigung und diese Entwürdigung seit mehr als 80 Jahren. Ihr Söhne werden getötet, ihr Blut wird vergossen, ihre Heiligtümer werden angegriffen, und niemand hört es und niemand nimmt Notiz. Als Gott eine der Gruppen des Islams segnete, Speerspitzen des Islams, zerstörten sie Amerika. Ich bete zu Gott, daß er sie erhören und segnen möge. (…) Diese Ereignisse haben die ganze Welt in zwei Lager geteilt: Das Lager der Gläubigen und das Lager der Ungläubigen, möge Gott euch von ihm fernhalten. Jeder Muslim muß da-

---

[1] Gehlen, Arnold: Religion und Umweltstabilisierung; in: Schatz, Oskar (Hrsg.): Hat die Religion Zukunft?; Graz/Wien/Köln; 1971; S. 96.

nach drängen, seiner Religion zum Sieg zu verhelfen. Der Sturm des Glaubens ist gekommen. Der Sturm der Veränderung ist gekommen, um die Unterdrückung von Mohammeds Insel auszumerzen, Friede sie mit ihm. (...)."

Wie immer wir uns theologisch, religionswissenschaftlich, soziologisch oder psychologisch zu solchen Aussagen stellen wollen: Es sind dies – wie authentisch oder pervertiert auch immer – Sätze eines religiösen Glaubens. Oder genauer auf das Thema dieses Beitrags bezogen: Bin Ladins ‚Glaube' und was sich mit ihm verbindet, ist kein Phantom, sondern ein höchst real existierendes Phänomen.

Man machte sich die Erklärung solchen „Phänomens" zu leicht, wollte man in ihm nur ein vormodernes Relikt sehen, einen gleichsam atavistischen Ausbruch, der nicht in den vernunftgeleiteten Fortschrittsgang der Moderne passe. Vielmehr: Ebenso wie für den religiösen Fundamentalismus insgesamt – wie im folgenden zu zeigen sein wird – so gilt auch für den gegenwärtigen Terrorismus: Er ist ein durch und durch modernes Phänomen, entstanden unter den Struktur- und Kulturbedingungen der säkularen Moderne. Dies zeigt sich deutlich an der Genese des heutigen islamischen Fundamentalismus oder auch ‚Islamismus', der einen sozialen und geistigen Nährboden des islamischen Terrors darstellt.

Ohne in eine vertieftere Analyse der Herkunftsgeschichte des Islamismus und seiner Entwicklungsbedingungen eintreten zu können, müssen hier folgende Bemerkungen genügen: Der Islamismus ist wesentlich ein *modernes* Phänomen des Islam und der islamischen Religionsgeschichte. Er muß verstanden werden als reaktive Bewegung auf Modernisierung und säkulare Ideologisierung innerhalb der arabischen Welt. Die Niederlage der Araber im 6-Tage-Krieg von 1967 war im Erfahrungshorizont der arabischen Völker mehr als nur ein äußerer militärischer Mißerfolg. Diese Niederlage war der sichtbare Beleg, daß die bis dahin tragenden arabischen nachkolonialen Selbstvergewisserungen zerbrochen waren. Diese waren getragen von einer durchaus rein säkularen Ideologie als einem Amalgam aus arabischem Nationalismus, Sozialismus und Panarabismus. (Das irakische Regime Saddam Husseins mit seiner Baath-Einheitspartei ist herkunftsgeschichtlich ein Relikt dieser Zeit, woran auch die spätere, strategisch-instrumentalistische Wendung Husseins hin zur ‚Religion' nichts ändert.)

Die Krise von 1967 war eine Geburtsstunde des Islamismus als Hinwendung zum Islam als nunmehr radikal politisierter Religion. Man muß dies als eine tiefgreifende Kulturrevolution verstehen, formuliert, propagiert und vorangetrieben von arabischen Intellektuellen, von denen nicht wenige zuvor noch Anhänger eines an westlichen oder sowjetrussischen Universitäten gelernten Marxismus waren. So ist nicht zufällig, daß in dieser Zeit auch die Neufassung des Begriffes ‚Dschihad' erfolgte, der nun nicht mehr allgemein als ‚Anstrengung des Glaubens' verstanden wurde, sondern Kampf und Krieg zur Durchsetzung des Islam heißen sollte.

Kern des Islamismus wurde die Verheißung an die vom westlich importierten Säkularismus Enttäuschten: Mag der Westen auch materiell, technologisch und militärisch drückend überlegen und deshalb vordergründig siegreich sein, mag das ‚Haus des Islam' auch äußerlich noch so kümmerlich dastehen, geistig-moralisch, als Hüter des wahren Glaubens ist der Islam dem ‚Satan USA' und dem Westen überhaupt in seiner religiös kulturellen Substanz überlegen und wird *deshalb* schließlich siegen. Um einen Kulturkampf also geht es, der sich gegen die atheistische Unkultur des Westens richtet. Ein Kulturkampf also, der Ergebnis, ja Produkt von einströmender Modernisierung und der Auseinandersetzung mit ihr ist.

Zur Kennzeichnung solchen Islamismus, aber auch der weltweiten religiösen, mit öffentlichen Anspruch auftretenden Erneuerungsbewegungen, auch solcher, die mit Terror gar nichts verbindet, hat sich der Terminus „Fundamentalismus" verbreitet. Was aber ist Fundamentalismus? Zunächst eines: ein problematischer, weil mißleitender Begriff. Davon und warum es gleichwohl erklärungskräftig sein kann, mit dem Begriff gegenwartsdiagnostisch umzugehen, handeln die folgenden Abschnitte. In ihnen geht es zudem darum, in Auseinandersetzung mit anderen Autoren eine eigne Position herauszuarbeiten.

2. Fundamentalismus: Ein problematischer Begriff

Der Terminus „Fundamentalismus“ führt auf empirisch und theoretisch schlüpfriges Gelände. Denn je mehr die Literatur zu „Fundamentalismus“ anschwillt, um so unklarer werden Begriff und Sache. Studiert man die hierzu erschienene Literatur in Wissenschaft, Feuilleton, Tagungsberichten usw. so fällt sogleich der inzwischen geradezu inflationäre Gebrauch des Wortes und die Ausdehnung des Begriffes auf. In der Konsequenz eines solch elargierten Fundamentalismusbegriffes lag es zunächst, auch nichtreligiöse, säkulare politische Orientierungen, so etwa bestimmte Positionen der grün-alternativen Bewegung „fundamentalistisch“ zu nennen, schließlich aber jede Art eines religiösen oder politischen Konservativismus mit dem Etikett „fundamentalistisch“ zu versehen. Möglicherweise hängt die Konjunktur des Themas eben mit dieser verschwimmenden Kontur von Begriff und Sache zusammen: Denn je unbestimmter diese werden, um so eher läßt sich in solche Unbestimmbarkeit einzeichnen, was einem bei je eigenen kulturellen Orientierungsvoraussetzungen als „Fundamentalismus“ erscheint.

So kommt es auch, daß im öffentlichen Diskurs nicht nur die „Fundamentalisten“ immer die *anderen* sind, sondern es ist der Begriff auch durchweg von negativer Konnotation begleitet.

Aus solchen Gründen ist verschiedentlich vorgeschlagen worden, auf den Begriff zu verzichten und ihn durch einen anderen zu ersetzen, etwa Radikalismus, Extremismus, Fanatismus, Neo-Traditionalismus usw. Indes: Mit bloßer terminologischer Verschiebung ist noch keine präzisere begrifflich-diagnostische Tiefenschärfe und genauere Deutung der genannten Kulturströmungen erreicht. Immer können Radikalismus, Extremismus, Fanatismus usw. zu Ausdrucksformen nahezu aller geistig-ideologischen Strömungen und Bewegungen, ja generell des menschlichen Handelns werden. Deshalb ist, um eine auch nur ungefähre Operationalität des Begriffes zu sichern, eine erste Eingrenzung unabdingbar: Der Begriff „Fundamentalismus“ sollte auf *religiöse* Phänomene begrenzt bleiben.

Freilich ist damit die erwähnte Unbestimmbarkeit des Begriffes noch nicht aufgehoben. So wäre es offensichtlich ganz unsinnig, alles, was sich in Religionen etwa an Intoleranz, Militanz und Radikalität oder auch als Konservativismus oder Traditionalismus artikuliert, nunmehr mit dem Etikett „fundamentalistisch" zu versehen.

In solcher Lage wäre es ein Ausweg, deduktiv mit einer stringenten Definition von Begriff und Sache aufzuwarten, um dann davon abzuleiten, was unter den historischen oder den gegenwärtig-empirischen Befunden solcher Definition sich einfügt. Ich möchte dagegen auf eine solch vorgängige Definition verzichten, also eher induktiv verfahren, d.h. von den historischen und gegenwärtigen Befunden ausgehend jene *Merkmale* benennen, die dann „fundamentalistisch" genannt werden mögen. Ich folge dabei teilweise dem methodischen Vorschlag von Fritz Stolz, der ebenfalls vorschlägt, weder von einer vorgängigen Definition des Begriffes auszugehen, noch aber auch auf einen wissenschaftlichen Gebrauch des Begriffes „Fundamentalismus" zu verzichten, diesen vielmehr „wissenschaftlich sinnvoll zu rekonstruieren". Zu solcher Rekonstruktion gehört die Annahme, „daß sich im breit und diffus verwendeten Begriff ‚Fundamentalismus' verschiedene semantische Merkmale bündeln".[2] Es wird dann freilich darauf ankommen, die zu erhebenden Merkmale immer aus dem Studium der historischen und empirischen Befunde selbst zu erheben, um bei aller nötigen Systematisierung der Gefahr eines unhistorisch-generalisierenden Begriffes „Fundamentalismus" zu entgehen. Deshalb auch ist zu betonen, daß solche Merkmale in den verschiedenen, von unterschiedlichen historischen, nationalen und kulturellen Kontexten geprägten Bewegungen in unterschiedlicher Kombination und Intensität und selbstverständlich mit ganz unterschiedlichen Inhalten auftreten. Grundsätzlich gilt das auf die Erlösungsreligionen bezogene Diktum Max Webers auch für die religiösfundamentalistischen Bewegungen: „Die Religionen, so wenig wie die Menschen, waren ausgeklügelte Bücher. Sie waren historische, nicht theologisch oder auch nur psychologisch widerspruchslos konstante, Gebilde."[3]

---

2 Stolz, F./Merten, F. (Hrsg.): Zukunftsperspektiven des Fundamentalismus; Freiburg (Schweiz); 1991; S. 24.

3 Weber, Max: Gesammelte Aufsätze zur Religionssoziologie; Bd. I; Tübingen; 1972 (1920); S. 264.

3. Merkmale fundamentalistischer Bewegungen

Um erste Merkmale fundamentalistischer Bewegungen zu benennen, ist es hilfreich, den Blick auf jene historische Lage zu richten, in der Begriff und Sache geschichtlich ursprünglich verortet sind. Von Fundamentalismus ist schriftlich zum ersten Mal die Rede im Titel einer Schriftenreihe, die in einer Auflage von über drei Millionen zwischen 1909 bis 1915 in den USA erschien unter dem Titel „The Fundamentals – A Testimonium to the Truth". Dieser Titel gab einer Bewegung den Namen, die sich schon im letzten Drittel des 19. Jahrhunderts als Zusammenschluß christlich konservativ-evangelikaler Gruppen in den USA formierte, so vor allem auf der Niagara Bible Conference und der North Field Conference. Diese Bewegung organisierte sich schließlich, vor allem durch beträchtliche Unterstützung finanziell begüterter Laien, in der 1919 in Philadelphia gegründeten „World's Christian Fundamentals Association". Es ist hier die genauere Entstehungs- und weitere Verlaufsgeschichte dieser sich selbst fundamentalistisch nennenden Bewegung nicht weiter zu beschreiben. Vielmehr sind die Antriebe, die diese Bewegung formten, festzuhalten: Diese Fundamentalisten verstanden sich als offensive Gegenbewegung zu einem Modernismus, der auch die christlich-protestantische Welt ergriffen hatte. Insbesondere war es eine Gegenbewegung gegenüber einer historisch-kritisch sich ausrichtenden Theologie, die daran ging, die überlieferten Glaubenbestände, besonders die biblischen Texte, in einer historisch-kritischen Perspektive auszulegen – ein Ergebnis des Bündnisses mit der modernen Wissenschaft, das der Protestantismus einging. Diesem Modernismus, der auch die Theologie, dann aber auch das kirchliche Handeln zunehmend bestimmte, stellten die Fundamentalisten ihre „Fundamentals" gegenüber; diese sollten den absoluten Wahrheitsanspruch unaufgebbarer christlicher Glaubensinhalte bezeichnen, die dem wissenschaftlichen Umschmelzungsprozeß, insbesondere der Relativierung durch die historische Methode entzogen werden und ihren absoluten Geltungsanspruch bezeichnen sollten.

Als solche „Fundamentals" sollten insbesondere gelten (wobei der Katalog dieser Essentials schwankt):

1. Die wörtlich-buchstäbliche irrtumslose Unfehlbarkeit der Heiligen Schrift;

2. das Festhalten an der wahren Gottheit und jungfräulichen Geburt Jesu, am stellvertretenden Sühneopfer durch sein Blut und seine leibliche Auferstehung;
3. die Wiederkunft Christi auf Erden, die teils als apokalyptisch unmittelbar bevorstehend, teils als Wiederkehr zu einem tausendjährigen Zwischenreich, also „chiliastisch" verstanden wurde (dies war insbesondere gerichtet gegen den säkularen Fortschrittsoptimismus der Zeit, aber auch gegen eine liberale Theologie, die den Reich-Gottes-Gedanken innerweltlich als fortschreitende Kulturentwicklung des Christentums verstand);
4. die Ablehnung der Ergebnisse der modernen Wissenschaft, auch außerhalb der Theologie, die solchem Bibelglauben widersprachen;
5. der Ausschluß aller, die solchen „Fundamentalismus" nicht teilten, aus dem Status eines wahren Christen.

Aus solch kurzer Skizze lassen sich erste generelle Merkmale fundamentalistischer Bewegungen festhalten:

1. Es geht im Fundamentalismus um *religiös* begründeten, reaktiven Widerstand gegen modernitätsbestimmte Transformationen der Religion, in der man sich einst heimisch wußte. Denn auch die überlieferten Religionen bleiben von der Umschmelzungsdynamik der modernen Rationalität nicht unberührt. Hiergegen weiß sich der Fundamentalismus zu Widerstand und Kampf aufgerufen – aus religiösem Antrieb. Wie immer man in diagnostischer Außenbetrachtung die Verwandlung von Religionen in ihrer Begegnung mit der Moderne sozial- und religionswissenschaftlich oder auch theologisch deuten und bewerten mag: Für den „Fundamentalisten" geht es um die Verteidigung seiner religiösen Wahrheit, die ihm im Ansturm der modernen Gestaltungsmächte, durch Pluralismus, durch Relativismus, durch Historismus und Autoritätsvernichtung bedroht erscheint.
2. Ebenfalls zeigt der weitere Blick auf den nordamerikanisch-protestantischen Fundamentalismus zu Beginn des 20. Jahrhunderts ein weiteres Merkmal fundamentalistischer Bewegungen, nämlich ein bestimmtes Verhältnis von *Religion und*

Politik. Im Gegensatz zur religiösen Weltablehnung und zum daraus resultierenden politischen Quietismus ihrer Väter, waren die Anhänger der fundamentalistischen Bewegungen in den USA angetreten mit der Überzeugung, daß die Politik im Sinne ihres fundamentalistischen Kanons christlich sein müsse, der Staat also z.B. in seinen Erziehungseinrichtungen, biblisch-fundamentalistische Wahrheiten vom Menschen vertreten müsse. Hierher gehört etwa der berühmt gewordene „Affenprozeß" in Tennessee, in welchem der Biologielehrer Scopes sich auf Anklage fundamentalistischer Anhänger vor Gericht rechtfertigen mußte, weil er die Darwinsche Deszendenztheorie vertreten hatte und in fundamentalistischem Sinne vom Gericht gemaßregelt wurde.

Hier zeigt sich, was ein Merkmal fundamentalistischer Bewegungen in vielen ihrer Ausprägungen darstellt: Der unmittelbare Geltungsanspruch der *religiösen* Wahrheit für das *politische* Handeln. Im Kern geht es um den Traum einer religiös begründeten societas perfecta.

Selbstverständlich stellt sich in den unterschiedlichen, religiösen und kulturellen Kontexten dieses Verhältnis von Religion und Politik auch ganz unterschiedlich dar, was hier nicht weiter auszuführen ist, aber doch um der Abwehr auch hier unzulässiger Generalisierung willen wenigstens angedeutet sein soll. So sind die islamischen Länder von der für die okzidentale Moderne konstitutiven Unterscheidung von Religion und Politik und der daraus resultierenden Trennung von Staat und Kirche nie wirklich erfaßt worden. Vielmehr ist es integrale Grundlage auch des nicht-fundamentalistischen Islam, daß er keine Trennung von Sakralität und Profanität, von Religion und Politik kennt. Die Verwirklichung der göttlichen Einheit (tauhid) zielt nicht nur auf das Bekenntnis an Allah als dem einen Gott, sondern auf die religiöse Durchdringung aller Lebensbereiche, auf Politik, Wirtschaft und Kultur. So ist die fundamentalistische Variante islamischer Religion, bezogen auf das Verhältnis von Religion und Politik, bloße Radikalisierung und der militante Versuch der Realisierung des Grundsatzes: Der Islam ist Religion und Staat (din-wa-daula).

Ganz anders im Christentum westlicher Prägung. Seine fundamentalistischen Bewegungen in ihrem Anspruch auf die politische

Realisierung seiner religiösen Wahrheitsansprüche unterliegen Bedingungen, wie sie sich im okzidental-neuzeitlichen „Prozeß religionspolitischer Aufklärung“ (Hermann Lübbe) gebildet haben und zu dessen Kennzeichen eben eine bestimmte Unterscheidung von Religion und Politik und die zumindest grundsätzliche Trennung von Staat und Kirche gehören. So agieren die heutigen fundamentalistischen Gruppen in den USA – in bewußter Akzeptanz der Trennung von Staat und Kirche – ihn ihrem Kampf etwa für Schulgebet und gegen Abtreibung usw., indem sie die politischen Partizipationsmöglichkeiten des liberalen Verfassungsstaates nutzen. Dabei gilt: „Sie möchten verlorenes politisches und kulturelles Territorium zurückgewinnen, um permanente Wahlplattformen mit dem Ziel des Zeugnisgebens und schließlich des Machtgewinns zu bilden. (Sie haben gelernt, i. E. Verf.), daß sie Amerika niemals wirklich ‚regieren‘ können. Keine religiöse Gruppe wäre in einer solchen pluralistischen Gesellschaft imstande, das Land zu regieren. Aber sie wollen auf die Regierung Einfluß nehmen. Inzwischen möchten sie einen ‚Staat‘ im säkularen und pluralistischen Staat schaffen, in dem sie Bible colleges, Fernseh- und Publikations-Netzwerke und eigene Schulen etablieren.“[4]

In kürzerer Systematisierung lassen sich folgende weitere Merkmale fundamentalistischer Bewegungen nennen:

1. Der Rückgriff auf vor allem vorneuzeitliche *Traditionen*, denen die Autorität zukommt, den neuzeitlich-aufklärerischen Umschmelzungs- und Emanzipationsprozessen entzogen zu sein.
2. Die Annahme eines geschlossenen umfassenden *Weltbildes*, das eine umfassende kognitive Erklärung des Weltganzen liefert.
3. Eine *dualistisch-manichäische Weltinterpretation*, in der die Mächte des Lichtes, Gottes usw. gegen die der Finsternis und des Satans stehen. In der Konsequenz solch dualistischer Weltsicht liegt religiös begründete Elitebildung und Elitebewußtsein. Die Zugehörigkeit zur fundamentalistischen Gemeinde, Bewegung usw. bedarf bestimmter religiöser Qualifikationen, so z.B. häufig eines nachprüfbaren und protokollierbaren Bekehrungserlebnisses.

[4] Marty, Martin: Fundamentalismen; in: Dialog der Religionen 1/1994; 1992; S. 93.

4. Ebenfalls mit der dualistisch-manichäischen Weltsicht hängt ein „religiöser Nativismus" (in Anlehnung an W. E. Mühlmann) zusammen. Es geht um Rückbesinnung und Wiederentdeckung der eigenen religiösen Wurzeln, die als rein, gut, gottgegeben angesehen werden, wohingegen die Mächte des Bösen als von außen, auch im religiös-kulturellen Sinne von außen importiert gelten. So strömen im islamischen Fundamentalismus die zerstörenden Mächte aus den USA, Israel, dem „Westen" überhaupt ein, wohingegen im protestantischen Fundamentalismus z.B. die Freimaurer, der Bolschewismus, der Papst von Rom usw. diesen Platz des Feindes als des Agenten des Bösen einnehmen. Wichtig ist hierbei, daß solch religiöser Nativismus sich mit einem universalen Missionsanspruch verbindet. Der Geltungsanspruch der eigenen religiös-kulturellen Botschaft wird universal als Rettung der Welt behauptet. Hier liegen die enormen Missionsanstrengungen begründet, für die man am Beispiel des schiitischen Islam keine Begründung zu nennen braucht, die sich aber auch bei protestantisch-fundamentalistischen Gruppen oder Sekten, etwa in Lateinamerika, studieren lassen.
5. Die Geschichte ist in einen *heilsgeschichtlichen* Horizont gestellt, wobei sowohl Vergangenheit wie Zukunft in besonderer Weise religiös bestimmt werden. So war in der Vergangenheit die Zeit des wahren Heils, in welcher der Wille Gottes rein und unverfälscht gelebt wurde, so z.B. im Urchristentum, oder in der ersten Gemeinde von Medina, die dann als Ideal- und Zielbild islamischer Ordnung gilt. Die Zukunft ist mit eschatologischen, häufig apokalyptischen Erwartungen besetzt, – oft prämillenarisch, so daß der Fundamentalismus sich etwa als Botschafter und Träger des nahen Millenniums und seines dann erscheinenden Messias oder wie im Schiitismus als des erwarteten Imam Mahdi weiß.

Wie läßt sich nun in kultursoziologischer Perspektive das Auftreten fundamentalistischer Bewegungen verstehen und deuten?

4. Fundamentalismus: Moderner Antimodernismus

Immer wieder findet sich in der einschlägigen Literatur die Losung, Fundamentalismus sei „Antimodernismus". Im folgenden wird dagegen zu zeigen versucht, daß Fundamentalismus eine Erscheinung der Moderne selbst ist. Verortet in der Kultur der Moderne ist er nicht bloßer Antimodernismus, sondern *moderner* Antimodernismus.

Indes, so wenig es „die" Aufklärung gab, so wenig gibt es „die" Moderne. So ist von einem „Mythos der Moderne" kritisch Distanz zu halten, der dort konstruiert wird, wo die „Moderne zur ... Totalität der gesellschaftlichen Verhältnisse hypostasiert ... und gleichzeitig mit bestimmten normativen Prämissen (‚Projekt der Moderne') aufgefaßt wird."[5] Hierher gehört die Einsicht, daß die Moderne – wie auch die Aufklärung – in den verschiedenen nationalen und kulturellen Kontexten einen unterschiedlichen kultur- und gesellschaftsprägenden Verlauf nahm. Insonderheit bedarf es, bezogen auf die fundamentalistischen Bewegungen, des Hinweises, daß ihr Verhältnis zur Moderne zunächst wesentlich davon abhängt, wie ihre jeweilige Hauptkultur und ihre Herkunftsreligion von den modernen Gestaltungsmächten geprägt und erreicht worden ist.

So gilt etwa, daß christlicher Fundamentalismus in den Ländern des Westens – wie noch zu zeigen sein wird – im wesentlichen als Antwort auf die Krise der säkularen Kultur der Moderne zu begreifen ist, wohingegen es im islamischen Fundamentalismus weitgehend um Abwehr westlicher kultureller Modernisierung geht. Doch auch innerhalb der islamischen Welt stellt sich die Lage höchst unterschiedlich dar. So ist z.B. der aufkommende türkische Fundamentalismus mit seinem Programm einer Reislamisierung weniger Abwehr gegen Modernisierung von außen, als vielmehr reaktiver Widerstand gegen die Säkularisierung des Staates unter Atatürk, welche die Abschaffung des Kalifats und eine weitgehende Verdrängung der Religion aus dem öffentlichen Leben bewirkt hatte. Ähnlich läßt sich im Hinduismus die fundamentalistische

[5] Kaufmann, Franz Xaver: Religion und Modernität. Sozialwissenschaftliche Perspektiven; Tübingen; 1989; S. 34.

Rückbesinnung auf die religiösen Wurzeln als Antwort auf die einströmende westliche Moderne *und* auf innerindische Prozesse von gesellschaftlicher Säkularisierung und politischer Demokratisierung verstehen.[6]

Dennoch: Studiert man die Inhalte der Botschaften und Selbstverständnisse fundamentalistischer Bewegungen, so zeigt sich durch ihre verschiedenen kulturellen Erscheinungsformen und unterschiedlichen religiösen Traditionen hindurch ein sich durchhaltendes bestimmtes Verhältnis von Religion und Moderne. Dies läßt sich thesenhaft zusammenfassen: Es geht nicht um die Modernisierung der Religion, sondern um die explizit religiöse Fundamentierung der Moderne, genauer: Es geht nicht um die Modernisierung des Islam, sondern um die Reislamisierung zumindest der islamischen Welt, nicht um ein säkulares Verständnis des Staates Israel, sondern um dessen religiös-theokratische Begründung; es geht nicht um die Verweltlichung des Christentums, sondern um die Rechristianisierung der westlichen Welt.

Gerade *dieses* Verhältnis von Religion und Moderne, wie es sich in den Botschaften fundamentalistischer Bewegungen artikuliert, hat dem Thema „Fundamentalismus" die Aufmerksamkeit auch sozialwissenschaftlicher Interpretation verschafft. Denn die Präsenz und teils auch Vitalität fundamentalistischer Bewegungen widerspricht einer Grundannahme, die sich im sozialwissenschaftlichen Denken, teils geradezu als Dogma verankerte, und seinen theoretischen Ausdruck in der sogenannten „Säkularisierungsthese" gefunden hat: Nämlich die Annahme, daß die Entwicklung moderner Gesellschaften, aber darüber hinaus die universale Modernisierung einhergehe mit einem zunehmenden Rückgang religiöser Daseinsauffassung. Die Religion verlöre ihren öffentlichen Wahrheits- und Orientierungsanspruch und marginalisiere sich, so sie nicht ganz und gar verschwände, im Prozeß gesellschaftlicher Differenzierung und Segmentierung in den Bereich partiell-privater Sinngebung. Ohne nun – bei begrenztem Raum – in einen die

[6] Vgl. hierzu: Kämpchen, Martin: Hinduismus zwischen Fundamentalismus und Toleranz; in: Dialog der Religionen 1/1994; S. 77–86 und Fernandes, W.: Wurzeln fundamentalistischer Gewalt in Indien; in: Dialog der Religionen 1/1994; S. 57–76.

Argumente wägenden Diskurs um die sogenannte Säkularisierung eintreten zu können, ist doch – wie einleitend schon erwähnt – noch einmal festzuhalten: Solche inhaltlichen, dem Erbe der Aufklärung entstammenden Grundannahmen über das Schicksal der Religion im Evolutionsprozeß moderner Gesellschaften sind in bestimmende Strömungen der Sozialwissenschaften eingegangen.

Das nicht zu übersehende Auftreten religiöser Erneuerungsbewegungen stellt dieses Denken vor ein Interpretationsproblem. Entweder nötigt es zu grundlegender Revision der bezeichneten Grundannahme des Verhältnisses von Religion und Moderne, oder aber es müssen die religiösen Erneuerungsbewegungen, die es im Theoriekonstrukt gar nicht geben dürfte, in das dominierende Modernisierungs- und Säkularisierungskonzept interpretatorisch eingebunden werden, als sozusagen nichtlegitime, weil auf den irrationalistischen Substituten religiöser Lebensdeutung basierenden Fluchtbewegungen vor der modernen Zivilisationsdynamik.

Eben die letztere Argumentationsfigur findet sich in einem Teil der sich mit „Fundamentalismus“ befassenden sozialwissenschaftlichen Literatur. So findet sich schon in der Einleitung zu dem von Thomas Meyer herausgegebenen Sammelband „Fundamentalismus in der modernen Welt“ nicht nur das Bild vom Fundamentalismus als „Gespenst“, sondern auch das ideologiepolitische Programm: „Es verbindet die Autoren der Wille, Dämme gegen die fundamentalistische Flut wider die Aufklärung zu errichten.“[7] Fundamentalismus ist für Meyer selbst „die unbestimmte Negation der Grundlagen von Aufklärung und Modernisierung“[8], die Negation jenes Vorgangs, der für die Verlaufsgeschichte der Moderne konstitutiv sei, nämlich: „Das Licht der aufgeklärten Vernunft löst mit der Zeit alle Geltungsansprüche auf, die keine überzeugenden Gründe ins Feld führen können.“[9] Im Fundamentalismus melde sich die Dialektik der Moderne, nämlich „die im Modernisierungsprozeß erzeugte und in seinen Krisenperioden stets neu belebte Versu-

---

[7] Meyer, Thomas (Hrsg.): Fundamentalismus in der modernen Welt – Internationale der Unvernunft; Frankfurt/M.; 1989; Klappentext und S. 9.

[8] Ebd.; S. 15.

[9] Ebd.

chung der Regression in die Geborgenheit und Unmündigkeit."[10] So läßt sich Fundamentalismus in allen seinen Erscheinungsformen definieren – Thomas Meyer formuliert hier in bewußter Anspielung an Kants berühmte Formulierung im ersten Satz seiner Schrift „Beantwortung der Frage: Was ist Aufklärung?" –: „Fundamentalismus ist der selbstverschuldete Ausgang aus den Zumutungen des Selberdenkens, der Eigenverantwortung, der Begründungspflicht, der Unsicherheit und der Offenheit aller Geltungsansprüche, Herrschaftslegitimationen und Lebensformen, denen Denken und Leben durch Aufklärung und Moderne unumkehrbar ausgesetzt sind, in die Sicherheit und Geschlossenheit selbst erkorener absoluter Fundamente."[11]

Genau die gleiche Interpretationsfigur findet sich bei Martin Greiffenhagen. „Fundamentalismus ist antiaufklärerisch und antimodernistisch. Was wir philosophisch die Aufklärung und kulturgeschichtlich die Moderne nennen ..." ist „in Wahrheit eine einzige Bewegung", deren Kennzeichen „die Auflösung von geglaubten Selbstverständlichkeiten" ist.[12] Fundamentalismus ist der Versuch, diesen Prozeß umkehrbar zu machen durch Rückgriff auf absolute, objektive Wahrheiten, die dem Destruktionsprozeß aufklärerischer Rationalität entnommen sind. „Das ist Fundamentalismus: Die große Versuchung, innerhalb des sinnlos scheinenden Fortschritts moderner Rationalität Halt zu suchen in einem Absoluten, das ‚draußen' liegt, außerhalb des reflektierenden Bewußtseins und einer Rationalität, die nur selbst Gedachtes als wirklich gelten lassen will."[13]

Solche – kurz skizzierte – Position, sozialwissenschaftlich mit dem Thema Fundamentalismus umzugehen, erscheint in mehrfacher Hinsicht als problematisch, wobei ich mich auf wenige Punkte konzentrieren muß:

Zum einen wird die schon erwähnte Ausdehnung von Begriff und damit gemeinter Sache noch einmal bedeutend gesteigert.

---

[10] Ebd.; S. 18.

[11] Ebd.

[12] Greiffenhagen, Martin: Versuche gegen die Sinnleere. Zur Entwicklung fundamentalistischer Strömungen in Gegenwartsgesellschaften; in: Universitas 46/1991; S. 37.

[13] Ebd.; S. 41.

Wenn alle „Geltungsansprüche, Lebensformen, Gefühle von Geborgenheit“[14], um Thomas Meyer noch einmal aufzunehmen, die ihrer selbst nicht unsicher sind, als „Fundamentalismus“ gelten sollen, müssen Zweifel an der Erklärungskraft eines solch interpretatorischen Umgangs mit dem Begriff aufkommen. So liegt es in der Logik dieser Denkfigur, daß nun alles Fundamentalismus heißt, was sich kulturell als „absolute Gewißheit, fester Halt, verläßliche Geborgenheit und unbezweifelbare Orientierung“[15] artikuliert. Deshalb ist auch für Greiffenhagen von Martin Luther: „Das Wort sie sollen lassen stahn“ über Gottfried Benn: „Schließe die Tore, baue den Staat“, bis zu gegenwärtigen esoterischen Ganzheitsentwürfen alles Fundamentalismus, ja er rubriziert schließlich jede Art von Religion unter dem Etikett Fundamentalismus.[16]

Hier – spätestens – werden die Zweifel an der kulturdiagnostischen Kraft eines solchen Fundamentalismusverständnisses zur Gewißheit: Wo alles und jedes „fundamentalistisch“ heißen soll, was als „große Versuchung“ aufklärischer Rationalität und damit illegitim daherkommt, wird schlußendlich nichts mehr erklärt.

Dies gilt im Grundsatz, wenngleich in eigener Begründung auch für die in der Tradition Kritischer Theorie dialektisch argumentierende Position Christoph Türckes. Für ihn ist Fundamentalismus der Beweis, daß nicht alle utopischen Energien aufgebraucht sind, die nunmehr freilich in fundamentalistischem Gewande einherkommend, nur als „pervertierte Utopie“ gedeutet werden können. Die emanzipatorischen utopischen Antriebe nämlich seien im Fundamentalismus nur „umgelenkt – rückgestaut, gefangen in fundamentalistischer Absurdität, in der sich die Absurdität des laufenden Modernisierungsprozesses ausdrückt“. Die Präsenz fundamentalistischer Bewegungen belege „wieviel von utopischer Energie in der Menschheit noch steckt. Nicht auszudenken, was passierte, wenn sie sich auf vernünftige Weise entfesseln ließe, und wenn Intellektuelle überhaupt noch zu etwas gut sind, haben

[14] Meyer, Thomas (Hrsg.): Fundamentalismus in der modernen Welt – Internationale der Unvernunft; Frankfurt/M.; 1989; S. 18.

[15] Ebd.

[16] Greiffenhagen, Martin: Versuche gegen die Sinnleere. Zur Entwicklung fundamentalistischer Strömungen in Gegenwartsgesellschaften; in: Universitas 46/1991; S. 37.

sie hierzu leider ein viel zu geringes Scherflein beizutragen."[17] Nicht nur, daß Türcke hier das alte Lied von der Priesterschaft der Kulturintelligenz als Gralshüter und Verkünder aufklärischer Vernunft neu singt: Fundamentalismus wird hier in dialektischem Zugriff zum fehlgeleiteten Bewußtsein erklärt, ein Phantom des falschen Lebens also, das zu seiner diesseits gerichteten Wahrheit erst noch gebracht werden muß.

Sodann aber sind in kultursoziologischer Perspektive die genannten Positionen auch deshalb fraglich, weil die religiösen fundamentalistisch genannten Erneuerungsbewegungen in ihrer Kulturbedeutung allein im Raster eines Säkularisierungs- und Modernisierungstheorems erfaßt werden können. Das Interpretationsergebnis – in unserem Fall auf Fundamentalismus bezogen – steht immer schon fest. Fundamentalismus kann hier nur global als Ausdruck eines allgemeinen Antimodernismus verstanden werden, der freilich historisch weder neu ist, noch selten war. Vielmehr zeigt die tatsächliche moderne Verlaufsgeschichte, daß in ihr immer die Strömungen und Bewegungen, die sich als Erbe und Fortgang aufklärerischer Fortschrittsgewißheit begriffen, auch ihre Bezweifler und Gegenbewegungen fanden. Schon die schlichte Beobachtung, daß die genannten religiösen Erneuerungsbewegungen sich etwa Mitte der 70er Jahre weltweit zu formieren begannen, kann so in ihrer Kulturbedeutung kaum zureichend erklärt werden, wie auch der säkularisierungstheoretisch bemerkenswerte Vorgang, daß solcher Antimodernismus auf einmal mit *religiösem* Inhalt und Anspruch auftritt.

So zwingt die weltweite neue Belebung von Religion, deren vitalster, wenngleich nicht einziger Ausdruck der „Fundamentalismus" ist, zu der Frage, ob nicht *bestimmte* Vorstellungen von der Zwangsläufigkeit von Säkularisierung zu revidieren sind, jene Vorstellungen also, nach denen Fundamentalismus, nur als bloßer Antimodernismus als Anti-Aufklärung, Internationale der Unvernunft usw. erfaßt werden kann. So gilt es, um die religiösen Bewegungen in ihrer Kulturbedeutung überhaupt erst wahrnehmen zu können, diese nicht mit theoriebestimmtem vorweggenommenem Werturteil zu belegen, sie vielmehr, wie der französische Soziologe und

---

[17] Türcke, Christoph: Die pervertierte Utopie. Warum Fundamentalismus im Vormarsch ist; in: DIE ZEIT; Nr. 16; 10.04.1992.

Arabist Gilles Kepel formuliert, als „ authentischen Ausdruck“ gegenwärtiger Kulturlage in den Blick zu nehmen.[18] Auch Martin Riesebrodt hat diese Konsequenz gezogen und als programmatischen Ansatz seiner Studie über den Fundamentalismus formuliert: „Die Soziologie muß religiösen Bewegungen den Platz einräumen, der diesen aufgrund ihrer tatsächlichen Geschichtsbedeutung zukommt, will sie nicht den Anspruch aufheben, empirische Sozialwissenschaft zu sein. Auf den Fundamentalismus bezogen bedeutet dies, daß die Soziologie ihn als potentiell universales religiöses und politisches Gegenwartsphänomen zur Kenntnis und ernst nehmen muß. In den fundamentalistischen Bewegungen werden nicht Scheinfragen früherer Jahrhunderte, sondern zentrale Probleme unserer Zeit thematisiert.“[19] Aus solcher Einsicht und aus solchem Anspruch folgt, Fragen nachzugehen wie: „Warum solche Bewegungen gegenwärtig in nahezu allen Weltreligionen Konjunktur haben, welche Erfahrungen die Menschen politisch mobilisieren, in welchen Deutungsmustern diese Erfahrungen verarbeitet werden, welche Ängste, Hoffnungen und Ziele die Träger solcher Bewegungen haben.“[20]

Zusammenfassend: Es stellt sich die Frage nach der *Kulturbedeutung* fundamentalistischer Bewegungen – in ihren jeweiligen historischen, nationalen, kulturellen und sozialstrukturellen Kontexten. Die in Abschnitt III genannten Merkmale ließen sich zunächst einmal ganz in die Vorstellung eines bloßen Nicht-Modernismus oder Traditionalismus einfügen. Damit ist freilich die Eigenart des Fundamentalismus noch nicht erfaßt. Die am Beispiel des nordamerikanisch-protestantischen Fundamentalismus erwähnte Vorstellung einer Verbalinspiration etwa und die damit begründete Irrtumslosigkeit der Heiligen Schrift war altes Erbe, Inhalt katholischer, wie auch altprotestantischer Theologie und deren Annahme selbstverständlicher Frömmigkeitsinhalt der religiös bestimmten Einwanderer. Erst im Ansturm der historisch-kritischen Forschung auch in

---

[18] Kepel, Gilles: Die Rache Gottes; München/Zürich; 1991.

[19] Riesebrodt, Martin: Fundamentalismus als patriarchalische Protestbewegung. Amerikanische Protestanten (1910–1928) und iranische Schiiten (1961–1979) im Vergleich; Tübingen; 1990; S. 4.

[20] Ebd.; S. 5.

den theologischen Ausbildungsanstalten der USA fiel sie aus dieser Selbstverständlichkeit heraus, mußte in Protest und Widerspruch zur säkularen Entwicklung behauptet werden und gewann erst so die Bedeutung eines Fundamentaldogmas, dem alle anderen Glaubenswahrheiten nachrangig werden.

So gilt generell: Die Traditionen, auf welche der jeweilige Fundamentalismus sich beruft, konnten nur deshalb den Rang einer unbefragten Autorität gewinnen, weil sie gegen eine historische oder gar rein historistische Interpretation als durch die Zeiten hindurch unverändert und unberührt *behauptet* werden mußten. Auch der Anhänger fundamentalistischer Bewegungen ist nicht mehr eingebunden in die Selbstverständlichkeit überlieferter Religion. Er muß sich vielmehr unter Aufgabe modernen Kritikbewußtseins, so z.B. der historischen Betrachtung von Autorität und Tradition, selbst für unbefragte Autorität und unwandelbare Tradition *entscheiden* und unterscheidet sich gerade darin, von seinen nicht modernen, oder gar vormodernen, in der fraglosen Gültigkeit lebenden Vorfahren.

So ist Fundamentalismus eine Erscheinung der Moderne selbst. Er ist in der säkularen Kultur der Moderne selbst verankert, gerade auch wo er sich als Protest und Gegenentwurf zu ihr versteht und formiert. So ist er nicht schon als bloßer Traditionalismus oder Antimodernismus zureichend beschrieben, vielmehr ist er ein *moderner* Antimodernismus, d.h. er entsteht unter den Struktur- und Kulturbedingungen säkularer oder sich säkular zu entwickeln beginnenden Gesellschaften.

Es lassen sich weitere Beobachtungen und Hinweise beifügen, um die Verortung des Fundamentalismus in der Moderne selbst aufzuweisen – wozu nur noch folgende Punkte kurz genannt seien:

– Die sozialen Schichten, aus denen die fundamentalistischen Bewegungen ihre Anhänger rekrutieren, lassen sich keinesfalls mit bloß traditionellen, antimodernistischen Milieus identifizieren, als einem sozialen Hinterwäldlertum, das die Moderne noch nicht erreicht hat. Die Rekrutierungschancen für fundamentalistische Orientierungen liegen durchaus auch bei Absolventen westlicher, wie arabischer Universitäten. So ist auch z.B. das Ideal der islamisch-fundamentalistischen Revolution nicht der mittelalterliche Bauer, sondern die in den Tschador gehüllte Computertechnikerin oder der Atomkraftwerkingenieur, der im Nuklearzentrum sein Mittagsgebet verrichtet.

- Desweiteren ist noch einmal die dem Fundamentalismus eigentümliche Verbindung von Religion und Politik zu nennen. Die Theologisierung oder „Religionifizierung" der Politik und die Politisierung der Religion – also die religiöse Begründung politischer Eindeutigkeit folgt ja einem in der Verlaufsgeschichte der Moderne nicht unbekanntem Muster. In ihr waren es freilich die säkularen ideologisch-messianischen Verheißungen, welche die politischen Ziele „fundamentierten". Im Fundamentalismus sind es explizit religiöse Politikbegründungen, so daß sich Fundamentalismus insofern auch als Retransformation einst säkular-messianischer in religiöse Politikbegründung fassen ließe.
- Es läßt sich schließlich auch noch nennen ein eigentümliches Verhältnis von Wissenschaft und Religion, das in bestimmten, gewiß nicht allen fundamentalistischen Strömungen zu beobachten ist und sich am klarsten im sogenannten „Kreationismus" zeigt. Kreationismus ist im Ergebnis der Versuch, die buchstäbliche Wahrheit der Schrift, hier bezogen auf den biblischen Schöpfungsbericht, wonach Gott die Schöpfung in sechs Tagen geschaffen hat, naturwissenschaftlich zu belegen. Ein Versuch, der in gewisser Hinsicht ganz im Horizont bestimmender Strömungen modernen Denkens steht, nämlich, daß nur wahr sein kann und für den Fundamentalisten auch religiös nur wahr sein kann, was vor dem Forum wissenschaftlicher Beweisbarkeit Bestand hat.

Fundamentalismus als moderner Antimodernismus: Mit dieser allgemeinen These ist freilich das gegenwärtige Aufbrechen fundamentalistischer Bewegungen in ihrer möglichen gegenwartsbestimmten Kulturbedeutung noch nicht ausreichend erfaßt. Hierzu ist es vielmehr nötig, diese These noch weiter in den Horizont gegenwärtiger Kulturlagen zu stellen, wobei ich mich vor allem auf den okzidentalen Kulturkontext konzentriere, freilich mit Seitenblicken auf den Islam.

Dabei gehe ich von der Einsicht aus, daß die Moderne selbst, ihre Entstehungs- und Verlaufsgeschichte wesentlich bestimmt war von säkularen Heilshoffnungen und Erlösungsversprechen, die nun selbst säkular-religiösen Charakter trugen. Anders gewendet: Die säkulare Moderne hat ihre eigene Glaubensgeschichte oder auch säkulare Religionsgeschichte. Zugespitzt ließe sich sagen, die Moderne ruht selbst auf „fundamentalistischen“ Grundlagen. Diese lassen sich in die Trias fassen: Der Glaube an die Geschichte als innerweltlicher Fortschrittsgeschichte, der Glaube an die Wissenschaft als säkularer Glaubensmacht, der Glaube an die Politik im Sinne eines politischen Messianismus.

Zur Signatur gegenwärtiger westlicher Kulturlagen gehört es nun, daß der Siegeszug dieses säkular-religiösen Fundamentalismus gebrochen scheint, zumindest einem fortschreitenden Geltungsverlust unterliegt. Diese Krise der säkularen Religionsgeschichte, d.h. die ihrer *säkularen Glaubensgewißheiten unsicher gewordene Moderne*, gehört zum Verstehens- und Deutungshintergrund für das Aufkommen fundamentalistischer Bewegungen.

Hier liegt dann auch der Unterschied zur Formierung des Fundamentalismus in den ersten Jahrzehnten dieses Jahrhunderts. Galt es *damals* dem Siegeszug der säkularen Glaubensmächte, etwa dem Ansturm von Szientismus und innerweltlicher Fortschrittsgewißheit entgegenzutreten, so geht es *heute* um die fundamentalistischen Antworten auf die Fragen, die der kulturelle Geltungsverlust säkularer Gewißheit eröffnet. Dies gibt übrigens auch den Reislamisierungstendenzen in den islamischen Ländern zusätzliche Schubkraft durch das Argument, die Abwehr westlich-kultureller Modernisierung müsse auch deshalb erfolgen, da deren Erfolgsgeschichte in den Ländern des Westens selbst fraglich, ja brüchig geworden sei. Diese allgemeine These von der Krise der säkularen Religionsgeschichte als Deutungs- und Verstehenshintergrund sei nun am Beispiel einiger der vorher genannten Merkmale fundamentalistischer Bewegungen noch genauer bezeichnet.

Im Rückgriff auf voraufklärerische religiöse Traditionen weiß sich der Anhänger fundamentalistischer Bewegungen gehalten von einem Fundament, das als „stärker“ erfahren und geglaubt wird, als die fraglich gewordenen Orientierungen des sogenannten „Secular Humanism“, in dem etwa die protestantischen nordamerikanischen Fundamentalisten ihren Hauptgegner sehen. So weiß er sich in einer Welt zerfallender Autorität getragen von einer Autorität, die der modernen Bezweiflung, Problematisierung und Auflösung enthoben ist.

Das fundamentalistische Geschichtsbild in seinem Rückblick auf die Zeit gottgewollten Lebens und seiner eschatologischen oder apokalyptischen Zukunftsschau liefert damit zugleich eine sinnhafte Interpretation und Verarbeitungsmöglichkeit von Gegenwart: Gerade in ihrer Krisenhaftigkeit erscheint sie als Vorstufe, gerade in ihren Verfallserscheinungen als das Fanal des kommenden Heils.

Noch stärker auf die Ebene individueller Lebensführung bezogen, sei eigens die Bedeutung des Bekehrungserlebnisses erwähnt. Die Konversion ist nicht nur der initiatorische Eintritt in die Arche der aus anomisch erlebter Gesellschaft Erretteten; sie ist auch die Möglichkeit, die modernitätserzeugte Differenz zwischen Lebenszyklus und Lebensgeschichte auszugleichen. Lebenszyklus bezeichnet die dem Individuum gesellschaftlich zufallenden Ereignisse, die erst dort zur Lebensgeschichte werden, wo sie in der Lebenserfahrung des Einzelnen sinnhafte Verarbeitung erfahren. Das Bekehrungserlebnis gibt der eigenen Biographie Kontur – gerade angesichts des modernitätstypischen Verlusts anderer identitätssichernder Fixpunkte einer Biographie.

So also liegt die mögliche Kulturchance des Fundamentalismus – bezogen auf die Reallagen moderner Gesellschaften – darin, daß es die fundamentalistische Glaubenswelt erlaubt, den Krisenerfahrungen der Moderne, den äußeren und inneren Unsicherheitslagen moderner Lebenskultur, durch das Angebot verbindlicher Orientierung und Lebensführung zu begegnen.

5. Zukunft des Fundamentalismus?

Ob ein religiöser Fundamentalismus künftig zu einer dauerhaft kulturbestimmenden Kraft werden kann, ist freilich unsicher. Solche Unsicherheit gilt insbesondere im Blick auf die westlichen Gesellschaften. In ihnen müssen sich die fundamentalistisch-religiösen Erneuerungsbewegungen mit ihrem öffentlichen Geltungsanspruch politisch unter den Bedingungen des liberalen Verfassungsstaates und gesellschaftlich unter den Bedingungen eines prinzipiellen Pluralismus der Lebensführungsangebote formieren und artikulieren. In solcher Perspektive mag man die künftigen Kultur- und gesellsch-schaftsprägenden Möglichkeiten eines religiösen Fundamentalismus in den westlichen Ländern für begrenzt, gar marginal halten – ohne freilich zu vergessen, daß die Dynamik religiöser Erneuerung, auch in fundamentalistischem Gewand, vor der ihrer selbst nicht mehr sicheren säkularen Kultur der Moderne nicht Halt machen *muß*.

In all dem ist eine Frage noch nicht berührt, zu der aber das Thema „Fundamentalismus" unabdingbar zwingt – die Frage nämlich nach den jeweils *eigenen* Fundamenten. Fundamentalismus – so fremd oder bedrohlich sein Geltungsanspruch uns begegnen mag – ist immer auch Herausforderung und Anfrage. Im Gewölk „postmoderner" Gleich-Gültigkeit stellt der Fundamentalismus die Frage nach der Wahrheit. So begegnet in der Tatsache fundamentalistischer Bewegungen, wie mächtig oder auch marginal sie künftig Verbreitung finden mögen, der gegenwärtigen säkularen Kultur der Moderne die Frage, auf welche Fundamente sie sich selbst gestellt weiß; so etwa, ob eine auf Hypothetisierung aller Wahrheitsansprüche gestellte Kultur[21] auf Dauer wird bestehen können. So zwingt jetzt schon auch die politische Militanz islamischer Fundamentalisten die westlich liberalen Gesellschaften Europas zu eigener kultureller Selbstvergewisserung. Das erstrebte Zusammenwachsen Europas wird – soll es auf Dauer gestellt sein – auch davon abhängen, ob dieses Europa noch von eigenen geistig-kulturellen Fundamenten weiß.

Schließlich: So unsicher auch ist, welche Kulturchance der Fundamentalismus in den westlichen Ländern haben wird, es werden doch die inneren und äußeren Lagen, auf die er antwortet, bleiben. Und die *Fragen*, die eine in ihren säkularen Glaubensbeständen erschöpfte Moderne aus sich heraussetzt, suchen ihre Antworten. *Welche* Antworten künftig Menschen an sich binden und welche davon kulturkräftig sein werden, bleibt unserem zukunftsungewissem Blick verborgen.

---

[21] Hierin sieht Robert Spaemann einen Grundzug des modernen Bewußtseins. Siehe Spaemann, Robert: Ende der Modernität?; in: Koslowski, Peter/Spaemann, Robert/Löw, Reinhard: Moderne oder Postmoderne? Zur Signatur des gegenwärtigen Zeitalters; Weinheim; 1986; S. 27 f.

II. Esoterik: Die New Age-Botschaft

1. Was ist Esoterik?

Esoterik und Okkultismus gehören zu den auffälligsten Phänomenen gegenwärtiger Religionskultur. Deren Dauerpräsenz in den westlich-säkularen Gesellschaften seit nunmehr rund dreißig Jahren erlaubt es nicht mehr, in ihnen nur eine marginale, schnell wieder sich verflüchtigende, gar nur ‚modische' Erscheinung zu sehen. Auch die einschlägigen Kultur- und Sozialwissenschaften wären gut beraten, dem Thema eingehendere Untersuchungen zu widmen. So ist davon auszugehen, daß etwa in Deutschland für Millionen von Menschen esoterische Orientierungen eine mehr oder weniger bestimmende Größe ihrer Lebensführung geworden sind. 18 Milliarden DM betrug der Umsatz in der ‚Esoterik-Branche' nach Pressemeldungen 1996 in Deutschland. Die Bindung an die christlichen Kirchen nimmt schleichend ab, die Faszination esoterischer Lebensdeutung aber ist ungebrochen.

Doch was ist Esoterik? Esoterik (griechisch: esoteros = nach innen) ist der Sammelbegriff für Lebens- und Weltdeutungen, von denen ihre Anhänger meinen, sie seien gegenüber den „exoterischen", öffentlich anerkannten Erkenntnissen der Wissenschaft und Glaubensinhalten der etablierten Religion, nur einem Kreis von Erleuchteten und Eingeweihten zugänglich. Solche Esoterik hat die Kultur- und Religionsgeschichte immer begleitet: Zu nennen sind die Mysterienkulte des antiken Griechenlands, Strömungen der jüdischen, hellenistischen und christlichen Gnosis, die mittelalterliche Katharerbewegung und die Kabbala. In der Renaissance findet sich esoterisches Gedankengut in Gestalt der Lehre des (fiktiven) Hermes Trismestigos, weswegen die westliche Form der Esoterik auch als Hermetik bezeichnet wird. Sodann gehören in den Traditionsstrom westlicher Esoterik die Rosenkreuzer, Alchimisten, Teile der Freimaurerbewegung, der Spiritismus des 19. Jahrhunderts, schließlich die aus indischen Quellen sich herleitende Theosophie und die Anthroposophie des ehemaligen Theosophen Rudolf Steiner. Als Vordenker esoterischen Gedankengutes ist eigens G. I. Gurdjieff (1865–1949) zu nennen, der die östlich-mystischen Traditionen mit Erkenntnissen westlicher Wissenschaft zu einer neuen Weisheitslehre „zur harmonischen Entwicklung des Menschen“ zu verbinden suchte. Schließlich gehört zur Entwicklung neuzeitlicher Esoterik auch die Bildung von Okkultorden, wofür der „Ordo-Templi-Orientis“ (O.T.O.) das bekannteste Beispiel darstellt. Der spätere Leiter des um 1906 von deutschen Okkultisten gegründeten O.T.O., Aleister Crowley (1875–1947), gewann Einfluß auf die sexualmagische Praktiken einschließende Bewegung eines okkulten Satanismus. Zur interessanten Wirkungsgeschichte des O.T.O. gehört unter anderem, daß sowohl der Gründer der Anthroposophie, Rudolf Steiner, wie auch der Gründer der „Scientology-Church“, Ron L. Hubbard, zeitweise Mitglieder des O.T.O. waren, – sowenig beide ansonsten auch vergleichbar sind.

Zur besonderen Charakteristik der gegenwärtigen Esoterik gehört freilich, daß sie entgegen ihrer eigenen Herkunftsgeschichte, höchst „exoterisch“ auftritt, wie sich am Beispiel regelmäßig veranstalteter esoterischer „Messen“, am anhaltenden Boom an esoterischer Literatur und an der stetigen Präsenz esoterischer Themen in den Medien zeigt. So hält Esoterik einen großen Marktanteil des gegenwärtigen „Marktes der religiösen Möglichkeiten“ besetzt. Noch einmal: Die anhaltende Faszination durch esoterische Lebens- und Weltdeutungen und deren kulturelle Verbreitung zeigt, daß für immer mehr Menschen in den westlichen Ländern Esoterik zur Lebensführungsmacht geworden ist. Dies gilt insbesondere für die einfachen Formen einer schnell und instrumentalistisch handhabbaren „Vulgäresoterik“ (Pendeln, Tarotkarten, Wahrsagen, Astrologie, Edelsteintherapie usw.), wohingegen die anspruchsvolleren Formen esoterischer Lebensdeutung mit ihren, die ganze Existenz betreffenden Anforderungen, eher zurücktreten.

Die Sozialgestalt der Esoterik ist amorph und vagierend. Schon von einer „Bewegung“ im soziologischen Sinn zu sprechen ist problematisch. Es handelt sich um ein Syndrom, das weitgehend unorganisiert, aus einem lockeren Netzwerk von Kongressen, Workshops, Seminaren, Journalen und Buchveröffentlichungen besteht. Aus den wenigen empirischen Untersuchungen im deutschsprachigen Raum zeigt sich, daß die Anhänger aus qualifizierten Angestelltenberufen mit gleichzeitig „postmaterieller“ Orientierung stammen, mit geringer Bindung an die Amtskirchen. Weiterhin ist eine hohe Repräsentanz von Frauen festzustellen. Auch zeigen die empirischen Befunde, daß zwischen bewußten „Anhängern“ im engeren Sinne und einer wesentlich größeren Zahl an esoterischen Gedankengut „Interessierten“ zu unterscheiden ist. Immerhin bekundet jeder zweite Großstädter sein Interesse an Meditation und Yoga, und jeder vierte zeigt sich am Reinkarnationsgedanken interessiert.[22]

Die wirkungsmächtigste Ausprägung des Aufschwungs an Esoterik war in den vergangenen Jahren die sogenannte „New Age-Bewegung“. Diese gewann insbesondere in den 80er und frühen 90er Jahren eine bedeutende öffentliche Resonanz und publizistische Verbreitung. Im Glauben an das „Neue Zeitalter“ verbanden sich alte esoterische Weltdeutungen mit säkular-utopischen Hoffnungen, die höchst „exoterisch“ öffentliche Wahrnehmung und Geltung beanspruchten und auch fanden.

Die Orientierungen der „New Age-Bewegung“ beziehen sich auf die Therapie- und Selbsterfahrungsangebote gegenwärtiger „Psycho“-Kultur ebenso wie auf politische, wirtschaftliche, pädagogische und medizinische Konzepte. Freilich: Gegenwärtig ist es um den Namen „New Age“ stiller geworden. Dies hängt gewiss auch damit zusammen, daß die großen utopischen Antriebe, die sich mit den Hoffnungen auf das „Neue Zeitalter“ verbanden, sich – wie überall sonst auch – erschöpft haben. Geblieben ist aber, wie jeder Blick etwa auf den Büchermarkt zeigt, das Bedürfnis im Horizont subjektiver Lebensführung sich wesentlicher Inhalte der New Age-Bewegung zu bedienen. Geblieben sind also neben den Formen und Techniken der „Alltagsesoterik“ (Pendeln, Astrologie usw.) eben jene religiösen oder religionsartigen Daseinsauffassungen und Lebensdeutungen, die einen Kern der New Age-Anschauung ausmachen und aus denen heraus viele Zeitgenossen ihr Leben gestalten und sichern. Davon handelt der nun folgende Text. Es ist davon auszugehen, daß esoterische Angebote zu Lebensdeutung und Lebensgestaltung weiterhin die Lebensführung der „al-

---

[22] Vgl. hierzu auch: Schneider, Michael: Esoterik und New Age – Das Zeitalter des Wassermanns; Augsburg; 1995.

ten" New Age-Anhänger bestimmen, aber auch neue Gefolgsleute finden, auch wenn diese mit dem Namen „New Age" nichts mehr verbinden.

2. New Age: Ein Sinnangebot

Vorab aller genaueren inhaltlichen Beschreibung und Analyse, muß man sich als Befund klar vor Augen halten: Das New Age-Denken ist ein Angebot von Orientierung, Sinn, ja Erlösung. Unabhängig davon, ob die New Age-Orientierung religionswissenschaftlich oder theologisch als „Religion" zu verstehen ist, unabhängig auch davon, ob die New Age-Anhänger sich selbst als „religiös" begreifen, gilt es festzuhalten: New Age ist eine Heilsbotschaft und ihre Verkünder wissen sich als erwählte Träger dieser Botschaft. Dies gilt gerade auch dann, wenn die Vordenker der Bewegung ihre Ideen im Namen und mit der Legitimation der *Wissenschaft* verkünden, wie dies programmatisch etwa bei Fritjof Capra, Marilyn Ferguson und Ken Wilber zu studieren ist. Wie später noch genauer zu zeigen sein wird, dienen hier die Einsichten moderner Wissenschaften, wie richtig oder falsch sie auch angeeignet sein mögen, zur Begründung einer New Age-Weltanschauung. So führten Fritjof Capra – nach eigener Aussage – die Ergebnisse der modernen Physik geradezu zum Erlebnis einer lebensgeschichtlich wichtigen mystischen Erfahrung: „Ich ‚sah' förmlich, wie aus dem Weltenraum Energie in Kaskaden herabkam und ihre Teilchen rhythmisch erzeugt und zerstört wurden. Ich ‚sah' die Atome der Elemente und die meines Körpers als Teil dieses kosmischen Energie-Tanzes; ich fühlte seien Rhythmus und ‚hörte' seinen Klang, und in diesem Augenblick wußte ich, daß dies der Tanz Shivas war, des Gottes der Tänzer, den die Hindus verehren."[23]

Wie für Capra New Age ein Weg für den westlichen Menschen hin zur Erfahrung hinduistischer Vedanta-Mystik darstellt, so verbürgt für Marilyn Ferguson der Einstieg in das Neue Zeitalter „die

---

[23] Capra, Fritjof: Das neue Denken. Aufbruch zum neuen Bewußtsein. Die Entstehung eines ganzheitlichen Weltbildes im Spannungsfeld zwischen Naturwissenschaft und Mystik; Bern/München/Wien; 1987; S. 33.

Erfahrung ... einer lichteren, reicheren und sinnvolleren Dimension des Lebens."[24]

Bei Stanislav Grof, einem weiteren Protagonisten des New Age-Syndroms, lesen wir eine explizit religiöse Aussage, die auch schon in kurzer Zusammenfassung wesentliche Kennzeichen der New Age-typischen „Spiritualität" darstellt: „Die etablierten Religionen vertreten in der Regel eine Vorstellung von Gott, wonach das Göttliche eine Kraft ist, die sich außerhalb des Menschen befindet, und zu der man nur durch die Vermittlung der Kirche und der Priesterschaft Zugang gewinnen kann. Ein bevorzugter Ort für einen solchen Vorgang ist das Gotteshaus. Im Gegensatz dazu erkennt die Spiritualität, die sich im Prozeß einer tiefgehenden Selbsterforschung offenbart, Gott als das Göttliche im Menschen. Mit Hilfe verschiedener Techniken, die den unmittelbaren erlebnishaften Zugang zu transpersonalen Wirklichkeiten vermitteln, entdeckt man seine eigene Göttlichkeit. Bei spirituellen Übungen solcher Art sind es der Körper und die Natur, die die Funktion des Gotteshauses übernehmen."[25]

Ob man die zitierten intellektuellen Vordenker der New Age-Bewegung studiert, ob man die verschiedenen Journale der New Age-Szene liest oder ihre Kongresse besucht, ob man sich an ihre intellektuellen Vertreter hält oder an ihre trivialisierten Traktakte: New Age tritt an als Sinngebungs- und Orientierungsangebot, welches die Lebensführung seiner Anhänger bis in die existentiellen Innenanlagen hinein bestimmt.

3. Zum kulturellen und gesellschaftlichen Hintergrund der New Age-Bewegung

Vor einer weiteren Beschreibung und Analyse der religiös-weltanschaulichen Antriebe und Inhalte des New Age-Denkens ist es zunächst nötig, den kulturellen und gesellschaftlichen Hintergrund

[24] Ferguson, Marilyn: Die sanfte Verschwörung. Persönliche und gesellschaftliche Transformation im Zeitalter des Wassermanns; Basel; 1982; S. 100.

[25] Grof, Stanislav: Das Abenteuer der Selbstentdeckung. Heilung durch veränderte Bewußtseinszustände. Ein Leitfaden; München; 1987; S. 324.

zu skizzieren, der den New Age-Verheißungen und der Esoterik überhaupt in unmittelbarer Gegenwart Faszination und Zulauf sichert. Sodann wollen wir in einem zweiten Schritt die New Age-Bewegung in die allgemeine Tendenz heutiger „Neuer Religiosität" einordnen.

3.1 Das Unbehagen an der säkularen Kultur der Moderne

Unübersehbar ist, daß gegenwärtig das Unbehagen an der Moderne und der Zweifel an den sie tragenden Gewissheiten zunehmend das Lebensgefühl vieler Zeitgenossen prägt.

Hier ist vor allem die Erosion jener Idee zu nennen, die seit dem 18. Jahrhundert das allgemeine Bewußtsein bestimmte: Die Idee des Fortschritts. Dabei war der Kollektivsingular „Fortschritt" das offene oder geheime Dogma des Modernitäts-Bewußtseins. Dies galt nicht nur für die Erlösungskonzeption des Marxismus, sondern auch in anderer Weise für den „bürgerlichen" Glauben an die gesellschaftlich-kulturelle Evolution. Zwar war es immer schon eine alte Ahnung, daß das Fortschreiten der technischen Zivilisation ein gefährlicher Weg sein könnte; dies aber ist heute die Furcht, ja teils schon die Gewissheit eines verbreiteten Lebensgefühls. Insbesondere ist es die Erfahrung der ökologischen Krise und die Erwartung ihrer erst noch ausstehenden dramatischen Zuspitzung, welche das Zerrinnen und den Zerfall einer über 200jährigen Fortschrittsgewissheit markiert. Robert Spaemann hat den Vorgang prägnant beschrieben und auf den Begriff gebracht: „Das ökologische Bewußtsein läßt erstmals die Realisierbarkeit des Projektes der Moderne, des Projekts progressiver Naturbeherrschung durch despotische Vergegenständlichung der Natur in sich selbst fraglich werden ... Der Eindruck verstärkt sich, daß wir hinsichtlich des materiellen Reichtums der Welt längst begonnen haben, vom Kapital statt von den Zinsen zu leben. Dieses Gefühl löst den traditionellen Zusammenhang des Fortschrittsgedankens mit so etwas wie Hoffnung auf. Der Pro-Kopf-Verbrauch der Industrieländer an Energie- und Rohstoffen ist parasitär, denn es wäre mit den Überlebensbedingungen der Menschen unvereinbar, wenn alle Menschen dieses Niveau erreichen würden. Damit ist die Marx'sche Utopie der endgültigen Beseitigung des Gerechtigkeitsproblems durch Entwicklung von Überfluß definitiv tot. Diese Utopie aber hatte das Projekt der Moderne auf seine eigentliche Formel gebracht. Mit dieser Utopie ist der Gedanke des Fortschritts im Singular tot, der Gedanke einer Entwicklung der Welt als Ganzer zum schlechthin Höheren und Besseren." Aus dem „Fortschritt" wurden allenfalls „Fortschritte", die „wir mit Rückschritten, d.h. Verschlechterungen in anderer Hinsicht abzuwägen haben."[26]

Sodann ist auf die Verschleißerscheinungen und den Geltungsschwund der *modernen Ideologien* hinzuweisen. Zwar ist die Parole vom „Ende der Ideologien" schon oft vorschnell proklamiert worden, doch richtet man den Blick auf die unmittelbare Gegenwart, so scheint unübersehbar: Die säkularen Ideologien, Erben des 19. Jahrhunderts haben ihre orientierende und legitimierende Kraft weithin verloren. Insonderheit ist die Faszination marxistisch inspirierter Welterlösung weitgehend erloschen. Die säkulare Eschatologie marxistischer Provenienz übt gegenwärtig keine Anziehungskraft mehr aus; dies gilt gerade auch für die Jugend und die gegenwärtige Kulturintelligenz.

Schließlich ist auf die Kulturbedeutung eines weiteren Vorganges hinzuweisen: Der kulturelle Bedeutungsschwund der Wissenschaft; das heißt nicht, daß der Verwertungscharakter der Wissenschaft, daß ihr Nutzwert abnimmt. Ganz im Gegenteil bleiben Forschung und Wissenschaft bestimmende und in ihrem äußeren Bestand unaufhaltsam zunehmende und nach Lage der Dinge auch unverzichtbare Größen unserer Lebenswelt. Aber ihr kultureller Bedeutungsgehalt scheint drastisch abzunehmen; genauer: Daß Wissenschaft und die auf sie gründende Technik menschliches Glück fördern, ja universal garantieren könnten, das ist kein wirklich kulturell bestimmender Glaube mehr. Ein entscheidender Faktor für diesen Geltungsverlust ist auch hier die ökologische Krisis. Es gehört zu den Tendenzen gegenwärtigen Lebensgefühls, daß es die Wissenschaft und die auf ihr gründende Technik sei, welche die ungeheuren ökologischen Gefahren herauf beschworen hätte. Ganz gleich, wie hier die Dinge im einzelnen stehen, abgesehen

---

[26] Spaemann, Robert: Ende der Modernität?; in: Koslowski, Peter/Spaemann, Robert/Löw, Reinhard (Hrsg.): Moderne oder Postmoderne? Zur Signatur des gegenwärtigen Zeitalters; Weinheim; 1986; S. 31f.

auch davon, daß in einer verwissenschaftlicht-technischen Welt deren Beschädigungen nur mit wiederum wissenschaftlichem Instrumentarium angegangen werden können, steht fest: Wissenschaft und Technik sind heute Schuldzuweisungen ausgesetzt, ihre Legitimation wird zunehmend in Frage gestellt; dabei war es doch eben die Wissenschaft, die einst der modernen Welt als entscheidende Legitimationsquelle diente. Derweil die Wissenschaft in ihrem äußeren Bestand allenthalben weiter wächst und in ihrem Nutzwert den modernen Daseinseinrichtungen immer entbehrlicher wird, während sie *zur Lösung der von ihr miterzeugten Problemen auch immer wieder selbst gebraucht wird, kann sie doch immer weniger als orientierende Kulturmacht auftreten.*

In alldem ist die Einsicht entscheidend: Diese (hier nur kurz skizzierte) Krise der Gestaltungsmächte der Neuzeit hat notwendig ihre bestimmende Wirkung auf die inneren Lebensräume des westlichen Menschen und hat selbst krisenhafte Folgen für das Denken, Handeln und Fühlen. Denn diese Mächte mit ihren Verheißungen bedeuteten Orientierung, Zukunftsvergewisserungen und Sicherung des Lebens. Die Sinnhaftigkeit modernen Lebens wird fraglich, wo diese Sicherungen labil werden. Dies sei im folgenden ansatzweise verdeutlicht: Die Krise der säkularen Gestaltungsmächte bedeutet eine zunehmende *Zukunftsunsicherheit.* Wo den Zukunftsversprechen der Moderne nicht mehr wirklich geglaubt werden kann, wo die säkulare Fortschrittsidee ihre verheißende und somit ja auch bergende Kraft für viele verliert, wo die Instrumente des Fortschritts: Wissenschaft und Technik ganz im Gegensatz zu den Versprechen universalen Glücks, mit denen sie einst antraten, Unheil, ja universale Zerstörung möglich machen – da wird der Horizont der Zukunft düster.

Dazu kommen strukturelle Unsicherheiten unserer modern-zivilisatorischen Lebenswelt. Die Anhäufung technischen Wissens, die stürmische, die strukturellen Grundlagen unserer Welt umwälzende Fortentwicklung der Technologien, machen uns ein auch nur annähernd sicheres Wissen um die Welt, in der wir morgen leben werden, unmöglich. Das sich anhäufende Wissen erhöht nicht unsere Sicherheiten, das Gegenteil ist der Fall: Es vergrößert unser Unwissen um die vor uns liegende Lebenswelt. Je mehr wir wissen, um so weniger wissen wir, wohin uns dieses Wissen führt. Der

Befund läßt sich mit Hermann Lübbe zusammenfassen: „Die kulturellen Folgelasten des wissenschaftlichen Fortschrittes begrenzen den Lebensgewinn dieses Fortschritts. Die Verständlichkeit der realen Bedingungen unserer physischen Existenz nimmt in der wissenschaftlichen Zivilisation ab; unsere Abhängigkeit von fachlich ausspezialisierten Leistungen nimmt zu; das Maß dies Vertrauens, das wir in die Solidität dieser Leistungen setzen müssen, wächst ständig ... Da künftiges Wissen nicht prinzipiell voraussagbar ist, nimmt in einer Zivilisation, die wie nie zuvor in Abhängigkeit von solchem Wissen sich ändert, die Voraussehbarkeit der Welt, in der wir ... künftig leben werden, drastisch ab, und in genau diesem Sinne leben wir in der wissenschaftlichen Zivilisation wie niemals Menschen zuvor unter der Bedingung eines zunehmenden Zukunftsgewißheitsschwundes.“[27]

So ergibt sich als Befund: Verhaltens- und Orientierungsunsicherheit können das gegenwärtige Lebensgefühl elementar prägen. Die Erfahrung der äußeren Unsicherheiten moderner Zivilisationsdynamik und die Erfahrung des Geltungsverlustes der überlieferten Sinntraditionen hat notwendig Folgen bis in die Innenlagen von Menschen und prägende Auswirkungen auf heutiges Lebensgefühl. Dahinter erhebt sich die Frage, wie in heutiger Kulturlage „Identität“ gelingen kann. Oder anders gewendet: Wer wir sind und was wir sein sollen oder wollen; – die Antwort hierauf wird in unserer problematisierten Lebenswelt zunehmend schwer.

3.2 Neue religiöse Bewegungen

Auf dem Hintergrund solcher Kulturlage sind nach unserer Deutung die gegenwärtigen neuen religiösen Bewegungen zu verstehen. So verschieden in ihrer Sozialgestalt, so unterschiedlich in den religiösen Traditionen, an die sie anknüpfen, – immer verheißen sie ihren Anhängern neue Orientierungssicherheit und Lebensgewißheit und erreichen mit ihren Botschaften vor allem jene, die in ihrem Lebenshorizont durch die Unübersichtlichkeit gegenwärtiger Zivilisationsdynamik und die fragil gewordenen Sinntraditio-

---

[27] Lübbe, Hermann: Religion nach der Aufklärung; Graz/Wien/Köln; 1986; S. 24.

nen einen besonderen Orientierungsbedarf entwickeln. Dies ließe sich zum einen zeigen, bei den in den vergangenen Jahren publizistisch viel besprochenen neuen „Sekten“, die sich als rettende Arche inmitten der als anomisch erlebten Gegenwart anbieten. Rettende Antwort auf die als Krise erlebte Gegenwart ist auch das konstituierende Merkmal der „fundamentalistischen“ religiösen und religiös-politischen Bewegungen. Hier ist es etwa der Rückgriff auf vormoderne, insbesondere voraufklärerisches Traditionen, in denen, weil sie gegenüber den Sinnpotentialen als „stärker“ geglaubt werden, die Überwindung der krisenhaften Gegenwart erstrebt und erfahren wird.

Auf dem Hintergrund der skizzierten Kulturlage lassen sich aber insbesondere die religiös-esoterischen Strömungen verstehen, die seit Jahren zu den vitalsten Erscheinungen des neu erwachten Interesses an Religiosität und Spiritualität gehören. Der Markt der religiös-esoterischen Möglichkeiten ist unübersehbar geworden: Symposien und Seminare mit esoterischen Bewußtseinserweiterungsprogrammen, Workshops und Therapieangebote sogenannter „transpersonaler Psychologie“, ein esoterisch mythologisch sich begründeter Feminismus, magisch-okkulte Praktiken, Feuerlauf, indianische Schwitzhütten und bei all dem der Glaube an die Wendezeit hin zum neuen Zeitalter des „Wassermanns“. Dies alles bildet das Syndrom, das wir in unserer Studie als „New Age-Bewegung“ im Blick haben.

So reiht sich die New Age-Bewegung in jenen Befund ein, der zu den auffallenden Erscheinungen der vergangenen Jahre gehört: Inmitten unserer säkularen und sich weiter säkularisierenden Kultur ist auch ein neues Interesse an Religion, sind neue Formen von Spiritualität und neue Frömmigkeitsbewegungen zu beobachten. Verwundert müssen heute die Theologen und Sozialwissenschaftler, die sich bis vor kurzem noch ihrer Prognose eines „religionslosen Zeitalters“ so sicher waren, feststellen: Diese angeblich religionslose Welt ist voll von Religion. Die neuen Formen von Religiosität haben sich freilich im wesentlichen neben den Kirchen und an ihnen vorbei entwickelt und etabliert. Wer sich heute etwa in unseren Großstädten umsieht, wird zwar immer leerere Kirchen entdecken können, aber gleichzeitig eine Fülle religiöser oder religionsartiger Angebote.

4. Das Orientierungsangebot des New Age-Denkens

4.1 Allgemeine Hinweise

Zunächst gilt es noch einmal festzuhalten: New Age-Denken stellt ein Orientierungsgeflecht dar, das seinen Anhängern sinnhafte Antwort anbietet auf das oben beschriebene Unbehagen an der Moderne. Es macht das Pathos der New Age-Botschaft aus, daß sie sicheren Weg weist aus der Krise der tradierten Sinnbestände der Moderne.

Sodann gilt es generell festzustellen: Die New Age-Bewegung versteht sich grundsätzlich antiinstitutionell. Das heißt, die Institutionen, die Religion verwaltet, bewahrt und tradiert haben und dies weiterhin zu tun beanspruchen – die Kirchen – erscheinen als das religiös Überlebte, das von der Schubkraft des religiös Neuen überwunden und somit religiös belanglos wird. Kennzeichen dieser Bewegung ist, daß in ihr ein prinzipieller Subjektivismus herrscht, der – im eigenen Verständnis – zu seiner Sicherung keiner Institutionen bedarf. Die Entinstitutionalisierung der religiösen Erfahrung kennzeichnet im Kern diese Bewegung einer gegenwärtig frei vagierenden Religiosität. Schließlich ist vorweg weiterhin festzustellen: Eine schlüssige Beschreibung dieser Bewegung fällt schwer. Schon von einer „Bewegung" im soziologischen Sinn zu sprechen, ist problematisch. Wir haben es, neben freilich auch organisierten Gruppen, vor allem mit diffusen, oft ganz vagen Tendenzen eines gegenwärtig kulturell verbreiteten Lebensgefühls zu tun. So ist die Sozialgestalt dieses „New Age-Syndroms" amorph und vagierend, in seinen Inhalten oft diffus und schwer faßbar, weil synkretistisch und elektizistisch die religiösen Traditionen nahezu des ganzen Erdballs beerbend. Dennoch lassen sich die Grundlinien des New Age-Denkens in systematischem Zugriff in einigen Merkmalen beschreiben, die sich quer durch die verschiedenen Tendenzen und Gruppen finden.

4.2 Grundlinien des New Age-Denkens

Basis des New Age-Denkens ist der Glaube an das *kosmische Bewußtsein*. Dabei ist es für das Verstehen des New Age-Denkens entscheidend, daß „Bewußtsein" trans-individuell verstanden ist, also zuallererst nicht das individuelle Bewußtsein meint, dieses vielmehr als Akzidenz des allgemeinen kosmischen Bewußtseins versteht. In der Annahme solch kosmischen Bewußtseins, soll der Gegensatz von Natur und Geist, von Idee und Struktur, von Subjekt und Objekt überwunden sein. Die Göttlichkeit des Menschen in der New Age-Spiritualität ist eben darin begründet, daß der Mensch ein Akzidenz dieses kosmischen Bewußtseins ist.

So gilt als religiös-spiritueller Antrieb, die *Transformation des Ich* anzustreben. Denn es geht um Überwindung des individuellen Ich und um Vereinigung mit dem allgemeinen kosmischen Bewußtsein. Ich-Überwindung, oder auch Transzendierung des „Ego" ist ein zentrales Heilsziel des New Age-Syndroms.

Das New Age-Denken ist somit von einer prinzipiell *holistischen Weltsicht* bestimmt, in der Mensch, Natur und Kosmos ineinander verwoben vorgestellt werden; und nur der *Verblendungszwang des westlichen Subjekt-Objekt-Denkens* gaukele uns vor, dies seien getrennte Seinsbereiche. Der Mensch als Teil des Göttlichen kann sich seiner göttlich-kosmischen Ursprungs also auf dem Weg der Überwindung des Ichs versichern. Es gibt für die New Age-Orientierung ein esoterisches *Wissen*, es gibt okkulte Praktiken, die dem Menschen seine Göttlichkeit erfahrbar machen. Spirituelle Techniken, Methoden der Bewußtseinserweiterung lassen dem Menschen das Göttliche in ihm erfahrbar werden und machen es ihm verfügbar.

New Age – das heißt: Wo nun immer mehr diesen Weg der Erleuchtung, d.h. der Transformation des Ichs hin zum kosmischen Bewußtsein gehen, wird die neue Welt nicht ausbleiben. Hier nun ist der Kern des New Age-Glaubens erreicht. Er ist im letzten Grunde Glaube an *Evolution*, dessen Basis die Evolution, ja Transformation des menschlichen Bewußtseins ist. Alles was ist, ist hineingebunden in die hinter den Dingen stehende „Selbstorganisations-Dynamik des gesamten Kosmos" (Fritjof Capra). Dieser kosmische, unaufhaltsame Prozeß von Evolution durchdringt und bestimmt das Naturgeschehen, die menschliche Geschichte und das menschliche Handeln: „In unseren Händen ruht die evolutionäre Zukunft. Ob wir wollen oder nicht, wir sind jetzt die Sachwalter des Evolutionsprozesses auf Erden."[28] Hier ist darauf hinzuweisen,

[28] Russell, Peter: Die erwachende Erde; München; 1984; S. 247.

daß dieser New Age-Evolutionismus sich einfügt in einem mystischen Utopismus, der meist mit indisch-religiösem Hintergrund, in Theosophie und Spiritismus seinen Anfang nahm, der bis heute im Westen seine Wirkungsgeschichte hat, und in der gegenwärtigen New Age-Szene neu zum Blühen kommt. Hier wäre vor allem auch zu nennen die Konzeption des „supramentalen Übermenschen" nach Sri Aurobindos „Integralem Yoya". Wie überall, wo Hoffnungen auf Evolution und Fortentwicklung mächtig werden, blühen auch im New Age-Denken die Verheißungen eines „Neuen Menschen". Wir wollen die New Age-Vorstellungen im folgenden ausführlicher darstellen, um an diesem Beispiel die Eigenart und Intensität der religiös-weltanschaulichen Antriebe des New Age-Denkens zu veranschaulichen.

4.3 Die Hoffnung auf den Neuen Menschen

Die obige Kurzbeschreibung wesentlicher Merkmale der New Age-Botschaft hat schon deren Vorstellung vom Neuen Menschen anklingen lassen. Der Neue Mensch des New Age ist der seinen göttlich-kosmischen Ursprung durch Transformation seines Ichs gewinnende Mensch. Den Weg dahin weisen esoterische Techniken der Bewußtseinstransformation. Auf diesem Wege, wo der Mensch den Schein des subjektiven Ichs abstreift, hat er nun als Neuer Mensch, als Teilhaber des Göttlichen, die Macht, die Realität um sich zu verändern und sich ihm verfügbar zu machen.

Studiert man die Texte des New Age-Denkens, entdeckt man durchgehend die Verheißungen eines neuen Zeitalters, das von dem Neuen Menschen bewohnt sein wird, von dem Neuen Menschen, der in Harmonie und Ganzheitlichkeit lebt, aufgehoben im kosmischen Bewußtsein. Dies sei im folgenden an einigen ausgesuchten Beispielen illustriert. Die Durchsicht der einschlägigen Publikationen ergibt zunächst, daß dieser Glaube an den Neuen Menschen – wie in allen religiösen oder säkularen Eschatologien – in einem unterschiedlichen Zeiterwartungshorizont steht. So findet sich apokalyptische Naherwartung neben in eine ferne Zukunft verschobener Verheißung. So sah Peter Russell „die erwachende Erde" am Vorabend eines Bewußtseinssprunges, in dem der Mensch auf eine qualitativ neue Evolutionsstufe gehoben wird, ein

Naherwartungsglaube, der in einem der Journale der New Age-Bewegung in den 80er Jahren so zusammengefaßt ist: „Wir stehen nicht nur vor einer kulturellen Umwälzung, wie sie in den letzen Jahrhunderten mehrfach zu beobachten war. Fakten, die … Peter Russell jetzt zusammengetragen hat, weisen vielmehr darauf hin, daß die Gattung Mensch unmittelbar an der Schwelle zu einem regelrechten Evolutionssprung steht, wie er in der bisherigen Evolution des Universums nur wenige Male aufgetreten ist. Wenn wir die weltweite Krise richtig deuten … könnte die Menschheit jetzt zu einem einzigen großen, geistig-synergetischen Organismus zusammenwachsen, noch in dieser Generation … wir stehen vor einer Transformation unseres Ich-Modells." Vorangebracht wird diese Transformation des Menschen vor allem durch die spirituelle Kraft der New Age-Bewegung. Dies führt zur Prognose: „Hält die Wachstumsrate dieses ‚Bewußtseinssektors' auch nur annähernd an, wird noch um die *Jahrhundertwende* das heute beginnende Informationszeitalter von einem Bewußtseinszeitalter abgelöst werden, einem Zeitalter, in dem es uns allen zur Selbstverständlichkeit geworden sein wird, in erster Linie nach höherem Bewußtseinszuständen zu suchen. Das ‚Zeitalter der Erleuchtung' …"

Wie eingangs erwähnt, sind solche Hoffnungen apokalyptischer Naherwartung heute obsolet geworden. Der Rückblick auf solch fiebrig-utopische Bewegtheit zeigt, wie schnell auch esoterische Blütenträume welken. Dagegen ist das Neuwerden des Menschen aus dem Geist des New Age bei Ken Wilber in einen ein Jahrtausend andauernden Prozeß hineingestellt. Mag also der Weg ins „kosmische Bewußtsein" auch noch Jahrhunderte oder Jahrtausende andauern, so steht auch für Wilber fest: Die Zukunft des Menschen ist ein Weg hin zu seiner Gottwerdung. Ist auch der gegenwärtige Seinszustand des Menschen tragisch, weil der Mensch nicht mehr Tier, aber auch noch nicht Gott ist, so ist es doch die Bestimmung seiner weiteren Evolution, Gott gleich zu werden. Eine Transformation des Bewußtseins ist dem Menschen verheißen, die ihn die Illusion seines Ichs überwinden läßt, die ihm Anteil am All gibt und seine Sterblichkeit überwindet. In welche Dimensionen Wilber diesen Neuen Menschen hineingestellt sieht, geht aus folgenden Zeilen hervor: Schon im bevorstehenden „Nirmanakaya-Zeitalter" (der fünften von insgesamt acht Evolutionsstufen) wird „eine Gesellschaft von Frauen und Männern" entstanden sein, in der gilt: „... sie werden die ihnen durch die natürlichen körperlichen Unterschiede von Hautfarbe und Geschlecht mitgegebenen Rollen transzendieren; ihre mental-*psychische* Klarheit wird wachsen; sie werden Entscheidungen sowohl auf Basis von Intuition wie von Rationalität treffen; sie werden in jeder einzelnen Seele, ja in der ganzen Schöpfung dasselbe *Bewußtsein* sehen und dementsprechend handeln; sie werden herausfinden, daß das mental-psychische die Körperphysiologie beeinflussen und umwandeln kann, und die medizinischen Theorien entsprechend anpassen ... sie werden psychisches Wachstum als evolutionäre Transzendenz begreifen und Methoden und Institutionen entwickeln, die nicht nur Gefühlskrankheiten heilen, sondern das Bewußtseinswachstum fördern; Erziehung wird als eine Disziplin zum Erreichen von Transzendenz betrachtet werden ...; Massenmedien und drahtlose Telekommunikation sowie neuartige Verbindungen zwischen Mensch und Computer werden als Vehikel eines vereinigten Bewußtseins genutzt werden ... Sexualität wird nicht nur ein Spiel mit dem Fortpflanzungs- und Geschlechtstrieb sein, sondern die Ausgangsbasis für Kundalini-Sublimierung zum Eintritt in psychische Sphären – was zu einer entsprechenden Anpassung der Ehepraktiken führen wird ..." Der Neue Mensch weiß sich dann als „gleichwertiges Glied des mystischen Körpers von Christus/Krishna/Buddha."[29]

Für das Verstehen der Vorstellungen des Neuen Menschen in den Horizonten des New Age-Denkens ist es zudem entscheidend, daß diese Vorstellungen nicht im Medium „wissenschaftlicher" Theorien verbleiben, auch nicht nur – wie bei Ken Wilber – in einer futuristisch-eschatologischen Dimension eingebunden sind; vielmehr geht es auch um die präsentische Erfahrung der Transformation des Ichs und um ein Angebot konkret vollziehbarer Lebensführung. So beschreibt Marilyn Fergusion in ihrem Buch „Die sanfte Verschwörung", das zu einem „Kultbuch" der New Age-Szene geworden ist, die Transformation hin zum Neuen Menschen

---

[29] Wilber, Ken: Halbzeit der Evolution. Der Mensch auf dem Weg vom animalischen zum kosmischen Bewußtsein. Eine interdisziplinäre Darstellung der Entwicklung des menschlichen Geistes; Bern/München/Wien; 1984; S. 373 f.

des New Age in vier Stufen, die der einzelne auf dem Wege hin zu seiner Neu-Geburt durchlebt, wie dies M. Ferguson in „empirischen" Untersuchungen glaubte, feststellen zu können. 1. Der Einstieg, der „eine spontane, mystische oder psychische Erfahrung" sein kann, ausgelöst etwa durch psychodelische Drogen und der den Blick des Menschen in sein Inneres freisetzt. 2. Die Erforschung der eigenen Innenwelt durch Hilfe von „Psychotechnologien" und östlichen Weisheitslehren. 3. Die Integration, in der die neue Stufe des Seins erreicht ist als „ein neues Selbst innerhalb der alten Kultur" und schließlich 4. die Stufe der Verschwörung, in der sich die „Transformierten" miteinander verbinden, „um die Gesellschaft zu heilen und zu transformieren."

„Die Gesellschaft zu heilen und zu transformieren" – damit ist schließlich der politische Anspruch berührt, der wesentlichen Strömungen des New Age-Syndroms eigen ist.[30]

Zu welchen Konsequenzen ein vom New Age-Denken bestimmtes grün-fundamentalistisches Denken fähig ist, hat etwa Rudolf Bahro gezeigt. Seine „Logik der Rettung"[31] muß alle Errungenschaften liberaler Demokratie überwinden, um, wenn nötig, auch „ökodiktatorisch" die „Neue Ordnung" durchzusetzen. Diese Neue Ordnung, die neue Weltkultur aber kann nur geschaffen werden durch erneuerte Individuen. Nur durch einen „vielmillionenfachen Sprung in eine neue Bewußtseinserfassung" ist die Möglichkeit eröffnet, unsere „selbstmörderisch gewordene Kultur" zu überwinden. Die Alternative heißt: „Selbstmord oder geistige Neugeburt". Um den „kollektiven Fürsten" der ökologischen Wende zu formen, gilt es zum „ganzen Menschen" zu werden. „Laßt uns die menschliche Substanz assoziieren, reinigen und präzisieren, mit der wir auch zur Ausführung jenes Programms taugen würden, wenn die Stunde schlägt." Es geht um den Neuen Menschen als Träger der angesichts drohender Apokalypse not-

---

[30] Siehe hierzu insbesondere zum Einfluß des New Age-Denkens auf die frühe „Grüne Bewegung" meinen Beitrag: Küenzlen, Gottfried: New Age und Grüne Bewegung; in: Die Grünen und die Religion; Hesse, Gunter/Wiebe, Hans-H. (Hrsg.); Frankfurt/Main; 1988; S. 244–259.

[31] Bahro, Rudolf: Logik der Rettung. Wer kann die Apokalypse aufhalten? Ein Versuch über die Grundlagen ökologischer Politik; Stuttgart/Wien; 1987; S. 300f.

wendigen Umwälzung der Gesellschaft. Es bildet sich dieser Neue Mensch durch „Transformation, eine Tiefenverwandlung des Bewußtseins, eine neue Integration der menschlichen Wesenskräfte.“[32]

Unter Berufung auf die Vorstellungen von Lewis Mumford über „die Verwandlung des Menschen“ und auf den „Homo integralis“ Jean Gebsers beschreibt Bahro den Neuen Menschen, der allein den „Neuen Himmel und die Neue Erde“ heraufführen kann, denn „nur von Verwandelten kann Verwandlung ausgehen“. Der Neue Mensch ist der „integrierte ganzheitliche Mensch, der „Homo integralis“ meint ebenso das Individuum wie das soziale Ensemble, das seine freigesetzten Kräfte in die Richtung der Rettung lenkt. Dieser Neue Mensche – „es ist nicht der Hirnmensch, nicht der Muskelmensch noch der Nervenmensch, nicht der reine Hindu, der reine Mohammedaner, der reine Christ noch der reine Marxist oder der reine Techniker, nicht der Mensch der Alten und auch nicht der Mensch der Neuen Welt. Die Einheit, die wir erstreben, muß alle diese Teilmenschen anerkennen, und sie liebend einschließen in ein Selbst, das fähig ist, sie zur Ganzheit zu transzendieren“.

4.4 Das Selbstverständnis der New Age-Bewegung in kritischer Außenbetrachtung

Die vorherigen Abschnitte haben schon anklingen lassen, daß es der eigene Anspruch des New Age-Denkens ist, den alten Mächten der technisch-wirtschaftlichen Zivilisation des Westens den Abschied zu geben. Zentraler Ausdruck dieses Selbstanspruchs ist das Wort vom „neuen Paradigma“, das auf dem Wege eines „Paradigmenwechsels“ das „alte Paradigma“, in dem das westlich-neuzeitliche Denken befangen sei, ablöst.

Das „alte Paradigma“ ist für Fritjof Capra das „mechanistisch-kartesianische“ oder auch „kartesianisch-newtonsche Paradigma“; dies, weil es auf den von Descartes und Newton (und auch von Francis Bacon) gesetzten Denkvoraussetzungen und deren Wir-

---

[32] Ebd.

kungsgeschichte ruht. Dieses „Paradigma“, das jetzt abgelöst wird, hat – nach Capra – „unsere Kultur mehrere hundert Jahre lang beherrscht. Während dieser Zeit hat es unsere moderne westliche Gesellschaft geformt und einen bemerkenswerten Einfluß auf die übrige Welt ausgeübt. Dieses Paradigma umfaßt eine große Zahl von Ideen und Wertvorstellungen, die mit den verschiedenen Strömungen der westlichen Kultur in Verbindung gebracht wurden, wie der wissenschaftlichen Revolution, der Aufklärung und der industriellen Revolution. Sie schliessen den Glauben an die naturwissenschaftlichen Methoden als dem einzig gültigen Wissensansatz ebenso mit ein, wie das Bild des gesellschaftlichen Lebens als ‚gnadenlosen Kampf ums Dasein‘, den Glauben an unbegrenzten materiellen Fortschritt, der durch wirtschaftliches und technologisches Wachstum erreicht wird. In den letzten Jahrzehnten hat sich gezeigt, daß alle diese Ideen und Wert äußerst begrenzt sind und einer radikalen Revision bedürfen.“[33]

Weil die gesellschaftlich-kulturelle Realentwicklung – vor allem durch die ökologischen Herausforderungen – sich über die Gehalte dieses „alten Denkens“ hinaus bewegt, bedarf es einer umfassend „neuen Sicht der Wirklichkeit“, eines neuen „ökologischen“, ganzheitlichen“ Paradigmas. Denn wir leben – nach Capra – zunehmend „in einer in allen Aspekten auf globaler Ebene verwobenen Welt, in der sämtliche biologische, psychologische, gesellschaftliche und ökologische Phänomene von einander abhängig sind. Um diese Welt angemessen beschreiben zu können, brauchen wir eine ökologische Anschauungsweise, welche das kartesianische Weltbild uns jedoch nicht bietet. Es fehlt uns also ein neues „Paradigma, – eine neue Sicht der Wirklichkeit; unser Denken, unsere Wahrnehmungsweise und unsere Wertvorstellung müssen sich grundlegend wandeln.“[34]

Ohne nun hier die Frage nach der Dignität und Legitimität der These vom „neuen Paradigma“ zu thematisieren, sei noch einmal

---

[33] Capra, Fritjof: Das Gleichgewicht zwischen Yin und Yang; in: Satisch, Kunar/Hentschel, Roswitha (Hrsg.): Viele Wege. Paradigmen einer neuen Politik; München; 1985; S. 88 f.

[34] Capra, Fritjof: Wendezeit. Bausteine für ein neues Weltbild; Bern/München/Wien; 1983; S. 10.

festgehalten: Es ist der Selbstanspruch des New Age-Denkens, daß in ihm die „neue Sicht der Wirklichkeit“ formuliert ist, eine neue Sicht, die sich versteht als Überwindung der geistigen Grundlagen, auf denen die neuzeitlich-westliche Zivilisation ruhte. So weiß die New Age-Orientierung sich selbst als Antwort auf die geistig-kulturelle Krisenlage der Moderne und als der Weg, der aus dieser Krise hinausführt in die neue Kultur und hin zum Neuen Menschen.

In diagnostischer Ausbetachtung zeigt sich freilich: Die New Age-Bewegung bleibt in vielem ihrer Gehalte und Antriebe der „alten“ Glaubensgeschichte der Moderne verhaftet. Die Annahme, Welt und Mensch seien in eine voranschreitende Evolutionsgeschichte eingebunden, fügt sich, bei allen Unterschieden in den weltanschaulichen Inhalten, in die säkulare moderne Fortschrittsgewissheit. Auch die Annahme eines sozusagen „objektiven“, in der „Selbstorganisations-Dynamik des gesamten Kosmos“ begründeten Fortschritts, ist von bestimmenden, im Erbe Hegels stehenden säkular-modernen Fortschrittsannahmen nicht weit entfernt; ebenso wie der davon abgeleitete Glaube, daß der Mensch durch Entwicklung des richtigen Bewußtseins in Einklang mit dem als Welt-Geist gedachten Fortschrittsgang kommend, sozusagen evolutiv-notwendig zu einem Neu-Sein seiner selbst gelange. Die säkulare Eschatologie der Moderne setzt sich hier, eingebunden in ein holistisches Raum-Zeit-Verständnis fort in die der Botschaft vom kommenden Solarzeitalter.

Dazu tritt der Glaube an die Wissenschaft, der die New Age-Bewegung durchweg kennzeichnet. Es ist die *Wissenschaft*, die in ihrer fortgeschrittenen Erkenntnis – so das Selbstverständnis der New Age-Vertreter – den Weg zur Neuen Welt und zum Neuen Menschen unausweichlich weist. Zwar ist die aufklärerischer Religionskritik, nach der sich im wissenschaftlichen Fortschrittsgang die Religion mehr und mehr aufgebe, für die New Age-Bewegung kein Thema mehr, aber es sind die Fortschritte der Wissenschaft, die notwendig zu einer neuen Synthese, vor allem östlicher Spiritualität und Wissenschaft drängten. So zwingen, nach Capra, die Ergebnisse der Quantenphysik „... das neue Universum als in der gleichen Weise zu sehen, in der östliche Mystiker die Welt erfahren haben; und einige von ihnen haben ihre Erfahrungen in fast den gleichen Worten ausgedrückt, die die Atomphysiker benutzen ...". Es ist die moderne Wissenschaft, die uns lehrt „gleich dem östlichen Mystiker jetzt die Welt als ein System untrennbarer, einander beeinflussender sich ständig bewegender Komponenten und den Menschen als eine wesentlichen Bestandteil dieses Systems anzusehen."[35] So erfährt der säkulare Wissenschaftsglaube in dem New Age-Denken seine Fortsetzung und, in gewisser Weise seine Überhöhung in der These, daß nun die Wissenschaft selbst in eine religiöse Dimension führe.

Auch ist die aufklärerische Vorstellung von der Selbstvervollkommnung des Menschen hin zu einem neuen Menschsein ebenfalls zentraler Inhalt des New Age-Denkens; Selbstvervollkommnung nunmehr verstanden als Weg der Transformation des Ichs hin zum Verschmelzungserlebnis mit dem allgemeinen kosmischen Bewußtsein.

Sodann findet der säkular-religiöse Gedanke der Herstellbarkeit und Machbarkeit des Neuen Menschen im New Age-Denkens seine Fortsetzung. Durch Bewußtseinstechnologien, durch esoterisch-okkulte Praktiken, durch Meditation, Atemtechniken, „Traumarbeit", psychoaktive Substanzen usw. gelangt der Mensch, sein Ich entgrenzend, in die neue Wirklichkeit.

Schließlich ist auch in der New Age-Bewegung der Weg hin zum Neuen Menschen ein Weg hin *zu* einer kulturellen Avantgarde. Der einzelne New Age-Anhänger weiß sich als „Verwalter der Transformation dieser Welt."

So läßt sich summieren, daß die New Age-Bewegung dem Unbehagen an der Moderne und dem Zweifel an ihren säkularen Gewissheiten zwar Stimme verleiht, aber doch vielfach im Banne des alten ‚Paradigma's verbleibt. Daß eine solche Bewegung in unmittelbarerer Gegenwart ihre kulturelle Chance hat, hängt damit zusammen, daß sie im Lebensführungshorizont ihrer Anhänger Antwort weiß auf die geistig-kulturelle Krisenlage und der Suche nach dem neuen Menschen Richtung und Methodik vorgibt; ein Orientierungsangebot also, das gerade auch in seiner spirituellen Aus-

[35] Capra, Fritjof: Der kosmische Reigen. Physik und östliche Mystik – ein zeitgemäßes Weltbild; Bern/München/Wien; 3. Auflage; 1980; S. 139.

formung ganz im Horizont der überlieferten säkularen Sinntradition steht.

Exkurs: Das New Age-Denken im Gegenüber zum christlichen Gottes- und Menschenbild

Die vorstehenden Ausführungen haben schon implizit anklingen lassen, daß nach unserer Auffassung die esoterische New Age-Botschaft in wesentlichen Grundlagen mit dem christlichen Gottes- und Menschenbild nicht vereinbar ist. Dies soll im folgenden an ausgewählten Sachverhalten genauer festgehalten werden. Dies kann freilich nur in einem kurzen, systematischen Zugriff geschehen und muß sich auf die Beschreibung elementarer Grundlinien beschränken. Dabei ist freilich vorweg zu betonen: Wir sind der Auffassung, daß durch das New Age-Syndrom dem heutigen Christentum und insbesondere heutiger kirchlicher Realität und Praxis wesentliche *Fragen* gestellt sind, die Kirche und Christenheit zur kritischen Selbstreflexion zwingen und vor die Frage stellen: Begegnen Kirche und Christentum in der New Age-Bewegung nicht vergangene, vergessene, liegengebliebene Dimensionen der eignen Überlieferung wieder, die auf dem Wege selbstproduzierter Defizite aus dem Hause der christlichen Kirche ausgewandert sind?

1. Glauben und Wissen

Wie schon mehrfach dargelegt, weiß sich der New Age-Anhänger auf der Seite der fortgeschrittensten Erkenntnis moderner Wissenschaft. Dieses Bewußtsein zeigt sich gerade in jenen Bezirken menschlicher Existenz, die bislang Sache der Religion waren. Zentrale Angebote der New Age-Szene beziehen sich auf die Frage des Sterbens und des Weiterlebens nach dem Tode. Doch kein Wagnis und kein „Sprung des Glaubens" sind hier gefordert, vielmehr steht auch hier – so die New Age-Botschaft – das *Wissen* um die letzten Fragen des menschlichen Daseins bereit. Kennzeichnend hierfür waren etwa die neuen Bücher von Elisabeth Kübler-Ross: „Ich glaube nicht an das Leben nach dem Tod, ich weiß es", und sie will ihren Lesern dieses Wissen vermitteln.

Dieses Wissen, auch um die letzten Dinge, steht also nicht nur theoretisch bereit, es ist erfahrbar und verfügbar. Das Zauberwort heißt Bewußtseinserweiterung. Im Kern geht es hierbei darum, daß der Mensch durch Bewußtseinserweiterung, vermöge spiritueller Techniken, sich seines göttlichen Ursprungs versichert, sich den Gott in ihm erschließt. Wo ihm dies gelingt, hat er als Teilhaber des Göttlichen die Macht, die Realität um sich her zu verändern und sie sich verfügbar zu machen. So erfährt der moderne Machbarkeitsglaube im New Age-Denken seine Fortsetzung bis hin zu den Fragen der Religion und Spiritualität: Auch die spirituelle Erfahrung, ja die „religiöse Erleuchtung" sind machbar.

Demgegenüber ist dem christlichen Glauben, Heil und religiöse Gewissheit das Unverfügbare, das dem menschlichen Zugriff nicht Disponible. Nicht die religiöse oder „spirituelle Anstrengung" des Menschen, sondern die Zuwendung Gottes begründen den Glauben. So meldet sich im New Age-Denken der alte Gegensatz zwischen Glaube und Gnosis in neuem Gewande wieder („Wir leben im *Glauben* und nicht im *Schauen.*", 2. Kor. 4,7).

2. Gott und das Göttliche

Studiert man die New Age-Texte gerade bei ihren seriösen und anspruchvolleren Vertretern, so zeigt sich, daß „Gott" oder das „Göttliche", der „Kosmos" oder die „Kosmische Energie" im Sinne eines kosmischen und transpersonalen Pantheismus zu verstehen sind. Dies läßt sich in prägnanter Zusammenfassung bei Fritjof Capra lesen: „In der geschichteten Ordnung der Natur ist der jeweilige individuelle menschliche Geist in den umfassenderen Geist gesellschaftlicher und ökologischer Systeme eingebettet; dieser wiederum ist in das planetare geistige System integriert, in den Geist von Gaia, das seinerseits an irgendeiner Art von universellem oder kosmischen Geist teilhaben muß ... aus dieser Sicht ist die Gottheit natürlich weder männlich noch weiblich, noch in irgendeiner persönlichen Form manifestiert, sondern stellt nichts weiter als die Selbstorganisations-Dynamik des gesamten Kosmos dar."[36] „Gott" beziehungsweise das „Göttliche" oder die „Gottheit" sind hier identifiziert mit dem interreferenziellen Selbststeuerungssystem von Natur und Kosmos. Natur, Kosmos und Mensch sind nicht nur Teil des Göttlichen, sondern das Göttliche selbst.

Demgegenüber bleibt es ein Herzstück christlichen Glaubens, bei allen unterschiedlichen Gottesauffassungen im Laufe der Christentumsgeschichte, daß Gott als der Schöpfer Himmels und der Erde, des Sichtbaren und des Unsichtbaren geglaubt wird. Insofern ist Gott als der *Schöpfer* das Gegenüber des Menschen. Erst von daher erschließt sich auch die Bedeutung der Offenbarung Gottes in Jesus Christus. Gott als das Gegenüber des Menschen wendet sich in Jesus Christus dem Mensch zu. So ist Gott im christlichen Glauben der Schöpfer und der Erlöser. Er ist der von Mensch, Natur und Kosmos unterschiedene und doch als Schöpfer und Erlöser in Mensch, Natur und Kosmos anwesende Gott. „Das Niveau christlicher Rede von Gott (und zu ihm) wird erst dort erreicht und beibehalten, wo Gott weder in der Eigendynamik des Kosmischen noch im Menschen aufgeht, sondern in diesen ihnen doch schöpferisch gegenüber bleibt. Eben als Liebe und Freiheit, die ihr Maß einzig an sich selbst haben und also unvergleichlich sind. Deshalb besteht der christliche Glaube, dank Jesus Christus auf der Personalität, auf der realen Ansprechbarkeit, auf dem wirklichen Gegenüber-Stehen Gottes."[37]

Gegenüber einem apersonalen kosmischen Universum stellt der christliche Glaube das Personsein Gottes. Denn erst das Personsein Gottes macht die Unverfügbarkeit Gottes aus. „Was zumindest prinzipiell gänzlich verfügbar ist, wird dagegen zur Sache. Daher bleibt die Gottheit Person, so lange sie sich nicht in eine kosmische Funktion auflöst. Der biblische Gott ist wesenhaft Person, weil er immer neues kontigentes Geschehen hervorbringt ... und darin die Unendlichkeit seiner Freiheit erweist."[38]

---

[36] Capra, Fritjof: Wendezeit. Bausteine für ein neues Weltbild; Bern/München/Wien; 1983; S. 324.

[37] Fuchs, Gotthard; in: Lebendige Seelsorge; 5/1988; S. 267.

[38] Pannenberg, Wolfhart: Person; in: Religion in Geschichte und Gegenwart 5; 3/1957; Sp. 230. Zur Frage einer theologischen Beurteilung des New Age-

3. Die Personalität des Menschen

Gott als das personale Gegenüber begründet das Verständnis vom Menschen als Person. Indem Gott sich dem Menschen als Person offenbart, anerkennt er den Menschen als das Du eines personalen Gegenübers. Die Unverfügbarkeit Gottes als Person begründet die Unverfügbarkeit des Menschen als Person. So ist, in der christlichen Auffassung vom Menschen, der Mensch das auf Gott angewiesene Wesen, dessen größte Vollkommenheit – nach Kierkegaard – seine Unvollkommenheit ist, nämlich Gottes zu bedürfen.

Ganz anders ist das Menschenbild des New Age-Denkens. Hier wird der grundsätzlichen Erlösungsbedürftigkeit des Menschen, seiner, biblisch gesprochen „Sündhaftigkeit" ausdrücklich widersprochen. Hier wird nicht nur von einer stetigen Verbesserungsfähigkeit des Menschen ausgegangen, eine Vorstellung, die sich auch in der christlichen Tradition findet und in der ostkirchlichen Konzeption von der Theosis eine besondere Ausprägung fand; vielmehr geht es programmatisch um die religiöse Selbstvervollkommnung des Menschen. Hier ist der Mensch nicht das auf Gott angewiesene Wesen, sondern es geht darum, vermöge Bewußtseinserweiterung den Gott im Menschen zu erschließen. Dies bedeutet im Ergebnis eine Auflösung der in der westlichen, vom Christentum geprägten Kulturtradition gewachsenen Auffassung vom Menschen als Person. Wie schon gezeigt, ist es einer der programmatischen Inhalte der New Age-Orientierung, die Überwindung des Ichs anzustreben. Der Auflösung des Ichs und seines personhaftenden Kerns entspricht dann eben auch die Auffassung von „Gott" als eines apersonalen, kosmischen Universums, das sich nur noch als „Selbstorganisations-Dynamik des gesamten Kosmos" (F. Capra) fassen und beschreiben läßt. Hier ist wenigstens anzudeuten, daß solche und alle anderen religiösen oder säkularen Programme zur Depersonalisierung des Menschen unmittelbare handlungspraktisch-ethische Konsequenzen haben, insofern die Auffassung des Menschen von sich selbst sein Handeln in der Welt bestimmt. Wo der Mensch sich selbst nicht mehr als Person erkennt,

Denkens siehe insbesondere auch: Thiede, Werner: Religiosität und Hoffnung im Kontext von New Age; in: Kerygma und Dogma; Jg. 37; 1991; S. 62–93.

weil er Gott nicht mehr als Person versteht, kann er auch den Mitmenschen als Nichtperson, das heißt als Sache, sehen. So ist es nur konsequent, wenn im Umkreis der New Age-Bewegung, ja der Esoterik insgesamt, keine sozialen, humanitären oder caritativen Aktivitäten zu beobachten sind.

Es läßt sich noch einmal zusammenfassen: Gegenüber dem christlichen Verständnis von Erlösung geht es um die unbegrenzte Selbstvervollkommnungspotenz des Menschen. Insofern ist die New Age-Bewegung von einem grundsätzlichen anthropologischen Optimismus geprägt, denn sie freilich mit wesentlichen geistigen Strömungen der Moderne teilt und der in bestimmenden Strömungen der Aufklärung seinen Anfang nahm. So fügt sich die Propagierung eines neuen Menschen im Geiste des New Age in die moderne säkulare Verheißungsgeschichte eines neuen Menschen. Im Kern geht es hierbei um säkular-religiöse Vorstellungen einer innerweltlichen Theophanie des Menschen. Es geht um die säkular-religiöse Hoffnungsgeschichte, in die sich, mit eigener Prägung das New Age-Denken einreiht: Der Hoffnung, der Mensch könne sich selbst zu seinem eignen Gott machen und auf dem Weg empirisch-diesseitiger Realisation den Neuen Menschen planen und herstellen. Demgegenüber steht das im Christum bewahrte Wissen vom Menschen, das von der menschlichen, auf Gott angewiesenen Daseinsohnmächtigkeit und Erlösungsbedürftigkeit weiß und dem das Selbstvergottungsstreben des Menschen dessen eigentlicher Sündenfall ist.

III. Pluralismus, Toleranz und Wahrheit: Der liberale Verfassungsstaat und die „Sekten"

Die Entwicklung des liberalen Verfassungsstaates der säkularen westlichen Moderne ist eng verwoben mit der Herausbildung des Grundrechtes „Religionsfreiheit". Mit dem Terminus Grund*recht* „Religionsfreiheit" ist schon der Unterschied zu bloßer staatlicher *Toleranz* in Religionsdingen bezeichnet, wie sie Andersgläubigen oder Dissidenten herrschender Haupt- oder Staatsreligion etwa zur Sicherung des öffentlichen Friedens gewährt wird und z.B. schon im Römischen Reich in Geltung stand. Die neuzeitliche Toleranzidee, im Gefolge von Reformation und der Konfessionskriege zunächst von Humanisten wie Erasmus und Castellio vertreten und im Denken der Aufklärung voll entwickelt, drängte selbst zur Realisierung des nicht bloß gewährten, sondern staatlich jedermann gesicherten und einklagbaren Rechtes „Religionsfreiheit".[39] Geradezu läßt sich feststellen, daß die Säkularisierungsgeschichte des modernen Staates westlicher Prägung sich auch als Entwicklungsgeschichte hin zu vollendeter Religionsfreiheit schreiben läßt. Die Religionsfreiheit, die, bezogen auf Deutschland, erst in der Weimarer Reichsverfassung von 1919 in vollem Umfang verwirklicht wurde, insofern in ihrer vollständigen rechtlichen Sicherung recht jungen Datums ist, begann neuzeitlich ihren Weg im Prozeß religionspolitischer Aufklärung, wie Hermann Lübbe dies nannte.[40]

Das Ergebnis dieses Vorgangs religionspolitischer Aufklärung ist die Entkoppelung von religiöser Überzeugung und Bürgerrecht. Denn erst so, durch eine sich durchsetzende, bestimmte Trennung von Religion und Politik ließ sich eine befriedete und geschützte bürgerliche Ordnung herstellen – jenseits der streitenden Religionsparteien und ihrer konkurrierenden religiösen Wahrheitsansprüche.[41]

In der Logik dieser Entwicklung lag die Vollendung der Säkularität und damit prinzipiellen Religionsunabhängigkeit des Staates. Diese fanden ihren klarsten Ausdruck darin, daß der Verfassungsstaat westlicher Prägung zur Garantiemacht prinzipieller Religionsfreiheit wird. Entscheidend hierbei ist, daß das Freiheitsrecht „Religionsfreiheit" den Bürgern erlaubt, ihres Glaubens oder Un-

---

[39] Siehe hierzu u.a.: Guggisberg, Hans Rudolf (Hrsg.): Religiöse Toleranz. Dokumente zur Geschichte einer Forschung; Stuttgart-Bad Cannstatt; 1984; ders.: Sebastian Castellio. Humanist und Verteidiger der religiösen Toleranz; Göttingen; 1997; Kaegi, Werner: Castellio und die Anfänge der Toleranz; Basel; 1953; Lutz, Heinrich (Hrsg.): Zur Geschichte der Toleranz und Religionsfreiheit; Darmstadt; 1977.

[40] Lübbe, Hermann: Religion nach der Aufklärung; Graz/Wien/Köln; 1986; bes. S. 75 ff.

[41] Siehe hierzu die Ausführungen im ersten Kapitel.

glaubens leben zu können, *ohne* daß das bürgerliche Zugehörigkeitsverhältnis dadurch beschädigt oder gefördert würde. Dies heißt dann auch nicht nur die Freigabe des religiösen Bekenntnisses an den Einzelnen unbeschadet seiner bürgerlichen Rechtsstellung, sondern auch die prinzipielle Neutralität des Staates in Fragen religiöser oder weltanschaulicher Wahrheitsansprüche. Zugespitzt – und wie noch zu zeigen ist, auch nicht ganz zureichend formuliert: der Staat hat keine Wahrheit, vielmehr sichert er den Freiraum der Gesellschaftsmitglieder, ihres Glaubens oder Unglaubens in Frieden leben zu können. Er ist nicht Heilsgemeinschaft, sondern Rechtsgemeinschaft. Als solcher kann er seine Mitglieder auch nicht auf eine staatlich verordnete Zivilreligion verpflichten. Vielmehr: Die Religionsneutralität des Staates und staatlich verordnete Zivilreligion schließen sich aus.

Was historisch weit weg scheint, kann gegenwartsbezogen gleichwohl aktuell werden, wie folgendes Beispiel zeigt: Der grundgesetzlich verordnete, von den Religionsgemeinschaften zu verantwortende Religionsunterricht an staatlichen Schulen, sollte im Bundesland Berlin/Brandenburg durch einen staatlichen Werteunterricht LER ersetzt werden.[42] Die in ihrer Prägnanz unüberbietbare Parole zur Begründung dieses Vorhabens durch ein Mitglied der dortigen Regierungspartei lautete: „Was Werte sind in diesem Land, bestimmen wir". Das aber ist ein Rückfall hinter einen Bestand gelungener Aufklärung. Dieser besteht eben darin, daß der Verfassungsstaat unter dem Gesetz prinzipieller Religions- und Ideologieneutralität stehend, nicht selbst als Agent religiöser oder zivilreligiöser Unterrichtung auftreten darf, die Religionsunterweisung konsequenterweise vielmehr den Vertretern der Religionsgemeinschaften zuweist und zur Wahrung der Interessen Religionsloser oder Religionsdistanzierter ein Fach „Ethik" einrichten kann.

[42] Ein guter Überblick über die Kontroverse findet sich in: Dokumentation – Religionsunterricht in den Schulen. Der Streit um das Fach LER in Brandenburg – ein Beispiel für die Auseinandersetzung um das Verhältnis von Staat und Religion; (Hrsg.) Konrad-Adenauer-Stiftung; Sankt Augustin; April 1997. Inzwischen scheint der Konflikt nach einem Vergleichsvorschlag des Bundesverfassungsgerichts wenn auch nicht beigelegt, so doch vorläufig entschärft.

In diesem aktualitätsbestimmten Exkurs ist schon angeklungen, was Religionsfreiheit im liberalen Verfassungsstaat genauer bedeutet, wobei folgende knappe Skizze genügen muß:[43] Sie ist eben nicht nur „negative Religionsfreiheit", deren Kern darin besteht, daß kein Bürger zu einem religiösen Bekenntnis oder einer Mitgliedschaft in einer Religions- oder Weltanschauungsgemeinschaft gezwungen werden kann. Sie ist vielmehr auch eine „positive Religionsfreiheit", wie dies in der verfassungsrechtlichen Literatur immer wieder unterstrichen wird. Die positive Religionsfreiheit besteht darin, gerade wegen des Religionsneutralitätsgebotes des Staates, „den Staatsbürgern die Möglichkeit (zu erhalten), ihren religiös-weltanschaulichen Überzeugungen auch im öffentlichen Leben soweit wie möglich Geltung zu verschaffen."[44] Der säkulare Staat verhält sich insofern zur Religion zwar neutral, aber nicht indifferent, ein Befund, den Paul Mikat, einen Kommentar des vormaligen Verfassungsrichters Roman Herzog aufnehmend, zusammenfaßt: Das Grundrecht Religionsfreiheit „berücksichtigt ‚das Bedürfnis des Menschen nach weltanschaulicher Orientierung und Ausrichtung seines Lebens', woraus R. Herzog den bedenkenswerten Schluß zieht, daß der freiheitlich-demokratische, am Fundamentalprinzip der Menschenwürde orientierte Staat schon aufgrund der *rechtlichen* Anerkennung dieses Bedürfnisses darin gehindert sei, den Kirchen und Religionsgemeinschaften, zu deren wichtigsten Funktionen die Befriedigung dieses grundlegenden anthropologischen Verlangens als Essentiale gehört, insgesamt indifferent oder gar ablehnend gegenüber zu stehen."[45]

---

[43] Zum folgenden siehe insbesondere: Mikat, Paul: Staat, Kirchen und Religionsgemeinschaften; in: ders.: Geschichte – Recht – Religion – Politik; 2. Bd.; Paderborn/München/Wien/Zürich; 1984; S. 825 ff.; vgl. ferner: Badura, Peter: Der Schutz von Religion und Weltanschauung durch das Grundgesetz; Tübingen; 1989; Von den neuesten Veröffentlichungen zum Thema seien eigens genannt: Hollerbach, Alexander: Staat und Kirche vor neuen religiösen Herausforderungen; in: Kirche und Recht; 1997; S. 141 ff.; Muckel, Stefan: Religiöse Freiheit und staatliche Letztentscheidung. Die verfassungsrechtlichen Garantien religiöser Freiheit unter geänderten gesellschaftlichen Verhältnissen; Berlin; 1997.

[44] v. Campenhausen, Axel: Staatskirchenrecht; München; 1973; S. 199.

[45] Mikat, Paul; a.a.O.; S. 838.

Dazuhin ist festzuhalten, daß solche „positive Religionsfreiheit" nicht nur ein Individualrecht bezeichnet, vielmehr auch – wie aus entsprechenden Entscheidungen des Bundesverfassungsgerichtes hervorgeht – korporative Geltung besitzt, sich also ausdrücklich auch auf die Religionsgemeinschaften und ihre öffentlichen Wirkungsmöglichkeiten bezieht.[46]

Religionsfreiheit ist also das Recht zur öffentlichen Proklamation, zur gesellschaftlichen Aktion und zu ungehinderter Mission. Religionsfreiheit heißt: Kirchtürme und Minarette, theologische Wissenschaft und Traktätchenliteratur, Kölner Dom und Königreichsaal der Zeugen Jehovas, religiöser Fundamentalismus und amorpher Protestantismus, neohinduistischer Ashram und germanische Glaubensgemeinschaft, Aberglaube und Unglaube, Kirchen und Sekten.

Bezogen auf die „Sekten" kann unter dem Eindruck unserer bisherigen Herleitung ein erster Befund nur lauten: Der religionsneutrale Staat ist die Schutzmacht aller seiner Bürger, damit sie ihres Glaubens, so wie sie ihn verstehen, ungehindert leben und ihn öffentlich bekennen können. Sein Neutralitäts- und Paritätsgebot hindert ihn, über die *Glaubensinhalte* zu urteilen, wie es ihn auch hindert, zivilreligiöse Konzepte einer religious correctness staatlich durchzusetzen. Somit gilt: Der Staat als Staat aller Bürger ist Schutzmacht auch der Religionsfreiheit von sogenannten Sekten, Neureligiösen Bewegungen und Kulten.

Eine erste Problematisierung der Reinheit dieser These könnte in folgendem Befund liegen: Die Mütter und Väter des Grundgesetzes sind bei dessen Konzipierung von einem Begriff der Religion ausgegangen, der an dessen abendländisch-christlichen Herkunftsgeschichte orientiert ist. Der Versuch, daraus eine Begrenzung der Religionsfreiheit für all diejenigen Gruppen und Bewegungen abzuleiten, die dem christlich-abendländischen Religionshorizont nicht entstammen, ist freilich mehr als problematisch. Nicht nur daß hier die Auffassung von Religionsfreiheit in der allgemeinen Erklärung der Menschenrechte berührt wäre;[47] viel-

[46] Vgl. BVerfGE 19, 129.

[47] Artikel 18 der Allgemeinen Erklärung der Menschenrechte: „Jeder Mensch hat Anspruch auf Gedanken-, Gewissens- und Religionsfreiheit; dieses Recht

mehr: Die religiöse Kultur selbst hat sich in den letzten Jahrzehnten mehr und mehr pluralisiert. Ein Kennzeichen solchen Religionspluralismus ist, daß die religiösen Traditionen nahezu des ganzen Erdballs, wenngleich in vielerlei eklektizistischen und synkretistischen Brechungen, in ihm präsent sind. Religiöser Pluralismus heißt eben nicht nur christliche Kirchen und traditionelle Sekten und Sondergemeinschaften, sondern auch neue religiöse Strömungen, Bewegungen und Kulte, in denen indisch-neohinduistische, buddhistische, tibetische, lamaistische, taoistische, japanisch-neureligiöse, germanische, indianische usw. Religionstraditionen sich finden. Dies ist ein Ergebnis der Globalisierung und Internationalisierung der Kultur.

Dieser Vorgang gilt also auch für die religiösen Botschaften, die bislang den okzidentalen Kulturtraditionen fremd waren, die nun aber in Omni- und Kopräsenz zumindest tendenziell überall greifbar sind. Schließlich sind die Präsenz und auch der Missionswille anderer Weltreligionen, wie vor allem des Islam, aber auch des Buddhismus und Neohinduismus zu nennen, deren zunehmend mächtige Präsenz wir am Fall des Islam, deren vor allem auf westliche Intellektuellenschichten bezogene Faszination wir am Beispiel des Buddhismus studieren können.

Nun mag man an einen solchen Religionspluralismus kulturtheoretisch, wohl auch kulturkritisch seine Fragen haben oder ihn als heute gestellte Aufgabe christlich-theologischer Apologetik ansehen (und wie ich meine, auch ansehen müssen) – *verfassungsrechtlich* wird sich damit gegenüber Neuen Religiösen Bewegungen nicht argumentieren lassen. Geist und Buchstabe des Grundgesetzes Art. 4, Abs. 1 und 2 sind zu eindeutig. Sie beziehen sich selbstverständlich auch auf die religionskulturellen Wandlungen, welche die Bundesrepublik Deutschland in den 50 Jahren seit Herrenchiemsee erfahren hat, wie dies selbstredend auch für andere gesellschaftliche und kulturelle Bereiche gilt.

---

umfaßt die Freiheit, seine Religion oder seine Überzeugung zu wechseln, sowie die Freiheit, seine Religion oder seine Überzeugung allein oder in Gemeinschaft mit anderen, in der Öffentlichkeit oder privat, durch Lehre, Ausübung, Gottesdienst und Vollziehung von Riten zu bekunden."

Gleichwohl kann es Religionsfreiheit – wie das Studium der verfassungsrechtlichen Literatur belegt – nicht schrankenlos geben. Sie ist an *immanente* Schranken der Verfassungsordnung verwiesen.[48] Zu solchen immanenten Schranken gehört etwa, daß die Verletzungen der Menschenrechte Dritter nicht unter dem Schutz des Art. 4 GG stehen können. Menschenopfer, Witwenverbrennung, rituelle Mißhandlungen usw. widersprechen der grundgesetzlichen Werteordnung, *auch* wenn sie als authentische Religionsausübung auftreten.

Noch einmal Axel von Campenhausen: „So wenig Religionsfreiheit ein Vorrecht für christlich geprägte ‚abendländische' Überzeugungshaltungen ist, so wenig bietet dies Grundrecht die Legitimationsgrundlage für beliebige, womöglich unsittliche oder gar kriminelle Verhaltensweisen."[49]

Dies alles ist weithin unstrittig, muß uns in seiner verfassungsrechtlichen Grundlegung hier auch nicht weiter beschäftigen. Freilich muß angemerkt werden, daß sich die Rechtssprechung in der praktischen Umsetzung solch verfassungsimmanenter Schranken der Religionsausübung anscheinend recht schwer tut – gerade im Umgang mit sogenannten „Sekten". Dies hängt vermutlich auch damit zusammen, daß den Religionsgemeinschaften in dem vom Grundgesetz übernommenen Art. 137 der Weimarer Reichsverfassung die Regelung ihrer eigenen Angelegenheiten entsprechend ihrem religiösen Selbstverständnis selbst überlassen ist. Natürlich gilt auch dieses Recht nur „innerhalb der Schranken der geltenden Gesetze", markiert aber doch eine Grenze, die zu überschreiten, genauester Einzelfallprüfung und des justitiablen Nachweises tatsächlicher Verletzung der Rechtsordnung bedarf. Das bloße Vorhandensein fremdartiger Religionsinhalte, womöglich abstoßender Religionspraktiken oder sogenannter „undemokratischer" Selbstorganisation religiöser Gemeinschaften rechtfertigt staatlichen Eingriff nicht.

Die Frage nach dem Geltungs- und Anwendungsbereich der Religionsfreiheit im demokratischen Verfassungsstaat nötigt freilich zur Reflexion einer weiteren Frage, nämlich: Welcher *Begriff* von

[48] Vgl. Mikat, Paul; a.a.O.; S. 845.
[49] v. Campenhausen, Axel; a.a.O.; S. 65.

Religion liegt der Verfassung zugrunde? Was ist mit „Religion“ (übrigens auch „Weltanschauung“) gemeint, der die Verfassungsgarantie gelten soll? Zunächst: Unsere Verfassung definiert den Begriff nicht, sondern setzt ihn voraus. Dies mag mit dem schon erwähnten Umstand zu tun haben, daß den Verfassern des Grundgesetzes ein fraglos gültiges Religionsverständnis abendländisch-christlicher Herkunft vor Augen stand. Die Frage nach dem Begriff und Verständnis von Religion war und ist auch solange unproblematisch, als es um die Präsenz und Praxis sozusagen „authentischer“, nichtchristlicher Weltreligionen geht, sofern deren Religionsausübung die verfassungsimmanenten Schranken nicht berührt. Mit dem Aufkommen neuer religiöser Bewegungen, sogenannter „Jugendreligionen“, neuer „Sekten“ usw. wurde und wird es zunehmend fraglich, ob deren religiöse Fundamentierungen in jedem Fall dem Verfassungsbegriff der Religion sich einfügen lassen.

Hier ist die Frage nach der Definitionsmacht gestellt. Diese *allein* dem Staat zu überantworten, könnte eine Gefährdung seiner Religionsneutralität darstellen. „Soll Religionsfreiheit dem Staat vorausliegend bleiben, muß sich die nähere Bestimmung und Umgrenzung des Religionsbegriffes, die im Streitfall unerläßlich ist, an objektiven Kriterien orientieren. Als solche können die aktuellen Lebenswirklichkeit von Religion oder ein aus Erfahrung und Tradition gewonnener und davon geprägter Begriff von Religion in Betracht kommen, wobei freilich keine Beschränkung auf europäische Tradition und Erfahrung stattfinden darf.“[50] Die Definitionsmacht dessen, was „Religion“ inhaltlich heißen soll, ganz dem Selbstverständnis und den Selbstaussagen der jeweiligen Gruppen zuzusprechen, hieße freilich, daß Religionsfreiheit zu jeden beliebigen Zwecken, z.B. wirtschaftlichen oder politischen benutzt werden könnte, sofern diese nur mit dem Etikett „Religion“ versehen würden. Dies hat früh, nämlich 1971, also bevor die neuen religiösen Bewegungen öffentliche Präsenz zeigten, Roman Herzog festgehalten; und zwar in einem kritischen Kommentar zur sogenannten „Rumpelkammer-Entscheidung“ des Bundesverfassungsge-

---

[50] Böckenförde, Ernst-Wolfgang: Religionsfreiheit; in: Gasper, Hans/Müller, Joachim/Valentin, Friederike (Hrsg.): Lexikon der Sekten – Sondergruppen und Weltanschauungen; Freiburg/Basel/Wien; 1990; Sp. 883.

richts. In dieser Entscheidung wurde den Selbstaussagen der Religions- und Weltanschauungsgemeinschaften ein hoher Rang zuerkannt.[51] Dazu Roman Herzog: „Man braucht sich nur vorzustellen, was geschehen kann, wenn eine ‚Religionsgesellschaft' beliebige wirtschaftliche oder politische Betätigungen in ihrem Selbstverständnis mit dem Attribut des ‚Religiösen' versieht und für sie dann nicht nur den Schutz der Weimarer Kirchenrechtsartikel, sondern auch noch den Schutz des Art. 4 GG in Anspruch nimmt. Der moderne Staat, dessen Betätigungsfeld ein Vielfaches von dem umfassen muß, was noch der Staat der vergangenen Generation bearbeitet hat, kann durch die Auslegung des Art. 4 Abs. 2 im Extremfall völlig depossediert werden, und zwar nicht zugunsten des Individuums, sondern einzelner, nicht kontrollierbarer Gruppen."[52]

Was Roman Herzog 1971 außerordentlich hellsichtig als Möglichkeit beschrieben hat, droht inzwischen soziale Realität zu werden. Das extremste Beispiel ist selbstverständlich die „Scientology-Organisation", die sich „Scientology-Church" nennt und von der gesagt werden muß, daß sie unter dem Deckmantel einer Religionsgemeinschaft andere Ziele verfolgt. In der Tat würde der Staat „depossediert", könnte Scientology seinen Organisationshauptzweck, nämlich Geld- und Machterwerb unter dem Deckmantel einer Religionsgemeinschaft ungehindert nachgehen. Deshalb auch *mußte* der Staat seiner formellen Definitionskompetenz Genüge tun und in den Entscheidungen des Bundesverwaltungsgerichtes (Februar 1995) und des Bundesarbeitsgerichtes (März 1995) feststellen, daß Scientology keine Religionsgemeinschaft im Sinne des Art. 4 GG darstelle.

Entscheidend ist in alldem die Einsicht: Es geht hier nicht um die Einschränkung der Religionsfreiheit, sondern um deren Sicherung. Das hohe Gut der Religionsfreiheit ist gerade dann gefährdet, wenn jeder seine Machenschaften nur „Religion" zu nennen braucht, um ihnen grundgesetzlichen Schutz zu verleihen. Nur mit Verwunderung kann man in der aktuellen Diskussion jene Stimmen vernehmen, die unter vermeintlichen oder tatsächlich liberal sich verstehenden Motiven und im Namen aufklärerischer Ver-

---

[51] BVerfGE 24, 236, 247.

[52] In: Maunz/Dürig: Kommentar zum Grundgesetz; Art. 4; Randnr. 104.

nunft auch schon der Frage nach dem möglichen Mißbrauch der Religionsfreiheit ausweichen oder sie gar verbieten wollen. Es ist wahr: Die Religionsfreiheit ist ein kostbares Kernstück unseres liberalen Verfassungsstaates und ein Erwerb gelungener Aufklärung. Gerade deshalb muß sie vor Mißbrauch, Denaturierung und Verschleuderung geschützt werden.

In die Tiefe der Fragen, vor die das uns hier beschäftigende Thema stellt, führen freilich noch ganz andere Überlegungen, mit denen wir den bislang eingehaltenen Rahmen überschreiten. Es geht um die Einsicht, daß der religionsneutrale Staat selbst in seiner Verfassung eine wertorientierte Grundlage hat. Der Staat als solcher hat keine Wahrheit, aber er ruht auf den Wahrheitsaussagen seiner Verfassung. Hierher gehört insbesondere, daß im Grunddokument unseres Staates eine bestimmte Auffassung vom Menschen niedergelegt ist.

Der in Art. 1, Abs. 1 GG enthaltene Satz lautet, wie bekannt: Die Würde des Menschen ist unantastbar. Dieser Satz mag uns heute oft nur noch als phrasenhaft-deklamatorisches Ornament, sozusagen als unverbindlich-feierliche Ouverture unserer Verfassung erscheinen. Betrachtet man die Herkunftsgeschichte und Genese unseres Grundgesetzes, gewinnt dieser Art. 1 seinen sehr präzisen Sinn. Es ist zwar bekannt und häufig beschrieben worden, muß aber neu vergegenwärtigt werden, daß die Entstehung des Grundgesetzes der Bundesrepublik Deutschland in den unmittelbaren Erfahrungszusammenhang mit der totalitären Gewaltherrschaft des Nationalsozialismus hineingestellt ist. Der Befund läßt sich in der Formulierung des Bundesverfassungsgerichtes zusammenfassen: „Gegenüber der Allmacht des totalitären Staates, der schrankenlose Herrschaft über alle Bereiche des sozialen Lebens für sich beanspruchte und dem bei der Beanspruchung seiner Staatsziele die Rücksicht auch auf das Leben des Einzelnen nichts bedeutete, hat das Grundgesetz eine wertgebundene Ordnung aufgerichtet, die den einzelnen Menschen und seine Würde in den Mittelpunkt seiner Regelungen stellt.“[53]

Zu dieser „wertgebundenen Ordnung“ gehört insbesondere eine bestimmte Auffassung vom Menschen, wie sie proklamatorisch in Art. 1, Abs. 1 GG niedergelegt ist. Günther Dürig hat schon früh

[53] BVerfGE 39, 67.

– 1952 – in einem neu lesenswerten Aufsatz aus verfassungsrechtlicher Sicht diese „Menschenauffassung des Grundgesetzes" festgehalten.[54] Auch für Dürig ist entscheidend, daß der Art. 1 dazu diene, „dem davongekommenen Menschen des Zweiten Weltkriegs mit den Waffen des Rechts, als des aktuellsten Zwangsmittels des menschlichen Zusammenlebens, zum ‚Wiedergewinnen der Mitte' zu verhelfen. ‚Würde' ist ein Wertbegriff, der einen Wertträger als Subjekt voraussetzt. Eine Aussage, daß dem Menschen unantastbare Würde innewohne, ist also eine Aussage über den Menschen." Und weiter: „Über ein Negativum herrscht allgemeine Klarheit. Dieser Wertträger Mensch, von dem das Grundgesetz ausgeht, ist nicht der zum Objekt des Kollektivs degradierte Mensch des verflossenen Systems. Wie die Entwicklungslinie des obigen Satzes … beweist, tritt dieser Satz in das Verfassungsleben der Nachkriegszeit gerade als Reaktion gegen die vergangene Mißachtung des Menschen ein."[55]

Die „vergangene Mißachtung des Menschen" bestand im Kern in der totalen Verfügbarkeit des Menschen durch den totalitären Staat. Es ist oft beschrieben worden, daß dem Grundgesetz eine sozusagen naturrechtliche Wurzel eingezogen wurde – eine Reaktion auf den extremen Rechtsposivitismus des nationalsozialistischen Staates. Daß die Würde des Menschen – und das heißt, folgt man der etymologischen Wurzel des Wortes: sein Wert – unantastbar sei, – in diesem Vorzeichen der Verfassung hat der liberale Verfassungsstaat sich selbst begrenzt; das heißt, er kann und will sich nicht mehr des ganzen Menschen bemächtigen, vielmehr gehört es zur Selbstbegrenzung des Staates, daß seine Mitglieder mehr sind und sein können als bloße Staatsbürger. So gehört es zum Menschenbild der Verfassung, daß hier Würde und Wert des Menschen schon im Mensch-Sein selbst begründet sind. Der Wert des Menschen ist nicht *Ergebnis* staatlichen, aber darüber hinaus überhaupt politischen, technischen, pädagogischen, therapeutischen und sonstigen Handelns, sondern dessen *Voraussetzung*. Arno Baruzzi hat diesen Befund in einer hochbeachtlichen Studie herausgearbeitet,

[54] Dürig, Günter: Die Menschenauffassung des Grundgesetzes der Bundesrepublik Deutschland; in: Juristische Rundschau; 7/1952; S. 259 ff.
[55] Ebd.

und in den ideengeschichtlichen Zusammenhang der neuzeitlichen europäischen Konzeption des Menschen hineingestellt, worauf nun leider nicht weiter einzugehen ist.[56]

Doch bezogen auf das Grundgesetz ist das Ergebnis seiner Untersuchung, daß Art. 1 einen Begriff vom Menschen feststellt, der einen „Gegenhalt“ gegenüber dem Selbstermächtigungsdenken der Moderne darstellt. „Die Würde des Menschen ist unantastbar“ ist ein Satz, der von der Erfahrung der Dialektik der Aufklärung weiß, nämlich daß die Autonomie des Menschen in Heteronomie, seine Freiheit in die Unfreiheit politisch-totalitärer Herrschaft umschlagen kann, und wie die Geschichte dieses Jahrhunderts lehrt auch immer wieder umgeschlagen ist. Nicht die Unverfügbarkeit des Menschen, sondern seine Verfügbarkeit, Programmierbarkeit, Herstellbarkeit stand immer wieder im Zentrum der Heilsversprechen säkularer Religion der Moderne. Dagegen Art. 1 Grundgesetz in der knappen Zusammenfassung Baruzzis: „Der Mensch ist unantastbar – das heißt Unverfügbarkeit, Nicht-Machbarkeit“.[57]

Nun aber gehört es zur Realität gegenwärtiger religiöser Kultur, daß durch manche – gewiß nicht alle! – der Neuen Religiösen Bewegungen, „Sekten“ oder Kulte Lehren verbreitet und Praktiken angewandt werden, die eine systematische Bezweiflung, ja Destruktion der grundgesetzlich gemeinten Auffassung vom Menschen darstellen. Eine erste Frage muß lauten: Was kann der religionsneutrale und doch in seiner Verfassung wertorientierte Staat tun? Die Antwort: Manches, aber nicht eben viel. Er hat die Möglichkeiten strafrechtlicher und anderer rechtlicher Sanktionen, sofern sie greifen und gesetzlich geboten sind und er kann, ja muß verfassungsfeindliche Bestrebungen unterbinden. Wie weit seine Informations- und Beratungskompetenz in Fragen religiöser Gruppen und Bewegungen reicht – diese Frage sei jetzt beiseite gelegt; sie erforderte eine eigene sorgfältige Betrachtung. In Deutschland hat er überdies die Möglichkeit, durch die Anerkennung als Körperschaft öffentlichen Rechts bestimmte Religionsgemeinschaften zu privilegieren, andere von solchem Pri-

---

[56] Baruzzi, Arno: Europäisches ‚Menschenbild‘ und das Grundgesetz der Bundesrepublik Deutschland; Freiburg/München; 1979.
[57] Baruzzi, Arno; a.a.O.; S. 106.

vileg auszuschließen – *ohne* deren Religionsfreiheit zu berühren.[58]

Doch ist in alldem der Kern der Frage noch nicht erfaßt, nämlich: Wie läßt sich im demokratischen und liberalen Verfassungsstaat die Anerkennung der Würde des Menschen und seine Freiheit als Person sichern? Hier muß die Antwort lauten: Der freiheitliche Rechtsstaat *selbst* kann dies eben nicht garantieren; dies ist das Risiko, das er eingegangen ist; vielmehr lebt – in der berühmt gewordenen und inzwischen schon fast liturgisch rezitierten Formulierung Böckenfördes – „der freiheitlich säkularisierte Staat von Voraussetzungen, die er nicht garantieren kann.“ Die Grundwerte der Verfassung, wie Würde des Menschen und damit staatliche Selbstbegrenzung sind solche Voraussetzungen, deren der freiheitliche Rechtsstaat zu seiner Legitimation und Integration bedarf. So ist in einer zusammenfassenden Formulierung Hermann Lübbes „Liberalität als Staatscharakter, die Strukturkonsequenz politisch ausdrücklich anerkannter und dann natürlich auch verfassungsmäßig vollzogener Nicht-Autarkie des Staates“.[59] Verfassungsmäßig vollzogene Nicht-Autarkie des Staates – dies meint: In der Verfassung bezieht sich der Staat auf Voraussetzungen, aus denen er lebt und die er doch nicht selbst setzen kann. Vielmehr: Der demokratische und liberale Staat hängt in seinen Grundrechtsvoraussetzungen von der ethischen Kultur seiner Bürger ab. Der grundrechtsgebundene und damit auch zu religiöser und weltanschaulicher Neutralität verpflichtete Staat ist auf gesellschaftliche Kräfte und Mächte angewiesen, in denen lebendig gehalten wird, worauf er selbst in seiner wertorientierten Verfassung ruht. Die Grundwerte der Verfassung (Freiheit und Würde des Menschen, Schutz des Lebens usw.) müssen kulturell zuhanden sein. *Was gesellschaftlich nicht kulturkräftig ist, kann auch staatlich auf Dauer nicht garantiert sein.*

Das heißt aber: Der entscheidende Ort der Auseinandersetzung um die Wahrheit vom Menschen ist der vorstaatlich-gesellschaftliche. Hierzu müssen folgende – holzschnittartige – Bemerkungen genügen.

---

[58] Dies ist auch der Kern des vor Jahren ergangenen Urteils gegenüber den „Zeugen Jehovas“, in dem die Anerkennung als Körperschaft öffentlichen Rechts verweigert wird (BVerwG, Urteil des 7. Senats vom 26. Juni 1997).

[59] Lübbe, Hermann; a.a.O.; S. 322.

Der Pluralismus, Kennzeichen der Moderne, ist auch ein Pluralismus der Sinnorientierungen. Viele Wahrheiten vom Menschen sind kulturell zuhanden. Die Auffassungen vom Menschen sind nicht mehr geleitet von der Selbstverständlichkeit einer sinnverbürgenden Kulturtradition, sondern hineingestellt in die prinzipielle Pluralität der Welt- und Lebensdeutungen und Sinngebungen. Dieser Befund trifft natürlich im Kern auch die Lage und Stellung der Religion. So hat die Herkunftsreligion Europas, das Christentum, seine Position als fraglos gültige Kulturmacht verloren und ist Teil eines prinzipiellen Pluralismus auch der religiösen Orientierungen geworden. Andere Stimmen melden sich, gerade auch im Namen religiöser Programmatik zu Wort mit *ihren* Auffassungen vom Menschen. So die Neuen Religiösen Bewegungen, „Sekten" und Kulte, aber auch ganz unorganisierte Strömungen gegenwärtigen religiösen Zeitgeistes, wobei vor allem die Esoterik zu nennen ist, die seit Jahrzehnten, wie es scheint, sich dauerhaft als religiöse oder religionsartige Daseinsinterpretation etabliert hat.

Hier darf man sich das Verstehen gegenwärtig geistiger Lagen nicht verharmlosen. Vielmehr gilt es zu erkennen, daß Pluralismus der Sinnangebote auch heißt Konkurrenz, ja Kampf unterschiedlicher Daseinsauffassungen und Wertorientierungen – und die Entschlossenheit, diese kulturell durchzusetzen. Der Platz der Wahrheit, aus der Menschen ihr Leben führen, bleibt nicht leer. In ein Bild gefaßt: Der Markt der religiösen und weltanschaulichen Möglichkeiten ist auch ein Kampfplatz von Wahrheiten; auch der Wahrheit darüber, wie vom Menschen zu denken sei. Man muß die „Sektengefahr" nicht dramatisieren. Viele der sogenannten „Sekten" sind Gruppen, die nichts anderes wollen, als ungehindert für sich, ihres Glaubens, so wie sie ihn verstehen, zu leben. Ihnen gegenüber gilt nicht nur staatlicher Schutz, sondern gebührt auch jegliche gesellschaftliche Toleranz. Wo aber im Namen religiöser Programme ein Bild vom Menschen propagiert wird, das etwa seine Manipulierbarkeit und totalitäre Gleichschaltung meint, gilt es, die *geistige* Auseinandersetzung aufzunehmen.

Daß hier insbesondere die christlichen Kirchen gefordert sind, muß leider eigens betont werden. Sie haben weithin noch gar nicht begriffen, daß diese Aufgabe ins Zentrum ihrer geistigen, ja geistlichen Existenz gehört, und nicht durch bloße Delegation an ihre „Sektenspezialisten" erledigt ist. Dabei sollten sie den Vorwurf, der von manchen Sekten *und* säkularen Kirchen- und Christentumgegnern in unheiliger Allianz erhoben wird, nicht scheuen: Nämlich, es gehe den Kirchen nur um Abwehr unerwünschter religiöser Konkurrenz. Doch Konkurrenz belebt das Geschäft und könnte ihrer, der Kirchen Geschäft durchaus beleben.

Viel wichtiger aber ist die andere Überlegung: Es wird für den künftigen Weg unserer Kultur und Gesellschaft mit entscheidend sein, *welches* Bild vom Menschen kulturkräftig sein wird; ob etwa das im Christentum bewahrte Wissen vom Menschen seine prägende Kraft neu gewinnen kann oder ob sein Erosionsprozeß endgültig sein wird. Die menschliche Würde programmatisch auflösenden Botschaften und Praktiken mancher Sekten sind gewiß nicht der einzige oder größte Angriff auf unsere Wertordnung. Doch wo sie öffentliche Verbreitung gewinnen, ist auch ihnen mit geistiger Entschiedenheit zu begegnen – mit geistiger Entschiedenheit, die gerade nicht das Gegenteil von Toleranz ist, vielmehr deren *Voraussetzung*.

Die Würde des Menschen ist unantastbar: Ob dieser Satz am Beginn des Grunddokumentes unseres Staates lebendiges Ferment unserer gesellschaftlichen Wirklichkeit bleibt oder neu wird, ob er „Gegenhalt" zu Manipulation und totalitärer Gleichschaltung des Menschen bleiben oder neu werden kann, ist eine *realpolitische* Frage ersten Ranges.

Das Grundgesetz ist entstanden als Antwort auf den Totalitarismus. Es wäre geschichtsblind zu meinen, daß Totalitarismus und totalitäre Versuchung mit dem Jahr 1945 oder dem Jahr 1989 als mögliche Gefahren verschwunden seien. Die Gesichter totalitärer Versuchung mögen wechseln. Ihren Anfang nimmt sie immer in der Verstörung und Verwirrung der Geister. Hannah Arendt schreibt: „Der ideale Untertan des totalitären Regimes ist nicht der überzeugte Nationalsozialist oder der überzeugte Kommunist, sondern das Individuum, für das die Unterscheidung zwischen Realität und Fiktion, zwischen Richtig und Falsch nicht mehr existiert."[60]

---

[60] Arendt, Hannah: Elemente und Ursprünge totalitärer Herrschaft; München; 1986. Dieser Satz findet sich zwar dem Sinne nach, aber nicht wörtlich in der von Hannah Arendt teils gekürzten, teils veränderten deutschen Ausgabe von „The Origins of Totalitarianism". Hier zitiert nach: Belardinelli, S.: Mit welchem Liberalismus?; in: Theorie und Praxis. Festschrift für Nikolaus Lobkowicz; Berlin; 1996; S. 205.

Drittes Kapitel
Religion, Politik und Ethik im liberalen Verfassungsstaat

I. Totalitarismus und politische Religion

1. Ideologien als säkulare Religion

Die Geschichte des 20. Jahrhunderts war wesentlich bestimmt von den säkularen Ideologien.[1] Die Wirkungsmacht des Liberalismus einmal zurückgestellt, sind insbesondere zu nennen: Nationalismus, Sozialismus und Kommunismus, Nationalsozialismus und Faschismus. In ihrem Namen wurden Kriege geführt, Staaten zerstört und neu geschaffen, alteuropäische geistig-kulturelle Herkunftstraditionen aufgelöst und neue Botschaften vom Menschen verbreitet. Man versteht die Geschichte des eben vergangenen Jahrhunderts nicht, wenn man nicht die grundstürzende Macht der säkularen Ideologien sich vor Augen stellt.

---

[1] Der vielschichtige Begriff „Ideologie" und seine Begriffsgeschichte können hier nicht näher dargestellt werden; siehe hierzu u. a.: Barth, Hans: Wahrheit und Ideologie; Zürich; 1961; Lenk, Kurt (Hrsg.): Ideologie, Ideologiekritik und Wissenssoziologie; Neuwied; 1961; Lieber, Hans Joachim (Hrsg.): Ideologie. Wissenschaft. Gesellschaft; Darmstadt; 1976; ders.; in: Ideologie; Paderborn; 1985; Dierse, Ulrich: Art. „Ideologie"; in: Geschichtliche Grundbegriffe; Bd. 3; Stuttgart; 1982; S. 131–169; Kuhn, Helmut: Ideologie und Hydra der Staatenwelt; Köln; 1985.

Dieses Jahrhundert war insbesondere ein Jahrhundert, das gezeichnet war von einer in der Menschheitsgeschichte so noch nicht gekannten Explosion von Gewalt: Kriege wurden als Vernichtungskriege begonnen und geführt, Genozide geplant und ausgeführt, in denen ganze Völker und Volksgruppen von Armenien bis Kambodscha ausgemerzt werden sollten und ausgemerzt wurden; insbesondere waren es die Vernichtungslager der totalitären Regime des 20. Jahrhunderts – Kommunismus und Nationalsozialismus – mit ihren Hekatomben von Opfern, die ein in der menschlichen Gewaltgeschichte bislang nicht gekanntes Maß kollektiver Vernichtung exekutierten.

So gewiß solche Gewaltausübung in ihrer qualitativ neuen Massenwirkung erst durch die modernitätstypischen technologischen Fortschritte machbar wurden, so gewiß ist aber auch: Immer waren es Ideen und davon hergeleitete Parolen, in deren Namen die Realgeschichte des 20. Jahrhunderts – und insbesondere deren Hauptstrom von Gewalt – sich vollzog. Formiert und formuliert wurden diese wirkungsmächtigen Ideen und Parolen, die zu den modernen Ideologien zusammenschmolzen[2], im 19. Jahrhundert, das in diesem Fall von 1789 bis 1914 reicht. Hier bildeten sich jene Eigenart und jener Antrieb der modernen Ideologien, ohne die man deren Genese, Fortentwicklung und ihre schließlich geschichtsbestimmende Kraft nicht verstehen kann: sie waren Ausdruck säkularer Religion.[3] Ohne diese säkular-religiöse Dimension hätten die modernen Ideologien ihre umwälzende Dynamik, die in den totalitären Regimen des 20. Jahrhunderts gipfelte, niemals entwickeln können. So konstatierte Eric Voegelin schon 1938: „Der politische Kollektivismus ist nicht nur eine politische und moralische Erscheinung; viel bedeutsamer erscheint mir das religiöse Element in ihm zu sein.“[4]

---

[2] Vgl. Müller, Johann Baptist: Die politischen Ideenkreise der Gegenwart; Berlin; 1992.

[3] Siehe hierzu u.a.: Küenzlen, Gottfried: Der Neue Mensch. Eine Untersuchung zur säkularen Religionsgeschichte der Moderne; München; 1995 (Neuauflage: Frankfurt am Main; 1997); Tenbruck, Friedrich H.: Die Glaubensgeschichte der Moderne; in: ders.: Die kulturellen Grundlagen der Gesellschaft. Der Fall der Moderne; Opladen; 1990; S. 126–142; Sironneau, Jean-Pierre: Sécularisation et religions politiques; La Haye/Paris/New York; 1982.

[4] Voegelin, Eric: Die politischen Religionen; München; 1996 (1938); S. 5.

Unter Verzicht auf kultur- und religionstheoretische Erwägungen zum Begriff der säkularen Religion[5], ist vor allem jener ideen- und realgeschichtliche Vorgang zu nennen, der den modernen Ideologien ihren eigentümlichen säkular-religiösen Charakter verlieh: Die Entwicklung eines Weltbildes, dem die innerweltliche *Geschichte* zum Faszinosum und Schicksal wurde. Fundament dieses Weltbildes war die immanente Fortschrittsgewißheit; ein immanent geschichtsprovidentieller Glaube an den *Fortschritt*, der ein qualitatives neues Verständnis der menschlichen Geschichte darstellt. Hier war der Fortgang der Geschichte nicht mehr eingebunden in einen kosmischen Kreislauf, wie im antik-griechischen Denken, auch nicht verankert in den christlich-heilsgeschichtlichen Kontext von Schöpfung, Inkarnation und Wiederkunft Christi, vielmehr: Geschichte ist nun ausschließlich die weltimmanent vom Menschen herzustellende Fortschrittsgeschichte. Dieses Geschichtsdenken, das die Grundlage des neuen Glaubens säkularer Religion bildet, läßt sich – unter Verzicht auf die eigentlich nötigen historischen Differenzierungen – in seinen Umrissen zusammenfassen: Als der christliche Glaube an die Heilsgeschichte und Schöpfungsordnung, in denen der Einzelne sich aufgehoben wissen konnte, im Lauf der säkularen Diesseitsorientierung seine Kraft zunehmend verlor, blieb übrig die reine Profangeschichte, die nun selbst zum Ort säkular-religiöser Hoffnungen, Erlösungssehnsüchte und Heilserwartungen wurde. Mit dem Schwund des Jenseitsglaubens also wurde die immanente menschliche Geschichte, im Horizont der neuzeitlichen Fortschrittsidee, zum alleinigen Feld, in dem Heil oder Unheil, Verdammnis oder Erlösung sich entscheiden mußten und die Erwartung des Eschatons verankert war. Der bloßen Profangeschichte erwuchs in den säkularen Erlösungshoffnungen und Weltauslegungen, insbesondere in den Heilsversprechen ihrer Utopien, ihre neue Dimension. Sie wurde zur *säkularen Heilsgeschichte*. Nicht mehr das Buch der Offenbarung,

[5] Siehe Gottfried Küenzlen; a.a.O.; bes. S. 11 ff.; S. 57 ff.; S. 64 ff.; S. 269 ff. – Insbesondere ist festzuhalten, daß von säkularer Religion im Konstrukt eines funktionalen Religionsverständnisses zu reden, ganz unsinnig wäre: Die säkular-religiösen Hoffnungsziele und Heilsversprechen moderner Ideologien traten mit eigenen *Inhalten* und *Ansprüchen* auf, die sich etwa einer Theorie „funktionaler Äquivalente" vollständig entziehen.

schließlich auch nicht mehr das zu entschlüsselnde Buch der Natur, sondern das Buch der Zeit, der Geschichte also ist es, das zum Buch der Bücher der säkularen Religionsgeschichte wurde.

2. Politischer Messianismus

Die immanente Geschichte als Heilsgeschichte – dieses Weltbild schuf die Voraussetzung, daß die säkular-religiösen Heilslehren der modernen Ideologien durch *politisches* Handeln zu ihrer Verwirklichung drängten. Heil, Errettung und Erlösung sind dem menschlichen und damit im weitesten Sinn politischen Handeln überantwortet und *können* in der Konsequenz des beschriebenen Weltbildes auch nur politisch realisiert werden. Auch hier war es das 19. Jahrhundert, in dem sich solch politischer Messianismus bildete – zunächst als Konstruktion von Intellektuellen und dann als Parolen sozial-politischer Bewegungen. In seinen – bis heute bahnbrechenden – Arbeiten hat Jacob L. Talmon die Geschichte und Phänomenologie des Politischen Messianismus beschrieben und wie folgt zusammengefaßt: „Das wesentliche an der Religion der *Geschichte*, die dem politischen Messianismus zugrunde liegt, ist der tiefe Glaube daran, daß die Abfolge der Zeiten gleichbedeutend sei mit einer ständig wachsenden Integration und Bindung menschlicher und gesellschaftlicher Inhalte, die ihrerseits ein immer größeres Maß an individuellem Selbstausdruck durch Aktivierung aller Kräfte des Menschen in einem harmonischen Ganzen ermöglichen. In dieser Hinsicht betrachteten alle messianischen Richtungen das Christentum, manchmal die Religion als solche, immer aber die historische Form des Christentums als den Erzfeind. Sie proklamierten sogar sich selbst triumphierend als Ersatz dafür. Ihre eigene Heilsbotschaft war gänzlich unvereinbar mit der grundlegenden christlichen Doktrin von der Erbsünde, mit ihrer Vision der Geschichte, als der Geschichte des Sündenfalls und ihrer Leugnung der Macht des Menschen, durch eigene Anstrengung zur Erlösung zu gelangen. Die Dichotomien von Theorie und Praxis, Seele und Körper, Geist und Materie, Himmel und Erde, Kirche und Staat, die alle von diesem ersten Grundsatz herrührten, wurden hinfällig vor der majestätischen Einheit des Lebens und der

Geschichte sowie der Vision einer gerechten und harmonischen Gesellschaft am Ende der Tage."[6]

Im Horizont eines solchen politischen Messianismus entwickelte sich auch das Programm der „Revolution", das die modernen Ideologien nahezu durchweg prägte: Der innerweltlich-eschatologische Glaube an das diesseitige universale Glück der Menschheit – Kerndogma des politischen Messianismus – drängte zu seiner Verwirklichung; einer Verwirklichung, die nun selbst säkular-religiöse Dimension annehmen mußte: Die Religion der Revolution. Diese neuzeitliche Ausprägung von Revolution unterscheidet sich gerade deshalb von allen vormodernen Revolten, Aufständen und Putschen, weil in der modernen Revolution das heilsgeschichtliche Programm säkularer Theologie vollzogen wurde. Hier ist auch jener Anspruch begründet, der die moderne politische Revolution im Kern prägt: Ihr Totalitäts- und Universalitätsanspruch.

Die revolutionären Akteure, als säkulare Priester, Mönche und Kreuzritter der Religion der Revolution wußten sich auf der Seite der Geschichte, in der das universale Heil der Menschheit im revolutionären Prozeß unaufhaltsam sich durchsetzt. Deshalb auch ist das revolutionär-eschatologische Zerstörungsmotiv ein integraler, ja notwendiger Bestandteil des revolutionären Prozesses: Die Losung der französischen Revolution „Alles zerstören, um alles neu zu machen" (St. Etienne) setzte sich fort in der bolschewistisch-kommunistischen Losung: „Dann steigt aus den Trümmern der alten Gesellschaft die sozialistische Weltrepublik." So versteht man auch die nationalsozialistische Vernichtungspolitik nicht, wenn man sie nur als Ausdruck atavistischer Barbarei sieht: Sie war ein *modernes* Projekt. Modern nicht nur in den technisch fortentwickelten Methoden mit denen es durchgesetzt wurde; hinter ihm stand durchweg der modern säkular-religiöse Glaube, sich auf der Seite der Geschichte zu wissen und ausmerzen zu *müssen*, was ihren Fortgang hindert.

[6] Talmon, Jakob L.: Politischer Messianismus; Köln/Opladen; 1963; S. 11. Siehe hierzu auch die jüngst erschienenen, weitausgreifenden Untersuchungen von Rohrmoser, Günter: Deutschlands Tragödie. Der geistige Weg in den Nationalsozialismus; München; 2002.

Man versperrt sich ein gültiges Verständnis der modernen säkularen Ideologien, gerade in ihren totalitären Ausformungen, die das 20. Jahrhundert weithin bestimmt haben, wenn man sie nicht als revolutionäre Bewegungen versteht, angetrieben und bestimmt von säkularen Glaubenskräften und Heilshoffnungen.

So erschließt sich die Eigenart und Dynamik des Nationalsozialismus letztlich erst dann, wenn man ihn vorrangig als revolutionär-politische Religion begreift[7]; als einer säkularen Religion, deren Anhänger und deren Führer sich von ihren Anfängen an auf der Seite der Geschichte wußten. So Adolf Hitler: „Ich kann … nur hinweisen auf den Schlußsatz meiner letzten Rede im großen Prozeß im Frühjahr 1924: ‚Die Richter dieses Staates mögen uns ruhig ob unseres damaligen Handelns verurteilen, die *Geschichte* als Göttin einer höheren Wahrheit und eines besseren Rechtes, sie wird dennoch dereinst dieses Urteil lächelnd zerreißen, um uns alle freizusprechen von Schuld und Fehle'."[8]

Man muß die Tagebücher eines Joseph Goebbels – auch in ihren vor 1933 verfaßten Teilen – lesen[9], um brennpunktartig alles zu finden, was den politischen Messianismus des Nationalsozialismus ausmacht: Der Glaube an die Revolution, der Universalitäts- und Totalitätsanspruch der Mission, das Vernichtungsmotiv, die eschatologische, ja apokalyptische Naherwartung des neuen Reiches und eines neuen Menschen. Als nur ein Beispiel diene eine 1924 geschriebene Tagebuchnotiz, die zugleich die nervöse Fiebrigkeit deutlich macht, von der nicht nur Goebbels, sondern weite Teile der Kulturintelligenz in den 20iger Jahren ergriffen waren: „Die

---

[7] Auch wenn eine gültige, das Ganze umfassende Untersuchung noch aussteht, mehren sich doch die Arbeiten zum Nationalsozialismus als „politischer Religion"; vgl. z.B. Fest, Joachim C.: Hitler: Eine Biographie; Frankfurt am Main/Berlin; 1987; Prinz, Michael/Zitelmann, Rainer (Hrsg.): Nationalsozialismus und Modernisierung; Darmstadt; 1991; Ley, Michael/Schoeps, Julius-H. (Hrsg.): Der Nationalsozialismus als politische Religion; Bodenheim b. Mainz; 1997; Bärsch, Claus-Ekkehard: Erlösung und Vernichtung. Dr. phil. J. Goebbels. Zur Psychologie und Ideologie eines jungen Nationalsozialisten; München; 1987.

[8] Hitler, Adolf: Mein Kampf; München; 1942 (737.-741. Aufl.); S. 780 (Heraushebung von G. K.).

[9] Goebbels, Joseph: Tagebücher 1924–1945 (Hrsg.: Reuth, Ralf Georg); 5 Bde.; erweiterte Sonderausgabe; München; 2000.

Quintessenz des neuen Menschen stellen wir, wir jungen Männer ohne Tradition und [Familien-]Geschlecht, wir sind das Salz der Erde. Über Adel und Bourgeoisie hinaus ein neues Geschlecht. Wir dürfen nicht verzweifeln, das ist nicht anständig und zu leicht, keine Aufgabe für die Jugend Europas, die die schlimmste Zeit erlebte seit Menschengedenken. ... Meine Zukunft liegt in undurchdringlichem Dunkel. Ich habe nichts zu hoffen und alles zu befürchten. Nichts worauf ich mich freute, wenn ich morgens erwache. Ich lebe in den Tag hinein, alle Wege sind mir verschlossen. Die Brust ist voll Sehnsucht, – und allenthalben überflüssig. Wo finde ich Rettung? ..."[10] Doch schon wenige Wochen später findet Goebbels seine Mission und seinen Glauben, der ihn bis zu seiner Selbstvernichtung nicht mehr verlassen sollte: „Ich suche das neue Reich und den neuen Menschen! Die finde ich nur im *Glauben!* (Hervorhebung G. K.) Der Glaube an die Mission in uns führt uns zum letzten Siege! Heil!"[11]

Aber auch der Marxismus/Kommunismus ist in seinem Kern eben nicht nur eine politische Bewegung gewesen, die im wesentlichen auf einer Theorie politischer Ökonomie ruhte, sondern er war das Programm einer säkularen Theologie; einer säkularen Religion, die schon Marx formulierte („Der Kommunismus ist das aufgelöste Rätsel der Geschichte und weiß sich als dessen Lösung.") und Lenin und Stalin fortentwickelten und popularisierten. So war auch der Zusammenbruch des Kommunismus 1989 nicht nur der Zusammenbruch des maroden Wirtschaftssystems des real-existierenden Sozialismus; es war *auch* der Zusammenbruch eines politisch-religiösen Weltentwurfs, den – ohnedies schon lange verholzt – keine wirklichen Glaubenskräfte mehr trugen. So ist mit dem Ende des Kommunismus mehr zusammengebrochen als ein politisch-ökonomisches System, und auch die *Folgen* und Hinterlassenschaften dieses Zusammenbruchs sind nicht nur politisch-ökonomische; der einmal mit dem weltweiten Anspruch einer neuen Erde und eines neuen Menschen angetretene Kommunis-

---

[10] Ebd.; S. 98; Eintrag vom 7. Juli 1924; – vgl. hierzu: Bärsch, Claus-Ekkehard: Erlösung und Vernichtung. Dr. phil. J. Goebbels. Zur Psychologie und Ideologie eines jungen Nationalsozialisten; München; 1987.

[11] Ebd.; S. 162; Eintrag vom 27. 9. 1924.

mus hat zuletzt durch den Zusammenbruch eines Weltbildes auch eine kulturelle, ja geradezu anthropologische Verwüstung hinterlassen.

3. Die Sakralisierung der Politik

Es ist in Umrissen bekannt, und auch häufig beschrieben worden, daß die totalitären ideologischen Systeme des 20. Jahrhunderts in ihrer Selbstinszenierung begleitet waren von sakralisierenden Feiern, Ritualen und Liturgien. Hier muß man nur an die Gestaltung von Parteitagen, 1. Mai-Feiern und andere Massenkundgebungen denken, in deren Mitte in bewußt messianischer Überhöhung die charismatischen Heilsfiguren, so Hitler und Stalin, standen, deren Erlösungskraft auf die Massen wirken sollte: Rituale einer säkularreligiösen Kommunion.[12] Dazu traten sakralisierende Elemente aus Musik, Kunst, Sport und der Aufbau einer Erinnerungskultur, in deren Kalendern, Feiern und Festtagen die an die Macht gekommene revolutionäre Bewegung sich selbst feierte. Daß dies selbstverständlich auch bewußt konstruierte und mit allen Mitteln moderner Ästhetik und Technologie gesteuerte Inszenierungen waren, zeigen z.B. deutlich die einschlägigen Filme von Leni Riefenstahl.

Entscheidend ist aber die Einsicht, daß solche Sakralisierung der Politik, bei aller Manipulation und bewußter Inszenierung, nicht ein nur äußerlich an die Ideologie herangetragenes Phänomen war; es war dies ein integraler Bestandteil der säkularen Ideologien: Die säkulare Religion drängte zu ihrer Sakralisierung. Anders gewendet: So gewiß die religiös überhöhten Rituale und Inszenierungen auch Instrumente zur Sicherung von Herrschaft und Legitimation ihres Terrors waren, so sehr war solche Sakralisierung der Politik der notwendige und konsequente *Ausdruck* der säkular-religiösen Ideologie.[13]

---

[12] Ich habe selbst noch eine ältere Dame gekannt, die erzählte, wie sie als Kind dem „Führer" die Hand gab; die Hand wurde alsdann wochenlang nicht mehr gewaschen: Sie sollte so nicht mehr entweiht werden.

[13] Der kulturtheoretisch wichtigen Frage kann hier nicht eigens nachgegangen werden, nämlich: Ob nicht jede Gesellschaft, auch die demokratisch verfaßten

Sakralisierung der Politik als notwendiges Korrelat ihrer säkular-religiösen Herkunft nahm auch hier ihren Anfang im 19. Jahrhundert. „Die charismatische Verklärung der ‚Vernunft' (die ihren charakteristischen Ausdruck in ihrer Apotheose durch Robespierre fand), ist die letzte Form, welche das Charisma auf seinem schicksalsreichen Wege ... angenommen hat."[14] Diese „charismatische Verklärung der Vernunft", nahm in der Französischen Revolution nicht nur ihren Anfang, sondern fand in ihr auch ihren triumphalistisch-ritualistischen Ausdruck: So zelebrierte die Commune 1793 in Nôtre Dame die „Fête de la Raison", bei der nach Zerstörung des christlichen Altars der „Tempel der Philosophen" errichtet wurde. In ganz Frankreich wurden die Kirchen zu „Tempeln der Vernunft" umgestaltet, in denen nun die Heiligkeit der Märtyrer der Revolution den Platz der christlichen Heiligen einnahm und junge Frauen als „Göttinnen der Vernunft" zelebrierten die Gottesdienste der Vernunft, die an die Stelle der christlichen Messen traten.[15] Die religiös-revolutionäre Fiebrigkeit in der Verbreitung dieses Kultes entwickelte eine derartige Intensität, daß Robespierre – auf den Weber im obigen Zitat verweist –, um die Stabilität der Revolution zu sichern, den Kult des „Höchsten Wesens" etablierte: Ein Akt zentralistisch-staatlich verordneter Zivilreligion, der die in ganz Frankreich auflodernden, nicht mehr kontrollierbaren „religiösen" Energien des Vernunftkultes bündeln und der zentralen Staatsmacht einordnen sollte.[16]

Solche Sakralisierung der Politik, die in der Französischen Revolution begann und schon dort – in schauerlichem Vorgriff auf

Gesellschaften, zu ihrer Selbstintegration „zivilreligiöser" Rituale usw. bedürfen.

14 Weber, Max: Wirtschaft und Gesellschaft; Tübingen; 1976; S. 726. Das Thema dieses Beitrages ließe sich in kultursoziologischer Perspektive auch am Leitfaden des Weberschen Charisma-Begriffes entfalten; vgl. hierzu: Gebhardt, Winfried/Zingerle, Arnold/Ebertz, Michael (Hrsg.): Charisma. Theorie, Religion, Politik; Berlin/New York; 1993.

15 Siehe Aulard, Alphonse: Politische Geschichte der französischen Revolution; 2 Bd.; München/Leipzig; 1924; Hunt, Lynn: Symbole der Macht. Macht der Symbole. Die französische Revolution und der Entwurf einer politischen Kultur; Frankfurt am Main; 1989.

16 Siehe Breuer, Stephan: Das Charisma der Vernunft; in: Gebhardt, Winfried/Zingerle, Arnold/Ebertz, Michael (s.o.); S. 165 f.

das 20. Jahrhundert – nicht nur zur Legitimation des revolutionären Terrors diente, sondern dessen inhärenter Ausdruck war, setzte sich im Laufe des 19. Jahrhunderts fort. Die säkular-religiösen Ideologien (insbesondere Nationalismus, Sozialismus) formierten sich nun als Weltanschauungsparteien, „säkulare Kirchen“ und davon sich abspaltende „Sekten“, die ihre Heiligen, Märtyrer, Priester, Propheten, Häretiker und Apostaten fanden. Studiert man die Schriften und insbesondere Erinnerungen eines Herzen, Mazzini, Garibaldi, Marx, Bakunin, Kropotkin, Lagarde und anderer Zeugen, Akteure und Propheten der Glaubensgeschichte der Moderne: Stets ist die Sakralisierung ihrer politischen Mission, die nun zu säkularen Kreuzzügen wurden, mit Händen zu greifen. Als nur ein Beispiel mag die Erhöhung des Führers der deutschen Sozialdemokratie, Ferdinand Lassalle, zum Messias dienen:

„Ich glaube an Ferdinand Lassalle,
Den Messias des neunzehnten Jahrhunderts;
An eine sozialpolitische Wiedergeburt
Meines im Elend schmachtenden Volkes;
An die unumstößlichen Dogmen des Arbeiterstandes,
Gelehrt durch Ferdinand Lassalle,
Der geboren aus verachtetem Namen,
Gelebt im Herzen des Volkes,
Gelitten durch Bourgeoisie und Reaktion,
Gestorben durch meuchlerische Hand,
Auferstanden in der Brust treuer Jünger,
Aufgefahren in dem Geist des Arbeiter-Volkes,
Von dannen er kommen wird, zu richten,
Alle Feinde seiner Lehre.“ (Freundschuh)[17]

Schon die bisherige Herleitung hat gezeigt, daß solche Sakralisierung der Politik eine *moderne* Erscheinung ist. Zwar haben sich Politik und staatliche Macht auch in vormodernen Epochen von der griechisch-römischen Antike bis zum frühen und späten christlichen Mittelalter, immer wieder in Rituale, Symbole und Feiern gekleidet, die dann aber sich anlehnten an die Symbole und Inhal-

[17] Vgl. hierzu die inhaltsreiche Arbeit von Grote, Heiner: Sozialdemokratie und Religion; Tübingen; 1968.

te der jeweiligen, zumeist institutionalisierten kulturellen Herkunftsreligion. „Modern" an der neuzeitlichen Sakralisierung der Politik, ist ihr innerweltlicher-diesseitiger Charakter: In diesseitiger Transzendierung werden die „neuen Götter" und deren Ikonen gefeiert und angebetet, die „nunmehr in Gestalt unpersönlicher Mächte aus ihren Gräbern steigen" (Max Weber): Rasse oder Klasse, Nation und Vaterland, Proletariat oder Volksgenossenschaft, Menschheit, Gleichheit und Freiheit.

Freilich ist wenigstens anzumerken, daß auch die überlieferte Religion sich immer wieder zu Allianzen mit den säkular-religiösen Botschaften bereit fand und mit dem Arsenal ihrer, auch liturgischen Herkunftstraditionen zu deren Sakralisierung beitrug. Einen prägnanten Ausdruck findet solche sakralisierende Politisierung der Herkunftsreligion während des 1. Weltkrieges. In fast allen beteiligten Ländern findet sich die Heiligsprechung des Krieges für das Vaterland im Namen des christlichen Gottes, auf dessen Seite man sich wußte. Hingabe und Opfer, Verabsolutierung der Kameradschaft, Heldentod, Mission des eigenen Volkes gegenüber dem antichristlichen Feind; hier vollzog sich ein Amalgam aus christlich verstandener und säkular-religiös gespeister Heiligung der Politik. Hinzuweisen wäre auch auf die im Sinn ihrer Agenten freilich nicht vollständig geglückten Versuche, durch die Konstruktion eines „deutschen Christentums" den Nationalsozialismus mit christlichen Weihen zu versehen, oder auf die Anstrengungen vor allem deutsch-protestantischer oder russisch-orthodoxer Theologen, sich mit Sozialismus und Kommunismus nicht nur zu arrangieren, sondern diese als christentumsnahe oder gar christentumsgemäße politische Ordnung zu proklamieren („Christen für den Sozialismus").

Doch solche und weitere Differenzierungen beiseite lassend, ist noch einmal festzuhalten: Sakralisierung der Politik in ihrer modernitätstypischen Ausprägung ist „die Entstehung einer religiösen Dimension der Politik ..., die klar abgegrenzt und autonom hinsichtlich der historisch gewachsenen und institutionalisierten Religionen ist".[18] Mit Emilio Gentile, lassen sich folgende Merkmale

[18] Gentile, Emilio: Die Sakralisierung der Politik; in: Maier, Hans (Hrsg.): Wege in die Gewalt. Die modernen politischen Religionen; Frankfurt am Main; 2000; S. 168.

generalisierend festhalten: „Eine politische Bewegung löst eine Sakralisierung der Politik aus, wenn sie:

a) den Primat einer *weltlichen, kollektiven Einheit* heilig spricht und diesen in das Zentrum eines Systems von Überzeugungen und Mythen stellt, die Sinn und Zweck der sozialen Existenz definieren und die Unterscheidungskriterien zwischen Gut und Böse festlegen;
b) dieses Konzept in einem Kodex von ethischen und sozialen Geboten formalisiert, die das Individuum an die sakralisierte Gemeinschaft binden, in dem sie ihm die Treuepflicht und Ergebenheit auferlegen;
c) ihre Kämpfer als eine *Gemeinschaft der Auserwählten* betrachtet und die eigene politische Aktion als eine *messianische* mit dem Ziel der Vollendung einer Mission interpretiert;
d) eine *politische Liturgie* entwickelt für die Anbetung der sakralisierten, kollektiven Einheit mittels des Kultes der Institutionen und der Bilder, in denen sie sich materialisiert, und mittels der mythischen und symbolischen Darstellung einer *heiligen Geschichte,* die von Zeit zu Zeit in einer rituellen Beschwörung der Heldentaten der Gemeinschaft der Auserwählten reaktiviert wird.“[19]

Aus der Fülle der Aspekte und empirischen Befunde der Sakralisierungsgeschichte der säkular-religiösen Ideologien, sei abschließend nur eines der zentralen Merkmale und Motive heraus gehoben: Die Sakralisierung der Politik als Instrument zur Einbindung des einzelnen in das kollektive Ganze. Auch hier sind es insbesondere die totalitären Regime des 20. Jahrhunderts, die geradezu angewiesen waren, den einzelnen bis in sein Innerstes an sich zu binden. Das totalitäre System brauchte den totalen Zugriff auf den Menschen. In der Sakralisierung seiner selbst bemächtigte sich das System des einzelnen. Dazu diente z.B. die Inszenierung der „rites de passage“ und weiterer Rituale im Geiste der Ideologie, wie dies jüngst H. U. Thamer herausgearbeitet hat: „Beide Diktaturen [Nationalsozialismus und Kommunismus] waren um so erfolgreicher, je mehr sie den Alltag des einzelnen betrafen. Noch im zähen Nachleben der Jugendweihe der DDR wird dies sicht-

[19] Ebd.; S. 169.

bar."[20] Zu welchen Graden an Einbindung des Individuums die totalitären Systeme fähig waren, zeigen eindrucksvoll, ja schauerlich die Moskauer Schauprozesse (1936–1938) gegen Bucharin und andere. Liest man deren Protokolle, versteht man die Logik des Totalitarismus und seiner politischen Religion: Die kommunistische „Selbstkritik" als säkular-religiös-totalitäre „Beichte" führt nicht zu Freispruch und Vergebung. Die „Erlösung" besteht im umfassenden Schuldeingeständnis, in dem die „Häretiker" (die freilich durchweg treu ergebene Parteigenossen waren) noch ihr Todesurteil selbst als „gerecht" geradezu einfordern: ihr letzter Dienst an der Partei![21]

4. Ausblick

Zur Signatur der Gegenwart gehört, daß die säkularen Ideologien, ihre Heilshoffnungen und Erlösungsziele weithin zerronnen sind. Der Traum vom Sozialismus, mag er auch noch geträumt werden in den sektiererischen Zirkeln seiner ihm verbliebenen Anhänger, hat keine wirkliche öffentliche Bindungskraft mehr. Ebenso ist der gegenwärtig aufflackernde und publizistisch präsente Rechtsradikalismus weniger Ausdruck einer sich revitalisierenden nationalsozialistischen oder faschistischen Ideologie, als vielmehr gesellschaftlich-kulturelles Krisensymptom. So ist auch der Glaube zerronnen, die Politik könne, über die Sicherung unserer äußeren Daseinsverhältnisse hinaus, in messianischer Kraft, Glück, gar universales Heil schaffen. Der liberale Verfassungsstaat westlicher Demokratien, der sich heute ideell weltweit als alternativlos präsentiert, versteht sich nicht als auf einer säkular-religiösen Ideologie ruhenden *Heils*gemeinschaft, sondern als säkularer, weltanschaulich neutraler *Rechts*staat.

Im Kern bedeutet das Ende der säkularen Ideologien und ihrer politischen Religion, daß die einst mächtigen Hoffnungen des Glaubens an das politisch herstellbare regnum hominis, in dem das

[20] Frankfurter Allgemeine Zeitung; 7.7.1999; S. N. 6.

[21] Siehe hierzu die eindrucksvolle Arbeit von Riegel, Klaus-Peter: Konfessionsrituale im Marxismus/Leninismus; Graz/Wien/Köln; 1985.

universale Glück der Menschheit sich realisiere, entkräftet sind. Die innerweltliche Geschichte als säkulare Heilsgeschichte hat ihre haltende und orientierende Kraft verloren; dies gilt insbesondere im Rückblick auf die Katastrophen des 20. Jahrhunderts, die im Namen säkular-religiöser Hoffnungen auf das regnum hominis ihren Anfang nahmen.

So ist nicht nur – im Horizont westlich-europäischer Zeitgenossenschaft – der jenseitige Gott der überlieferten Religion, sondern auch der Gott der säkularen Religion, der Gott der fortschrittsverbürgenden Zeit alt geworden.

Ist auch der Fortschrittsglaube der säkularen Ideologien geschwunden, so gehört zur Diagnose gegenwärtiger Kulturverhältnisse sofort die weitere Einsicht hinzu: Der durch Wissenschaft und die auf sie gründende Technik voran getriebene Fortschritt geht als „progrés réel" (Georges Sorel) in grundstürzender Dynamik weiter. Dieser wissenschaftlich-technologische Fortschritt bestimmt in seiner alle Daseinsverhältnisse umwälzenden Unausweichlichkeit unsere gegenwartstypische Zeiterfahrung. „Der Fortschritt wird zu einer Art Naturprozeß, zu einem Gefälle der geschichtlichen Wirklichkeit ..., zu einem Katarakt ..., der aufwärts stürzt ... [Man] müßte in das paradoxe Bild die ganze Dynamik eines kataraktischen Geschehens hinein nehmen: Teils Ströme, die abbiegen, dann aber mit um so größerer Wucht in das allgemeine Bett zurück fluten, Wirbel, die aber in die allgemeine Richtung einbezogen bleiben, Gischt der aufschäumt, aber in den Sturz zurück sinkt – nur eben alles in der Richtung verkehrt, ein Sturz nach Oben."[22]

Doch auch solcher progrés réel als „Naturgeschehen" sucht nach seiner sinnhaft-ideellen und vielleicht auch wieder ideologischen Interpretation. Denn dem Kulturwesen Mensch als dem „nicht festgestellten Tier" bleibt keine Wahl: Er muß sinnhaft zu seiner Welt Stellung nehmen. Deshalb wird die Geschichte der Ideen, der davon abgeleiteten Parolen und womöglich Ideologien weiter gehen. Aber welche Götter dann sinnstiftend sein werden, nachdem zumindest im westlichen Europa das Christentum seine

[22] Freyer, Hans: Schwelle der Zeiten. Beiträge zur Soziologie der Kultur; Stuttgart; 1965; S. 298.

kulturprägende Kraft verloren hat *und* die Sinntraditionen säkularer Religion brüchig wurden, ist eine offene Frage.

Freilich scheint gegenwärtig, zumindest im westlichen Kulturraum, *eine* Ideologie kulturbestimmend: Eine Ideologie der ökonomischen Rationalität, deren offenes oder geheimes Dogma der gesellschaftliche Nutzwert ist: Der Triumph des Utilitarismus als Ideologie. Dies läßt sich gegenwärtig etwa an der Diskussion um die umwälzenden Entwicklungen der Bio- und Gentechnologie studieren. Es gehört zur Ironie der gegenwärtigen Diskussion, daß solche, auf den Nutzen als letzten Wert gegründete Ideologie sich heute selbst „Ideologiefreiheit" bescheinigt: „Ideologen" werden die genannt, die an dem alteuropäischen, in der Christentumsgeschichte entwickelten Verständnis vom Menschen als Person mit vorgängiger Würde und unverrechenbarem Wert festhalten.[23] Es wäre eine eigene Studie wert, zu untersuchen, inwieweit die Ideologie des Nutzens schon anfängt, Elemente ihrer Selbstsakralisierung zu entwickeln.

So oder so: Alle Kultur muß zu einer Antwort finden auf die Frage: Was ein Mensch ist? Die Antwort der säkularen Religion der politischen Ideologien ist zerschlissen. *Unsere* gegenwärtigen Antworten sind kulturell zersplittert, nicht zuletzt weil unsere Kultur weithin alle Bindungen zu ihrer Herkunft abgeschnitten hat.

---

[23] So hat der gegenwärtige Bundeskanzler den Kritikern einer verbrauchenden Embryonenforschung und des therapeutischen Klonens zum Zwecke gesellschaftlicher Nutzenvermehrung „ideologische Scheuklappen" unterstellt. Schnell folgte ihm damals sein eben das Amt antretende neuer Kulturminister: Julian Nidda-Rümelin gehörte als *Philosoph* einst zu den Kritikern eines reinen auf Nutzenkalkül setzenden utilitaristischen „Konsequentialismus": Nun als *Minister* vollzog er seine Wende: Da der Embryo keine Selbstachtung besitze, die ihm genommen werden könne, „läßt sich das Kriterium der Menschenwürde nicht auf Embryonen ausweiten". (Zit. nach: Frankfurter Allgemeine Zeitung; 4.1.2001; S. 41).

II. Gott im Grundgesetz: Der Gott, der niemand gehört

Die Präambel des Grundgesetzes der Bundesrepublik Deutschland beginnt mit der Aussage, daß das deutsche Volk kraft seiner verfassunggebenden Gewalt dieses Grundgesetz „im Bewußtsein seiner Verantwortung vor Gott und den Menschen“ beschlossen habe. Diese Invocatio Dei (Anrufung Gottes) ist in den vergangenen Jahren wieder Gegenstand eines öffentlichen Disputes geworden, nachdem Vertreter der politischen Öffentlichkeit die Streichung der Nennung Gottes aus der Verfassung forderten.

Studiert man die Argumentation der Befürworter einer Streichung Gottes aus der Verfassung, so läuft es im wesentlichen auf eine frühere Aussage des Theologen Wolfgang Ullmann hinaus, der, aus der ehemaligen DDR stammend, damals Bundestagsmitglied und Europaabgeordneter der Fraktion Bündnis 90/Die Grünen war:

„Eine Verfassung muß die Verfassung aller Bürger sein, der Gläubigen wie der Nichtgläubigen. Gerade die Präambel muß eine von allen tragbare Willensäußerung sein, die niemandes Willen vergewaltigen darf. Die Anrufung Gottes unterstellt hingegen, daß die Nichtgläubigen eine vernachlässigenswerte Ausnahme von der Regel seien.“

Die Verfassung unterstelle, so Ullmann weiter, Deutschland sei im wesentlichen ein christliches Land; dies sei angesichts der Tatsache, daß im Gebiet der ehemaligen DDR zwei Drittel der Bevölkerung keiner christlichen Kirche angehören, aber auch angesichts der zunehmenden Kirchenaustritte im Westen, nicht mehr haltbar. Die Nennung Gottes sei eine Verletzung der Religions- und Gewissensfreiheit und unvereinbar mit einem modernen pluralistischen Staatswesen.

In der Logik dieser Argumentation würde es liegen, die Invocatio Dei im Grundgesetz als Ausdruck einer vom Staat geforderten bekenntnispflichtigen Zivilreligion anzusehen, welche die Religions- und Gewissensfreiheit einschränkt, weil erst ihre Anerkennung die staatsbürgerliche Zugehörigkeit sichert. Eine solche Zivilreligion ist neuzeitlich auch tatsächlich zu konstruieren versucht worden und verbindet sich mit dem Namen Jean-Jacques Rousseau. Diese „religion civile" sollte angesichts der konfessionellen Spaltungen das Gemeinschaft ermöglichende Fundament bezeichnen. Dabei gilt: Das Toleranzgebot, gar das prinzipiell jederzeit einklagbare Recht auf Religionsfreiheit bezieht sich bei Rousseau ausdrücklich nicht auf die von ihm genannten zivilreligiösen Inhalte. Diese sind vielmehr bekenntnispflichtig und der Zivilreligionsdissident stellt sich als solcher selbst außerhalb der Gemeinschaft der Bürger und kann deshalb von Staats wegen verbannt werden: *Il peut le banir, pas comme impié, mais comme insociable.* (Er kann gebannt werden, nicht als unfromm, sondern als nicht gemeinschaftsfähig.)

Die Genese und Geschichte des säkularen Staates ist neuzeitlich freilich anders verlaufen und als „Prozeß religionspolitischer Aufklärung" zu beschreiben. Hier ist ein kurzer historischer Rückblick vonnöten.

Ein entscheidendes Ergebnis dieses Vorgangs religionspolitischer Aufklärung ist die endgültige Entkoppelung von religiöser Überzeugung und Bürgerrechten; insbesondere gehört es zum Kernbestand in der Entwicklung des säkularen Staates, daß – entgegen der Rousseauschen Zivilreligionskonstruktion – die Sicherung bürgerlicher Zugehörigkeit eben nicht mit zivilreligiöser Bekenntnispflicht sich verbindet. Diese Entstehungsgeschichte des säkularen Staates als Prozess religionspolitischer Aufklärung läßt sich historisch in drei Stufen darstellen[24]:

Als erste Stufe dieses Vorgangs der Säkularisation als historische Vorbedingung der Entstehung hin zum säkularen Staat, läßt sich schon der Investiturstreit (1057–1122) nennen, der im Ergebnis die entsakralisierende Auflösung der Einheit der res publica christiana (des christlichen Staates) war, verstanden als die eine heilige Ordnung, die noch keine Geschiedenheit von Geistlichem und Weltlichem, von Kirche und Staat kannte.

Die nächste Stufe, nun zu den unmittelbaren neuzeitlichen Konstitutionsbedingungen im Verhältnis von Religion und Politik

---

[24] Siehe hierzu: Böckenförde, Ernst-Wolfgang: Die Entstehung des Staates als Vorgang der Säkularisation; in: Säkularisation und Utopie. E. Forsthoff zum 65. Geburtstag; Stuttgart; 1967; S. 77 ff.

gehörend, ging aus der Erfahrung der konfessionellen Bürgerkriege des 16. und 17. Jahrhunderts hervor. Die nachreformatorische Glaubensspaltung zwang vor die Entscheidung, inmitten unterschiedlicher Bekenntnisse in einer gemeinsamen politischen Ordnung befriedet zusammenzuleben. Das Ergebnis war der Primat, ja die Suprematie der Politik gegenüber der Religion; denn erst so, indem sich die Politik über die Forderungen der streitenden Religionsparteien stellte, ließ sich für die Völker eine befriedete politische Ordnung herstellen. So entwickelte sich ein Friedenskonzept des bürgerlichen Friedens, der sein Fundament nicht mehr aus religiös begründeten Wahrheiten bezieht, sondern aus der staatlichen Gewährleistung der äußeren Ruhe und Sicherheit des Lebens, jenseits aller Konfessionsverschiedenheiten, die nun zu innerkirchlichen Angelegenheiten und in der Tendenz zu Fragen privater persönlicher Lebensführung der Gläubigen werden. Entpolitisierung der Religion und Religionsunabhängigkeit der Politik – dies sind die Stichworte, in denen sich das neue modernitätskonstituierende Verhältnis von Religion und Politik fassen lassen. Der Befund ist programmatisch ausgedrückt in dem Satz von Thomas Hobbes: *auctoritas non veritas facit legem* (Die Autorität, nicht die Wahrheit macht das Gesetz).

In der Konsequenz dieser Entwicklung hin zum säkularen Staat lag schließlich noch die dritte Stufe: Der Verfassungsstaat westlicher Prägung wird zur Garantiemacht prinzipieller Religionsfreiheit. „Die Religionsfreiheit als Freiheitsrecht enthält nicht nur das Recht, eine Religion privat und öffentlich zu bekennen, sondern ebenso das Recht, eine Religion nicht zu bekennen, ohne daß die staatsbürgerliche Rechtsstellung davon berührt wird." (Böckenförde) Hier also vollendet sich die „Weltlichkeit" und prinzipielle Religionsunabhängigkeit des Staates.

1. Religionsfreiheit des liberalen Verfassungsstaates

Der kurze Blick auf die Herkunftsgeschichte des säkularen Staates der Moderne stellt noch einmal die zentrale Bedeutung der Religions-, Glaubens- und Meinungsfreiheit als eines Grundelementes des liberalen Verfassungsstaates vor Augen – eines Staates, der bürgerliche Zugehörigkeit eben auch nicht von bekenntnispflichtiger

Zustimmung zu Beständen einer von ihm geforderten Zivilreligion abhängig machen kann.

Das vorläufige Zwischenergebnis unserer Überlegungen muß also lauten: Die Invocatio Dei im Grundgesetz wäre tatsächlich – ganz in der Logik der Verfechter ihrer Abschaffung – unvereinbar mit zentralen Errungenschaften des liberalen Verfassungsstaates, wenn sie Ausdruck bekenntnisfordernder Nötigung zum Gott, sei es des Christentums oder zum Gott staatlicher verordneter Zivilreligion wäre. Dann also wäre die Abschaffung der Gottesnennung im Grundgesetz eine nötige, den Liberalitätscharakter des Staats sichernde Forderung, ihre Beibehaltung ein Rückfall hinter den Bestand gelungener religionspolitischer Aufklärung.

Indes: Die reale Verlaufsgeschichte der säkularen Moderne und noch genauer: die Realgeschichte des Verhältnisses von Religion und Politik fügte sich eben nicht durchweg der Logik religionspolitischer Aufklärung.

Entpolitisierung der Religion und Religionsunabhängigkeit der Politik oder: auctoritas non veritas facit legem: Dies war das Programm religionspolitischer Aufklärung. Alsbald zeigte sich aber, daß *neue* Wahrheiten anstelle der alten traten, daß neue Heilsbotschaften und Erlösungshoffnungen das politische Handeln bestimmten und ihm die Ziele setzten. Es waren die säkularreligiösen Heilshoffnungen und Erlösungsziele eines politischen Messianismus, dessen grundstürzende Kraft zu den säkularen Gestaltungsmächten der neuzeitlichen Geschichte gehören. Dies begann schon mit der – wie Max Weber es nannte – „charismatischen Verklärung der Vernunft“ in der frühen Aufklärung und setzte sich fort mit den politischen Ideologien des 19. und 20. Jahrhunderts. Hier ging es um die politisch zu realisierende Wahrheit säkularer Religion. In ihren beiden Hauptformen, als nationale Befreiungs- und Einigungsbewegungen einerseits und als soziale oder politische Revolutionsbewegungen andererseits, haben sie Staaten geschaffen, zerstört oder verändert. So waren die alten Konfessionskriege nur abgelöst von den neuen, latent oder offenen Kriegen und Bürgerkriegen, geführt nunmehr im Namen der neuen Wahrheit säkularreligiöser Ideologien und Weltverständnisse.

So hat nicht die Selbstbegrenzung der Politik, sondern die politische Umsetzung der Programme säkularreligöser Wahrheiten den Weg der Moderne wesentlich bestimmt: Ein Weg der insoweit nicht zufällig in die totalitären Systeme des 20. Jahrhunderts führte, die als quasi säkulare Theokratien im Namen unbedingter ideologischer Geltungsansprüche ihrer totalitären Zugriff auf Staat, Gesellschaft und Person vollzogen.

Die Erfahrung des Totalitarismus ist denn auch das Stichwort, das auf die unmittelbare Themafrage zurückführt. Es ist bekannt und häufig beschrieben worden, daß die Entstehung des Grundgesetzes der Bundesrepublik Deutschlands in den unmittelbaren Erfahrungszusammenhang mit der totalitären Gewaltherrschaft des Nationalsozialismus und dem Zusammenbruch von 1945 hineingestellt ist – wie denn Verfassungen überhaupt nicht nur juristisch, sondern auch in ihrer historischen Genese zu verstehen sind.[25]

Ohne nun in die Einzelfragen der Entstehungsgeschichte des Grundgesetzes gehen zu können, läßt sich der Befund in der Formulierung des Bundesverfassungsgerichts zusammenfassen: „Gegenüber der Allmacht des totalitären Staates, der schrankenlose Herrschaft über alle Bereiche des sozialen Lebens für sich beanspruchte und dem bei der Beanspruchung seiner Staatsziele die Rücksicht auch auf das Leben des einzelnen nichts bedeutete, hat das Grundgesetz eine wertgebundene Ordnung aufgerichtet, die den einzelnen Menschen und seine Würde in den Mittelpunkt seiner Regelungen stellt."[26]

Aus dieser Zusammenfassung sind es insbesondere zwei Stichworte, die für unsere weiteren Überlegungen von Bedeutung sind: Im Grundgesetz geht es erstens um Abwehr der Allmacht des Staates, zweitens um eine wertgebundene Ordnung, in der die Würde des einzelnen im Mittelpunkt steht.

Selbstverständlich steht beides in einem inneren Zusammenhang. Denn die Würde des Menschen, seine Freiheit, die Auffassung vom Menschen als Person sind verletzt, wo der Staat in unbegrenztem Zugriff sich des Bürgers als ganzem Menschen bemächtigt. So gehört zur Selbstgrenzung des Staates und des politischen Handelns, daß das Mitglied des demokratischen Verfassungsstaates mehr ist und mehr sein kann, als bloßer Bürger. Frei-

---

[25] Vgl. Jellinek, Georg: Die Lehre von den Staatsverbindungen; Wien; 1882; S. 264.
[26] BVG, 39, 67.

lich lehren historische Erfahrung und Erinnerung – eben dies war eines der Ergebnisse unseres kurzen Blicks in die Geschichte des modernitätsbestimmenden Verhältnisses von Religion und Politik – daß staatliche Gewalt, insbesondere wo sie sich durch religiöse und ideologische Wahrheit legitimiert weiß, nicht zu Selbstbegrenzung, sondern zu totalitärer Allmacht neigt. So heißt die Frage: Wie läßt sich im demokratisch-liberalen Verfassungsstaat die Anerkennung der Würde des Menschen als höchsten Staatszweck und damit die staatliche Selbstbegrenzung sichern?

Hier muß die erste Antwort lauten: Der freiheitliche Rechtsstaat selbst kann dies eben nicht garantieren; dies ist das Risiko, das er eingegangen ist; vielmehr lebt – nach einer berühmt gewordenen Formulierung Böckenfördes – „der freiheitlich säkularisierte Staat von Voraussetzungen, die er nicht garantieren kann". Staatliche Selbstbegrenzung und Würde des Menschen sind solche Voraussetzungen, deren der freiheitliche Rechtsstaat zu seiner Legitimation und Integration bedarf. So ist in einer zusammenfassenden Formulierung Hermann Lübbes „Liberalität als Staatscharakter, die Strukturkonsequenz politisch ausdrücklich anerkannter und dann natürlich auch verfassungsmäßig vollzogener Nicht-Autarkie des Staates."[27]

Verfassungsmäßig vollzogene Nicht-Autarkie des Staates – dies meint: In der Verfassung bezieht sich der Staat auf die Voraussetzungen, aus denen er lebt und die er nicht selbst setzen kann. Die Anrufung Gottes im Grundgesetz ist symbolischer Ausdruck solcher Nicht-Autarkie des Staates. Die Nennung Gottes ist die symbolpräsentische Selbstverweisung des liberalen Staates auf seine legimatorischen Grundlagen, auf denen er ruht, die er selbst nicht schaffen und verwalten kann. Solcher Art sichert der demokratische Staat seine Selbstbegrenzung und schützt sich und das staatliche und politische Handeln vor den politischen Ansprüchen religiöser oder säkularreligiös-ideologischer Letztbegründungen, in deren Konsequenz – wie eingangs ausgeführt – der Weg in Totalitarismus und Terror liegt. So kann die Nennung Gottes, gerade als Ausdruck dessen, was nicht zur Disposition steht, was der prinzi-

[27] Lübbe, Hermann: Religion nach der Aufklärung; Graz/Wien/Köln; 1986; S. 322.

piellen Strittigkeit politischen Handelns entzogen ist, die religiöse oder ideologische Resakralisierung des politischen Systems verhindern helfen. Es ist eben der Name Gottes, elementarer Ausdruck des politischen Nichtdisponiblen und nicht ein heiliges Politbüro, das in der Präambel des liberalen Rechtsstaates steht, der sich in solcher Symbolpräsenz von der Formulierung letzter Legimitätsziele entlastet und so die Politik befreit hin zur Rationalität und Pragmatik politischen Handelns. Die Religionsunabhängigkeit der Politik – jener Bestand gelungener religionspolitischer Aufklärung – ist gerade dort erreicht, wo das politische System selber sich auf nichtdisponible Voraussetzungen außerhalb seiner selbst bezieht.

2. Der Gott, der niemand gehört

So ist die Nennung Gottes im Grundgesetz – ganz im Gegensatz zur Argumentationslogik der Verfechter ihrer Abschaffung – Ausdruck von Liberalitätsermöglichung und Liberalitätssicherung. Eine Voraussetzung hierfür ist allerdings, daß der Gott des Grundgesetzes niemand gehört. Er ist als „religiöses Implement der politischen Kultur" (Hermann Lübbe) weder an konfessionelle Zugehörigkeitsverhältnisse, noch an politische, gar parteipolitische Programme gebunden. Ein für das politische Handeln unmittelbar in Anspruch genommener und insoweit verfügbar gemachter Gott kann nicht der Gott des Grundgesetzes sein. Nur als der Unverfügbare, als der Gott der niemand gehört, kann er leisten, was er leisten soll.

Hierher gehört auch die inhaltliche Abstraktheit der Gottesformel. Eben nur als Invocatio Dei – genauer noch: als nominatio Dei – und nicht als inhaltlich bestimmtes Credo positiver Religion konnte „Gott" im Grundgesetz eines liberalen Rechtsstaates Aufnahme finden. Gerade dieser – inhaltsbezogen – Schwundstufencharakter des Präambelgottes ist notwendige Bedingung seiner Funktion. Erst so war es denn auch möglich und ganz konsequent, daß nach der vor Jahren beabsichtigten Abschaffung Gottes aus der niedersächsischen Landesverfassung, sich nicht nur Vertreter der christlichen Kirchen, sondern auch der jüdischen Gemeinden zur

Revision dieses Beschlusses zu einem Volksbegehren erfolgreich zusammenschlossen. Inzwischen wurde der Gottesbezug in die Landesverfassung wieder aufgenommen.

Sodann: Gott als Ausdruck des Nicht-Disponiblen, die Invocatio Dei im Grundtext des Staates als Verweis auf die Selbstbegrenzung des politischen Systems gegenüber einer Verabsolutierung der Staatsgewalt, steht in engem Zusammenhang mit Artikel 1 Grundgesetz: Die Würde des Menschen ist unantastbar. Die Würde der Freiheit des Menschen als Person gegen totale politische Verfügungsgewalt zu sichern, begründet den Zusammenhang von Präambel und Artikel 1. Die Nichtverfügbarkeit Gottes begründet die Nichtverfügbarkeit über den Menschen. Anders gewendet: Die Selbstbegrenzung des säkularen Staates, formuliert und festgehalten in der Gottes-Chiffre des Grundgesetzes, verbietet die totale und schließlich totalitär werdende Verfügbarkeit des ganzen Menschen durch Staat und Politik.

Schließlich – und mit all dem zusammenhängend: Wo von Gott die Rede ist, ist von der Endlichkeit des Menschen und der Vorläufigkeit seines Handelns die Rede. Insofern ist dem Grunddokument unseres Staates, eben indem es Gott beim Namen nennt, notwendig ein bestimmtes Bild vom Menschen inhärent. Zu diesem gehört, daß menschliches Handeln und eben auch politisches Handeln vorläufig, endlich und insoweit immer strittig ist. Dies freilich ist keine die Möglichkeiten politischen Handelns reduzierende, beschränkende Anthropologie – dies ist es nur vor den säkulartheologischen Programmen eines politischen Messianismus – vielmehr ist es eine zum politischen Handeln befreiende, und dieses sichernde, Anthropologie; oder in der Formulierung des Theologen Klaus Tanner: „Eben dieses Bewußtsein, die Akzeptanz der eigenen Endlichkeit, hat eine enorme politische Funktion. Sie ist die elementare Voraussetzung für politische Konsens- und Kompromißbildung.“[28]

Wie stellt sich der bisherige Befund in der Perspektive politischer und insbesondere protestantischer Ethik dar? Dazu abschließend drei Thesen, die jedoch fragmentarisch bleiben müssen:

1. Das Ergebnis religionspolitischer Aufklärung, nämlich die Unterscheidung von Religion und Politik, ist in der Per-

[28] Tanner, Klaus; in: Evangelische Kommentare; 5/1991; S. 263.

spektive evangelischer Sozialethik, genauer: politischer Ethik, nicht als illegitimes Ergebnis neuzeitlicher Säkularisierung zu verstehen, sondern liegt theologisch in einer bestimmten Konsequenz der reformatorischen Lehre von den zwei Reichen als den beiden Regierweisen Gottes. Deren Intention ist es, die Selbstständigkeit der Politik ebenso zu sichern, wie die der Religion. Dabei geht es um deren Unterscheidung, nicht um deren Trennung, oder gar um die Behauptung sich ausschließender Konkurrenz. Ein Sinn der Unterscheidung liegt eben in der beschriebenen Entlastung der Politik von den Letztbegründungen religiöser oder säkularer Erlösungshoffungen und Heilsziele und damit in der Befreiung hin zur Rationalität und Pragmatik politischen Handelns. So kann der Staat mit theologischer Begründung bleiben, was er neuzeitlich geworden ist: Nämlich Rechtsgemeinschaft, und muß nicht mehr werden, was neuzeitlich immer seine Gefährdung war: Heilsgemeinschaft.

2. In der Denkschrift der Evangelischen Kirche in Deutschland (EKD) von 1985 „Evangelische Kirche und freiheitliche Demokratie. Der Staat des Grundgesetzes als Angebot und Aufgabe" heißt es: „Die evangelische Kirche vertritt aus Gründen des Glaubens heute so wenig, wie sie das in der Geschichte getan hat, eine abstrakte, allgemeine Staatstheorie." Dies gilt selbstverständlich auch für den demokratischen Verfassungsstaat, der eben nicht identisch ist und identisch sein kann mit einem „christlichen Staat". Vielmehr gilt auch gegenüber dem demokratischen Verfassungsstaat die Unterscheidung zwischen dem geistlichen Auftrag der Kirche und dem weltlichen Auftrag des Staates. Gilt diese Unterscheidung gegenüber jeder Staatsform, so gibt es doch eine Beziehung zwischen dem neuzeitlichen demokratischen Verfassungsstaat und dem Christentum, die nicht bloß äußerlicher Natur, sondern inhaltlich bestimmt ist. Diese Affinität läßt sich in einer Formulierung des Münchner Theologen Trutz Rendtorff zusammenfassen: „Die in den Grundrechten der Verfassung verankerten Bestimmungen, insbesondere der Schutz der Würde des Menschen bilden zugleich den inneren, für das ethische und religiöse Verständnis wesentlichen

Zusammenhang zwischen dem christlichen Menschenbild und der Grundordnung einer rechtsstaatlichen Demokratie. Die Grundelemente des freiheitlichen Staates, die Achtung der Würde des Menschen, die Anerkennung der Freiheit und der Gleichheit sind Gedanken, die inhaltlich eine Konsequenz der biblischen Lehre von der Gottesbildlichkeit des Menschen darstellen."[29]

Noch genauer auf meine vorherigen Äußerungen zur Bedeutung der dem Grundgesetz inhärenten Anthropologie im Zusammenhang der Invocatio Dei bezogen: Die Selbstbegrenzung des Staates, die ihren Ausdruck in den Grundrechten der Verfassung findet, erlaubt eine Sicht des Menschen, der nicht in den, freilich auch geforderten, Loyalitätspflichten des Staatsbürgers aufgeht. Das Menschenbild der Verfassung verbietet die Reduktion des Menschen auf die bloße Staatsbürger-Mitgliedschaft oder gar bloße Mitgliedschaft einer Klassen- oder Volksgemeinschaft. Die Freiheit des Menschen als Person ist in verfassungsmäßiger Garantie staatlicher Verfügbarkeit entzogen. Dies beschreibt eine innere Nähe zur christlichen Auffassung vom Menschen, nach der der Mensch seine letzte Bestimmung nicht in totaler Vergesellschaftung, sondern in seinem Verhältnis zu Gott findet.

3. Christentum und Kirche kommt im liberalen Verfassungsstaat eine Aufgabe zu, deren Bedeutung intra muros der Kirche möglicherweise noch nicht wirklich erkannt ist. Sie ergibt sich aus einer Einsicht, von der im bisherigen Reflexionsgang noch gar nicht die Rede war: Der demokratische Staat hängt in seinen Grundrechtsvoraussetzungen selbst von der ethischen Kultur seiner Bürger ab. Der grundrechtsgebundene und damit eben auch zu religiöser und weltanschaulicher Neutralität verpflichtete Staat ist auf gesellschaftliche Kräfte und Mächte angewiesen, in denen lebendig gehalten wird worauf er selbst in seiner wertorientierten Verfassung ruht. Die Grundwerte der Verfassung (Freiheit und Würde des

[29] Rendtorff, Trutz: Zur Lage des Protestantismus: Religion ohne Institution?; in: Kirche als Heilsgemeinschaft – Staat als Rechtsgemeinschaft; Veröffentlichung der Hanns Martin Schleyer-Stiftung; Bd. 38; Köln; 1993; S. 124.

> Menschen als Person, Schutz des Lebens und so weiter) müssen kulturell zuhanden sein. Was gesellschaftlich nicht kulturkräftig ist, kann auch staatlich auf Dauer nicht garantiert sein. Bezogen auf den Gott der Präambel und seine vorher beschriebene freiheitsermöglichende und -sicherende Bedeutung heißt dies: Wo kulturell sich mit dem Namen „Gott" nichts mehr verbindet und auch noch die Erinnerung schwindet, daß Gott der Unverfügbare ist, oder auch daß Gott niemand gehört, kann auch die Präambel nicht mehr leisten, was sie soll.

Solches Verstehen von Gott ist in der kulturellen Gemengelage unserer unmittelbaren Gegenwart nachhaltig bedroht und bedarf neuer Sicherung. Zu nennen ist der Prozeß anhaltender Säkularisierung als ein Vorgang zunehmender Verdiesseitigung, in dem überhaupt die Rede von Gott, von Transzendenz und letzten Dingen ganz fremd und unverständlich wird. Zu nennen sind aber auch im Namen neuer religiöser Orientierungen auftretende Gottesverständnisse, die den abendländisch-christlichen Traditionsstrom der Auffassungen von Gott ablösen und in denen Gott eben nicht mehr als der Unverfügbare, sondern als Ausdruck eines höchst verfügbaren spirituellen Wegs menschlicher Selbstvervollkommnung erscheint. Eigens zu nennen sind Strömungen eines neuen „Fundamentalismus", in denen Gott unmittelbar zur politischen Realisierung religiöser Wahrheiten in Anspruch genommen wird.

Weil also der Staat von der ethischen Kultur seiner Bürger abhängt, bedarf es der Kirche als Hüterin der Rede von Gott. Dies nun gewiß nicht so, als ob solcherart Kirche zur Agentur zur Bereitstellung funktionaler religiöser Ressourcen zum Zwecke der Staatserhaltung erklärt werden oder gar sich selbst so verstehen dürfte. Vielmehr geht es in ihr um die Verkündung des in Christus offenbarten Gottes, um die Wahrheit des Glaubens. *Ohne* diesen Anspruch kann sie auch dem Staat nicht mehr geben, was er braucht. Der paradox klingende Befund heißt: Funktion für Staat und Politik, sozusagen öffentlichen Nutzwert wird christliche Religion nur haben, wo sie nicht um dieses Nutzens willen gelebt wird. Der Gott der Präambel als der Gott, der niemand gehört, kann nicht identisch sein mit dem von der Kirche gepredigten als dem in Jesus Christus offenbarten Gott. Er ist aber *auch* nicht ein den Christen fremder Gott. Als der Unverfügbare und deshalb die Unverfügbarkeit des Menschen sichernde Gott bleibt er ein kostbares Gut auch christlicher Ethik.

Exkurs: Amerika ist anders – Religion und Politik in den USA

Nähe und *Fremdheit* sind die Stichworte, die sich unausweichlich aufdrängen, wenn man kulturvergleichend den Blick auf Europa, insbesondere Deutschland und die USA richtet. Wie *nahe* uns die USA seit 1945 geworden sind, ließe sich allein schon an der alltagskulturellen Assimilation an den american way of life zeigen, die weit über Coke und Levis-Jeans hinausgeht. Solche Nähe ließe sich auch zeigen an der Übernahme wesentlicher Bestände politischer Kultur nach 1945. Diese machen, gewiß anfänglich befördert durch den amerikanisch-missionarischen Antrieb zur reeducation im Geiste eines demokratischen Universalismus hin zu „freedom and democracy", doch inzwischen Selbstverständnis und Selbstvergewisserung unseres eigenen politischen Gemeinwesens wesentlich aus. Nahe ist uns Amerika durch den weltweiten und gerade in unserem Land bereitwilligst beförderten Siegeszug der englischen Sprache als der lingua franca einer vermeintlichen Welteinheitskultur, die in Wirklichkeit doch eine vielfach amerikanisch dominierte ist; wie denn auch der kultursoziologisch derzeit häufig thematisierte Prozeß von Internationalisierung und Globalisierung sich bei genauerem Blick in wesentlichen Merkmalen als ein Prozeß eines sich globalisierenden Amerika darstellt. Solche die Nähe belegenden Beispiele ließen sich noch lange fortsetzen. Hierher gehört dann aber auch der ganz andere Hinweis, daß in den USA selbst sich zahlreiche Elemente und Spuren europäischen Kulturerbes finden, das die amerikanische Zivilisation vielfach geprägt hat. (So hat mir mein akademischer Lehrer Friedrich H. Tenbruck, selbst brillanter Amerikanist, einmal gesagt: „Wenn Sie wissen wollen, was die deutsche Universität einmal war, dann müssen

Sie zwei Orte aufsuchen: Die Universität Jerusalem und die New School for Social Research.")

Und doch bei aller Nähe: Amerika ist anders! Seine Fremdheit zeigt sich insbesondere an dem uns hier beschäftigenden Thema Religion und genauer noch: Religion und Politik. Hier bedarf es zunächst noch einmal des Hinweises: Unübersehbar ist in Westeuropa und eben auch in Deutschland der kulturelle Geltungsverlust des Christentums und die Entmächtigung seiner Herkunftsreligion. Ganz anders – wie ebenfalls schon erwähnt – ist die Lage und Stellung der Religion in den USA: Religion ist hier eine bestimmende Lebensmacht geblieben, die die Lebensführung von Millionen bestimmt und politische Gestaltungskraft ausübt. Davon konnte sich etwa bei der vergangenen Präsidentschaftswahl jeder überzeugen: Keiner der beiden Kandidaten hätte zur Wahl auch nur antreten können – ohne seinen tiefen religiösen Glauben, ja seine persönliche Bindung an Jesus Christus öffentlich und immer wieder neu zu bekunden. Und es hat zunächst gar nichts mit einer „civil religion" zu tun, sondern ist authentischer Ausdruck gelebter Religion, wenn etwa bei der Inauguration des neuen Präsidenten der Schwur auf die Bibel, Choral, ja das freie inbrünstige Gebet eines Geistlichen selbstverständlich dazugehört. Fremdheit: Denn man stelle sich nur den deutschen Bundeskanzler vor, der bei seiner Amtseinsetzung zu Bibel, Gebet und Choral griffe, ihm, dem bei seinem Amtseid noch nicht einmal die Formel „so wahr mir Gott helfe" über die Lippen kommt; ein Vorgang, der bei uns öffentlich kaum Jemanden auch nur zum Nachdenken über die religiöse Befindlichkeit unserer öffentlich-politischen Kultur anregte, in den USA aber nur Verständnislosigkeit, ja einen Entrüstungssturm auslösen würde. Man muß die Beispiele nicht fortsetzen, um den Befund zu belegen, der da heißt: Deutschland hat zwar „Volkskirchen", die aber sind entleert; Amerika, das herkunftsgeschichtlich eine „Volkskirche" nie kannte, hat jedoch bevölkerte Kirchen.

Wie aber erklärt sich diese tiefe religionskulturelle Differenz zwischen den USA und Westeuropa? *Eine* Erklärung jedenfalls scheidet aus: nämlich jene modernisierungstheoretische Annahme, daß die Religion als öffentliche Kraft mit zunehmender Modernisierung sich marginalisiere. Ließe sich die religiöse Bewegtheit in nahezu allen Ländern der sogenannten Dritten Welt gerade noch mühsam mit solchen alten Annahmen sozialwissenschaftlicher Religionstheorie als Kompensation mißlicher Lebensumstände durch Religion in vor- oder halbmodernen Gesellschaften deuten; im Falle der USA wird solche Theorie vollends hilflos; denn niemand käme auf die Idee, die USA ein Land zu nennen, in dem die Moderne noch nicht angekommen ist.

Um die besondere Lage und Stellung der Religion in den USA, näherhin das Verhältnis von Religion und Politik in Amerika zu verstehen, ist ein *geschichtlicher Rückblick* vonnöten, wobei folgende holzschnittartige Hinweise genügen müssen.

Zur ideen- wie auch realgeschichtlichen *Voraussetzung* der Entwicklung des liberalen Verfassungsstaates der säkularen westlichen Moderne – und damit Europas und der USA – gehört die Herausbildung des Grundrechtes „Religionsfreiheit". Doch schon hier zeigt sich die tiefgreifende realgeschichtliche und religionspolitische Differenz zwischen Europa und den USA.

In *Europa* erfolgte die Trennung von Staat und Kirche und die Festigung der Religionsfreiheit als Grundrecht in einem langen, emanzipatorischen Prozeß, der nicht nur, aber vielfach *gegen* die bestehenden alten Religionsmächte und Kirchen durchgesetzt werden mußte. Man denke etwa an die lange, bis ins zwanzigste Jahrhundert dauernde Distanz des Katholizismus zum Prozeß „religionspolitischer Aufklärung" oder in ganz anderen religionspolitischen und historischen Lagen, an das protestantische Staatskirchentum, wie denn überhaupt daran zu erinnern ist, daß die Trennung von Staat und Kirche im Falle Deutschlands erst in der Weimarer Reichsverfassung von 1919 weitgehend vollzogen wurde. Am Anfang aber stand – wie schon dargestellt – die staatlich-politische Unerträglichkeit der konfessionellen Bürgerkriege, die zur politischen Neutralisierung der Religion zwangen, deren Wahrheitsansprüche in den Bereich des Privaten abgedrängt wurden und den Staat zum Garanten religionspolitischer Neutralisierung machten. Trennung von Staat und Kirche, von Politik und Religion erfolgte also von *oben* her, sei es in laizistisch-aufklärerischer Absicht wie in Frankreich oder als staatlich garantiertes Sicherungsinstrument bürgerlichen Friedens, aber vielfach den alten Religionsmächten und Kirchen abgetrotzt.

Ganz anders auch hier die Lage in den USA: Hier waren es die religiösen Antriebe der Einwanderer selbst, die bestimmt von den Erfahrungen der Bedrückung europäisch absolutistisch-monarchistischer Staatskirchensysteme oder laizistisch-republikanischer Regime, zur Trennung zwischen Staat und Kirche drängten. Von *unten* her also, in religionsfreundlicher Absicht erfolgte das religionsrechtliche Trennungssystem in den USA, gewollt und vorangetrieben von Gläubigen, die endlich unabhängig von staatlicher Regelung frei ihres Glaubens leben wollten. So gewiß die amerikanische Verfassung auch von aufklärerischen Antrieben geprägt ist, – der religionskulturelle Sinn der Trennung von Staat und Kirche war nicht das Zurückdrängen, sondern die volle Ermöglichung ungehinderter Wirksamkeit der Religion. Plakativ in eine Formel gefaßt: Nicht um die Befreiung des Staates von den öffentlichen Wahrheitsansprüchen der Religion ging es, sondern um die Befreiung der Religion von staatlicher Bevormundung. Hier liegt der Wurzelgrund der vielbesprochenen religiösen Vitalität der amerikanischen Gesellschaft.

Freilich ist solcher Befund nur die eine Seite in der Betrachtung des amerikanischen Verhältnisses von Religion und Politik. Die andere verbindet sich mit dem Stichwort „civil religion". Zu Begriff und Sache „civil religion" (Zivilreligion) gibt es inzwischen eine ausgedehnte Literatur, ausgehend von einem Aufsatz des amerikanischen Soziologen Robert N. Bellah aus den achtziger Jahren. Es überstiege den Rahmen dieses Exkurses, darauf näher einzugehen, zumal die Zivilreligionsthese in ihren theoretischen und empirischen Aspekten auf religions- kultur- und politiktheoretisch schlüpfriges Gelände führt. Vielmehr scheint mir zur Kennzeichnung des Gemeinten der Begriff „religiös-politischer Messianismus" zumindest vorläufig geeigneter.

Worum geht es? Schon Alexis de Toqueville hat davon gesprochen, daß „alle Amerikaner tief davon überzeugt sind, daß ein religiöser Glaube unerläßlich ist für die Aufrechterhaltung republikanischer Institutionen." So ist die Trennung von Staat und Kirche, von Religion und Politik im beschriebenen religionsbefördernden Sinn das eine, das *andere* aber ist eine religiöse Aufladung des politischen Handelns, in der die Vereinigten Staaten selbst zum Glaubensgut, zum Gegenstand politisch-religiös-messianischer

Heilsgeschichte werden. Ein religiös-politischer Messianismus also, gegründet auf ein spezifisch amerikanisches Sendungsbewußtsein, das von Beginn an den Prozeß der Staatsgründung begleitete und sich durch die Brüche und Stadien der amerikanischen Entwicklung in immer neuen Ausprägungen darstellt: Amerika als das amerikanische Israel, in das die Kinder Gottes in ihrem Exodus aus Ägypten, nämlich Europa geführt wurden; Amerika, das Licht unter den Völkern der Erde; dazu eine politisch-religiöse Erinnerungskultur, nämlich Memorialday, Thanksgivingday, die Declaration of Independence; dazu die Constitution als der heiligen Schrift der amerikanischen Heilsgeschichte, George Washington als der von Gott erwählte Moses, der sein Volk aus der Tyrannei in die Freiheit führte, und so weiter.

Die Wall of Separation, wie Jefferson die Trennung von Staat und Religion genannt hat, war immer auch begleitet durch eine religiöse Imprägnierung der US-amerikanischen politischen Kultur. Leicht ließe sich das politisch-religiöse Sendungsbewußtsein und die darauf gestützte Sendungsrhetorik durch hunderte von Beispielen von Beginn der Staatsgründung bis zur Inauguration Präsident Bushs belegen. Als ein Beispiel diene nur ein Zitat des ehemaligen Präsidenten Johnson, in dem besonders der alte Mythos des covenant (des freien Bundes) aufscheint:

„They came here – the exile and the stranger, brave but frightened – to find a place where a man could be his own man. They made a covenant with this land. Conceived in justice, written in liberty, bound in union, it was meant one day to inspire the hopes of all mankind; and it binds us still. If we keep its terms, we shall flourish."

Der religiös-politische Messianismus und die von ihm bestimmte Sakralisierung der Politik, diese eigentümliche Verbindung von Religion, Nation und Politik, läßt sich zugespitzt und von ironischen Untertönen nicht ganz frei, in folgendem Zitat des amerikanischen Soziologen Phillip Hammond zusammenfassen: „die dieser Allianz zugrundeliegende Ideologie läßt sich etwa auf folgende Kurzformel bringen:

1. Es gibt einen Gott.
2. Sein Wille ist durch die demokratischen Verfahrensweisen erkennbar.

3. Somit ist das demokratische Amerika Gottes wichtigstes Werkzeug in der Geschichte.
4. Die Nation ist die wichtigste Identitätsquelle des Amerikaners."

Wenigstens als Seitenbemerkung sei angeführt, daß diese amerikanische religiöse Überhöhung von Politik und Nation auch innerhalb der amerikanischen, vor allem liberalen Kulturintelligenz nicht ohne Kritik und Widerspruch geblieben ist. So hat schon um 1900 der amerikanische Philosoph William James, die vor allem biblisch überhöhte Sendungsrhetorik amerikanischer Politiker bezeichnet als „das unglaublichste und unglaubwürdigste Stück schleichdiebischer Schändlichkeit, das sich eine Nation jemals geleistet hat".

Auch in Europa ist man – mit dem alteuropäischen Blick aufklärungsgestimmter Intellektualität – schnell versucht, diese amerikanische religiöse Imprägnierung von Politik schnell unter Verdacht zu stellen – und manche Fragen gegenüber solch religiöspolitischem Sendungsbewußtsein drängen sich gewiß auch auf. Dennoch ist vor schnellfertigem Urteil zu warnen. Denn die Geschichte auch Europas, zumal im vergangenen zwanzigsten Jahrhundert, wurde auch geschrieben im Zeichen eines politischen Messianismus und einer bestimmten Sakralisierung der Politik. Doch waren es hier die Verheißungen und Erlösungsprogramme säkularreligiöser Ideologien, wie insbesondere des Nationalismus, Faschismus und Kommunismus, die auch im Namen politischer Religion auftraten. Der politische Totalitarismus Europas im zwanzigsten Jahrhundert, mit seinen Vernichtungslagern und seinen Hekatomben von Opfern, exekutierte sein Programm im Namen einer politischen Religion: Die säkularreligiöse Überhöhung von Volk und Rasse, von Partei, Kollektiv oder Klasse haben die Unheilsgeschichte Europas im zwanzigsten Jahrhundert wesentlich bestimmt. Der Frage also ist nicht auszuweichen, – sie wäre einer eigenen langen Studie wert, soll aber als Frage wenigstens genannt sein: Warum hat der religiös-politische Messianismus in den USA am Ende immer freiheitssichernd gewirkt, der säkulare politische Messianismus in Europa aber in die Katastrophen des zwanzigsten Jahrhunderts geführt? Es geht nicht um die Frage, was eine Zivilreligion ist, vielleicht nicht einmal, ob es einer solchen, sei es in den USA, sei es in Europa, bedarf. Es geht um die Frage: Wie läßt sich Freiheit und Liberalität des demokratischen Verfassungsstaates sichern? Ob es für einen Rechtsstaat, der ja keine „Heilsgemeinschaft" zu sein braucht eines religionsartigen „Glaubens" an die Demokratie bedarf, kann man sicher sehr strittig diskutieren. Doch – wie es scheint immer noch – ist es gerade dieser Glaube, der Amerikas Freiheit trägt.

Der deutsche, nach Amerika emigrierte Theologe Paul Tillich hat 1942 in einer Rundfunkrede über die „Stimme Amerikas", gerichtet an die deutsche Opposition, den Glauben Amerikas an die Demokratie zusammengefaßt: „Das Wort ‚Demokratie' hat keinen Zauber für euch, auch nicht für die unter euch, die erbitterte Feinde des Nationalsozialismus sind. Ihr könnt ja nicht verstehen, wie für einen Amerikaner, ja, man kann ohne Übertreibung sagen, für jeden Amerikaner, das Wort Demokratie etwas Heiliges, Letztes, Großes bedeutet, an das er glaubt, für das er kämpft, für das er bereit ist zu sterben. Er kann es schwer ertragen, wenn jemand verächtlich über Demokratie spricht. Er empfindet es wie die Antastung von etwas Geheiligtem. Ich, der ich eure Erfahrungen mit der Demokratie teile und eure Gefühle ihr gegenüber verstehe, möchte euch etwas über den *Glauben der Amerikaner an die Demokratie* sagen. Ihr sollt verstehen, was dieses Wort hier bedeutet, wieviel mehr es hier bedeutet als in Europa und wieviel tiefer es in den Seelen der Menschen verwurzelt ist."

III. Der Mensch als „Person". Annäherungen an Grundfragen der Bioethik

1. Vorbemerkungen

Die Frage nach dem richtigen Handeln und seiner Begründung, also die ethische Frage, entsteht insbesondere immer dann, wenn die Selbstverständlichkeit moralischen Verhaltens brüchig geworden ist. Dies ist vor allem dann der Fall, wenn durch die fortschreitende Zivilisationsdynamik ganz neue strukturelle und kulturelle Lagen entstanden sind, denen mit den Antworten überlieferter Moral und ihren ethischen Begründungen – zumindest nicht mehr ohne weiteres und bruchlos – zu begegnen ist.

Vor einer solch neuen Lage steht die Begründung heutiger Ethik, etwa angesichts der embryonalen Stammzellenforschung, aber auch durch die prinzipiellen Möglichkeiten der Gentechnologie. Insbesondere steht das überlieferte Verständnis des Menschen als „Person" zur Disposition, wenn etwa die genetische Veränderung der Keimbahn die personale Identität des Menschen berührt oder gar bisherige Spezies-Grenzen überschreitet. Hier stellt sich – in philosophischer und theologischer Perspektive – die Frage nach dem Personsein des Menschen neu – als Voraussetzung gegenwärtigen ethischen Handelns.

2. Der Mensch als „Person": Bemerkungen zur Herkunftsgeschichte des Begriffes

Wann haben die Menschen entdeckt, daß sie „Personen" sind? Dem genauer nachzugehen wäre eine kulturhistorisch und kulturanthropologisch spannende Forschungsaufgabe, die hier nicht angegangen werden kann. Im folgenden geht es um die bloße Feststellung einiger der Traditionslinien, die in der abendländischen Geistesgeschichte besonders wirksam waren und den Begriff „Person" bis heute prägen.

a. Das lateinische „persona" bezeichnete in der römischen Antike die Maske, dann die Rolle des Schauspielers. Schon diese wortgeschichtliche Herkunft des Begriffes deutet auf einen elementaren Befund, der dem Wort seitdem anhaftet: Menschen sind Personen, da sie in einem Verhältnis zu sich selbst stehen. So beruht das Verständnis vom Menschen als Person auf der kulturanthropologischen Einsicht, daß der Mensch – im Gegensatz zum Tier – das sich zu sich selbst verhaltende Wesen ist; oder in der berühmten Formulierung Kierkegaards zu Beginn seiner Schrift „Die Krankheit zum Tode": „Das Selbst ist ein Verhältnis, das sich zu sich selbst verhält". So bezeichnet Person zunächst das *Selbst* des Menschen. Deshalb auch meint „Person" in der abendländischen

Tradition: der Mensch ist sich selbst eine Aufgabe; erst so kann auch sein Lebens*geschick*, also die Summe der ihm blind zustoßenden Ereignisse, in sinnhafter Verarbeitung zu seiner *eigenen* Lebens*geschichte* werden.

b. Sodann meint „Person" die unverwechselbare *Individualität* des Menschen. Läßt sich „Mensch" als Bezeichnung einer Gattung auffassen, so ist „Person" der je einzelne. Menschen sind wir alle, Person bin immer nur ich. Diese Individualitätszuschreibung war Ergebnis vor allem der christlichen Bestimmung des Menschen, die diejenige der vorchristlichen Antike ablöste: Der einzelne Mensch als das Gegenüber Gottes, der sein je eigenes Heil oder Unheil in diesem Gottesverhältnis gewinnt oder verliert. Die klassische Definition dieser Individualitätszuschreibung vom Menschen als Person findet sich im 6. Jahrhundert bei Boethius: Persona est naturae rationalis individua substantia. Diese Auffassung von Person als geistiger Individualität blieb – ob mit christlich-naturrechtlicher oder aufklärerisch-naturrechtlicher Begründung – bis in die Neuzeit wirksam, so auch in Humanismus und Aufklärung. Im deutschen Idealismus bezeichnete dessen Zentralbegriff „Selbstbewußtsein" den Kern des individuellen Personseins des Menschen.

c. Eine weitere Traditionslinie versteht Person als *Relation*. Auch dieses relationale Verständnis von Person hat eine christentumsgeschichtliche Wurzel. Vor allem ist es eine bestimmte trinitätstheologische Auffassung, vorgebildet in der altkirchlichen Christologie, insbesondere bei Tertullian und erstmals systematisch ausgeformt bei Augustin: Der Vater ist Vater nur in Relation zum Sohn, der Sohn nur Sohn in Bezug auf den Vater. Das Wesen des Vaters ist sein Verhältnis zum Sohn, das Wesen des Sohnes dasjenige zum Vater. Neuzeitlich ist dieses Relationsverständnis von Person insbesondere von Hegel begründet worden. In seiner Religionsphilosophie greift Hegel – bezeichnenderweise – wiederum das trinitarische Problem auf: wie ist Gott in Dreiheit und doch als einer zu denken? Den Einwänden des Verstandes gegen die Unmöglichkeit einer Einheit in Dreiheit begegnet Hegel durch das Argument, daß es eben das Wesen der Person sei, sich selbst an ein Gegenüber hinzugeben und gerade im *Andern* sich *selbst* zu gewinnen. Im 20. Jahrhundert waren es insbesondere Ferdinand Ebner und Martin Buber, die das relationale Verständnis von Person zu einem „dialogischen Personalismus“ fortentwickelt und neu begründet haben. Der Gedanke setzte sich auch ansonsten in der neueren Philosophie – natürlich mit jeweiliger Eigenprägung – durch (Cohen, Rosenzweig, Litt, Löwith, Grisebach und Jaspers) und hat auch in theologischen Entwürfen, besonders der neueren protestantischen Theologie (Gogarten, Brunner) Aufnahme gefunden.

d. Zum neuzeitlichen Verständnis vom Menschen als Person tritt eine weitere Kategorie hinzu: Die *Würde* des Menschen als Person. So ist in den verschiedenen Verfassungstexten demokratischer Staaten an zentraler Stelle die Rede von der Würde des Menschen. So heißt es zum Beispiel in Artikel 1 des Grundgesetzes der Bundesrepublik Deutschland als Voraussetzung der weiteren Grundrechte: Die Würde des Menschen ist unantastbar.

In der westlichen geistesgeschichtlichen Tradition ist diese Vorstellung von der personalen Würde des Menschen wiederum insbesondere naturrechtlich begründet worden; sei es durch einen theologischen Naturrechtsbegriff vor allem katholischer Prägung oder durch ein rational begründetes Naturrecht im Denken der Aufklärung.

Am fundamentalsten und distinktesten findet sich die Auffassung von der Würde des Menschen als Person bei *Immanuel Kant*, wobei folgende Kurzzusammenfassung genügen muß. Auch Kant bestimmt zunächst Person als das individuelle unverwechselbare Selbst. So steht schon zu Beginn seiner „Anthropologie“ in programmatischer Absicht der Satz: „Daß der Mensch in seiner Vorstellung das Ich haben kann, erhebt ihn unendlich über alle anderen auf Erden lebende Wesen. Dadurch ist er eine Person und, vermöge der Einheit des Bewußtseins bei allen Veränderungen, die ihm zustoßen mögen, eine und dieselbe Person, d.i. ein von Sachen, dergleichen die vernunftlosen Tiere sind, mit denen man nach Belieben schalten und walten kann, durch Rang und Würde ganz unter-

schiedenes Wesen ..." (Anthropologie § 1). In dem Zitat klingt schon an, was dann – nach Kant – das Wesen des Menschen als Person bestimmt: seine Würde. Für Kant ist der Mensch als moralisches Wesen der Endzweck der Schöpfung. Endzweck soll dabei heißen „derjenige Zweck, der keines anderen als Bedingung seiner Möglichkeit bedarf" (Kritik der Urteilskraft, § 82). „Endzweck", „Zweck an sich selbst" – dies meint, das Personsein des Menschen besteht darin, daß er nicht bloße Sache ist, die als „Mittel" für irgendwelche Zwecke dienen könnte: „Die Wesen, deren Dasein zwar nicht auf unserm Willen, sondern der Natur beruht, haben dennoch, wenn sie vernunftlose Wesen sind, nur einen relativen Wert, als Mittel, und heißen daher Sachen, dagegen vernünftige Wesen Personen genannt werden, weil ihre Natur sie schon als Zwecke an sich selbst, d.i. als etwas, das nicht bloß als Mittel gebraucht werden darf, auszeichnet, mithin sofern alle Willkür einschränkt und ein Gegenstand der Achtung ist." (Kritik der reinen Vernunft, 2. A., tr. Dial., 2.B. 1.H., 3. Paralogismus)
So sind Personen „Zwecke an sich selbst". Nur der Mensch läßt sich als solcher Zweck bestimmen. Genau dies macht seine Würde aus. Im Reich der Zwecke nämlich hat alles seinen Preis oder seine Würde. Was aber einen Preis hat, an dessen Stelle kann auch etwas anderes als Äquivalent gesetzt werden; was dagegen – äquivalentlos – über allen Preis hinausgehoben ist, das hat eine Würde: nämlich der Mensch, der Zweck an sich selbst (vgl. Grundlegung zur Metaphysik der Sitten, 2. Abschn.). So ist es das Ziel der sittlichen Pflicht, die Würde seiner selbst als Person zu erkennen und die Pflicht gegenüber allen Menschen besteht darin, ihre Menschenwürde zu bewahren.

Das in der Tradition abendländischer Geistesgeschichte dominierende Verständnis vom Menschen als Person läßt sich somit kurz *zusammenfassen*: Person meint das je unverwechselbar Eigene des Menschen. Dies ist freilich immer in seiner Relationalität zu denken. Das heißt – was sich wiederum theologiegeschichtlich, insbesondere trinitätstheologisch zeigen ließe –, daß weder der Individualitätsgedanke noch das relationale Verständnis sich gegeneinander isolierend und verabsolutierend verstanden werden dürfen. Das unverwechselbar Eigene – das meint, daß der Mensch als Person nicht nur immer in seine Sozialität und Relationalität hineingestellt ist, vielmehr sich darin erst bildet. Dazu tritt die Würde des Menschen als Person. Ob nun mit Kantscher, schöpfungstheologischer oder naturrechtlicher Begründung: Die Rede von der Personenwürde des Menschen meint, daß vom Menschen als einem Wert an sich zu denken ist und er nicht bloß funktional oder unter dem Gesichtspunkt von Verzweckung zu bestimmen ist. Gerade die Erfahrungen mit den totalitären Systemen dieses Jahrhunderts haben uns neu belehrt, was Verzweckung des Menschen im Namen politischer Heilslehren bedeuten kann. Dagegen steht die humane und humanisierende Bedeutung der abendländischen Bestimmung des Menschen als Person – ein Kulturbestand, den zu erhalten oder vollends ganz zu verlieren über die humane Zukunft westlicher Gesellschaften mitentscheidet.

Eine der Fragen, um die es hierbei aktualitätsbestimmt geht, ist, ob sich die Evolutionsdynamik medizinischer, biochemischer oder gentechnologischer Erkenntnisfortschritte und deren kulturelle Folgelasten noch im Raster und Verstehenshorizont der bisherigen abendländischen Auffassungen vom Menschen als Person fassen lassen.

3. Der Mensch als „Person" in der bioethischen Diskussion: Hinweise und Anfragen

Zunächst bedarf es eines allgemeinen Hinweises: Technologischen Entwicklungen ist generell eigen, daß sie in ihrem Vollzug *neue*, bislang dem Menschen nicht zugehörige Bedürfnislagen selbst schaffen; ein Vorgang, den schon Arnold Gehlen klar gesehen hat: „Technik stellt erfinderisch Mittel bereit für nicht vorhandene Zwecke oder Bedürfnisse, die sie selbst erst miterzeugt, weil sie noch niemand fühlt."[30]

Dies gilt selbstverständlich auch für die stürmisch sich entwickelnden medizinisch-technologischen Entwicklungen. So wäre

[30] Gehlen, Arnold: Urmensch und Spätkultur; Frankfurt/Bonn; 1964; S. 13.

es noch vor Generationen nicht nur undenkbar gewesen, sondern eine nur Verwirrung und Mühsal erzeugende, weil den inneren Seelenhaushalt weit übersteigende Vorstellung gewesen, durch pränatale Diagnostik Eltern vor die Entscheidung zu stellen, ein Kind zu wollen oder abzutreiben. Dies sieht heute ersichtlich anders aus. Anders gewendet: Der technologische Fortschritt webt selbst mit an neuen kulturellen Interpretationsmustern, die auf die neuen Lagen Antwort zu geben beanspruchen. Dies läßt sich auch zeigen an der Vorstellung vom Menschen als Person. Ein Beispiel hierfür liefert das Aufkommen des sogenannten Hirntod-Kriteriums als Kriterium des menschlichen Todes.

3.1 Das Hirntod-Kriterium: Neudefinition des Menschen als „Person"

Am 5. August 1968 veröffentlichte die sogenannte „Harvard-Kommission" der Harvard Medical School eine Erklärung, die den Hirntod als neue Todesdefinition einführte – eine Definition, die seitdem in den meisten Ländern des Westens Einzug hielt. In der Harvard-Erklärung heißt es: „Unser primäres Anliegen ist, das irreversible Koma (coma dépassé) als neues Todeskriterium zu definieren. Es gibt zwei Gründe für den Bedarf an einer neuen Definition:

1. Der medizinische Fortschritt auf den Gebieten der Wiederbelebung und der Unterstützung lebenserhaltender Funktionen hat zu verstärkten Bemühungen geführt, das Leben auch schwerstverletzter Menschen zu retten. Machmal haben diese Bemühungen nur teilweisen Erfolg: Das Ergebnis sind dann Individuen, deren Herz fortfährt zu schlagen, während ihr Gehirn irreversibel zerstört ist. Eine schwere Last ruht auf den Patienten, die den permanenten Verlust ihres Intellekts erleiden, auf ihren Familien, auf den Krankenhäusern und auf solchen Patienten, die auf von diesen komatösen Patienten belegten Krankenhausbetten angewiesen sind.
2. Überholte Kriterien für die Definition des Todes können zu Kontroversen bei der Beschaffung von Organen zur Transplantation führen."[31]

[31] Zit. nach Lermann, Gisela: Ungeteilt sterben – Kritische Stimmen zur Transplantationsmedizin; Mainz; 1996; S. 17.

Ohne die komplexen medizinischen und daran anschließenden ethischen Diskussionslagen hier auch nur skizzieren zu können, ist zunächst festzuhalten:

1. Das Ineinssetzen von Hirntod und Tod ist keine Fortentwicklung bisheriger traditionaler Todeskriterien, nach denen ein Mensch nach irreversiblem Stillstand aller Organe und Körperfunktionen „tot" ist, sondern stellt einen Bruch mit dieser Tradition dar: Der Mensch ist tot, wenn seine Hirnfunktion irreversibel abgestorben ist, *auch* wenn seine übrigen Organe weiter „lebendig" sind.
2. Explizit wird, wegen der neu aufkommenden Transplantationsmedizin der sich daraus ergebende Bedarf an Spenderorganen als Begründung zu dieser Neudefinition des Todes angeführt.

Hier interessiert – im Zusammenhang unserer Fragestellung – an diesem Beispiel vor allem der Umstand, daß diese neue Todesdefinition notwendig eine neue Bestimmung vom Menschen als Person nach sich zieht. So mußte es zunächst darum gehen, den Hirntoten nicht mehr als „Person" zu verstehen. Grundlage hierfür ist es, „Person" so zu definieren, daß der Hirntote, also der qua Definition tote Mensch nicht mehr als Person gedacht werden kann. So wird zum Beispiel der Status einer Person nur noch *Handlungsfähigen* zuerkannt. Folgerichtig können „Nicht-Handlungsfähige nicht Träger einer Personenwürde und der durch sie begründeten konstitutiven Rechte sein."[32] Dieses dem Hirntod-Kriterium folgende Personenkonzept bindet das Personsein des Menschen also an bestimmte Eigenschaften, wie Rationalität, Selbstbewußtsein und Handlungsfähigkeit.

Sofort stellt sich dann die Frage, welchen Status der noch lebende Körper eines Menschen hat, der zwar über keine Hirnaktivitäten mehr verfügt, dessen andere Körperfunktionen (Atmung usw.) noch fortbestehen, der also offenkundig nicht „Leichnam"

[32] Steigleder, Klaus: Die Unterscheidung zwischen dem „Tod der Person" und „Tod des Organismus" und ihre Relevanz für die Frage nach dem Tod eines Menschen; in: Hoff, Johannes/in der Schmitten, Jürgen: Wann ist der Mensch tot? Organverpflanzung und Hirntod-Kriterium; Reinbek; 1995; S. 111.

genannt werden kann. Die Antwort muß konsequenterweise lauten: „In solchen Fällen haben wir es nach dem irreversiblen Verlust von Rationalität, Bewußtsein und Selbstbewußtsein mit einem (noch) lebenden oder sterbenden Organismus, aber nicht mehr mit dem Organismus eines Sterbenden [im Sinne einer Person] zu tun: Der Organismus ist nicht mehr Leib der Person, sondern war Leib der Person."[33]

Das angedeutete Beispiel zeigt zunächst: Wir müssen uns von der Vorstellung ganz freimachen, die technologischen und eben auch biomedizinisch-technologischen Entwicklungen selbst wären frei von kulturellen, näherhin ethischen Interpretationen. Vielmehr sind sie ständig hineinverwoben in die Vorannahmen von Welt- und Menschenbildern, die den neuen Entwicklungen Sinn und ethische Legitimation verleihen sollen. In polemischer Überspitzung ließe sich formulieren: Die fortschreitenden Technologien suchen sich die zu ihnen passende Ethik – auch wenn diese dann zum Beispiel die tradierten Auffassungen vom Menschen als Person umformuliert, neu interpretiert oder ihnen gleich ganz den Abschied gibt.

Denn in den Horizont der abendländischen Überlieferung vom Menschen als Person läßt sich die Personendefinition der Hirntod-Befürworter nur schwerlich einfügen. So ist zu fragen, ob die Erklärung des Hirntoten zur Nicht-Person, zum lebendigen Leichnam, noch in Übereinstimmung steht mit dem Eigenwert, der Nicht-Verzweckung, also der Würde des Menschen. Die Frage nach Verzweckung und Instrumentalisierung stellt sich zumal dann, wenn explizit mit dem Bedarf an intakten Spenderorganen argumentiert wird. Genauso läßt sich fragen, ob eine personenkonstituierende Relationalität, eine Ich-Du-Beziehung nicht fortbesteht auch zu dem „Hirntoten", aber noch atmenden und in den Augen von Angehörigen als noch lebend und als personales Gegenüber angesehenen Menschen?

Solche Fragen, zumindest als *Fragen* offen zu halten, wäre Aufgabe heutiger ethischer Argumentation; einer ethischen Argumentation freilich, die auch der moralischen Ambivalenz der anstehenden und durch die medizinische Fortschrittsdynamik sich ständig ausweitenden Problemlagen nicht ausweicht; zum Beispiel auch

[33] Ebd.

der Frage nicht ausweicht, ob die Pflicht Leben zu erhalten, in entsprechenden Fällen nicht zur Bereitstellung nötiger Spenderorgane zwingt. Die Frage wenigstens offen zu halten, bedeutet aber auch die Erinnerung festzuhalten, was abendländisch einmal gemeint war, wenn der Mensch als Person gedacht wurde und welchen humanen Verlust es bedeutete, wenn auch noch die Erinnerung daran sich endgültig verflüchtigte.

Denn schon stehen ethische Problemlagen ganz anderer Dimension an. Zu nennen sind die schon möglichen oder kurz bevorstehenden Eingriffsmöglichkeiten in die menschliche *Keimbahn*. Auch sie werden ihre ethische Begründung suchen und werden sie finden. Abzusehen ist schon jetzt, daß diese in hartem Gegensatz zur überlieferten Auffassung vom Menschen als Person werden stehen müssen.

Summarisch und in grobem Zugriff seien hierzu nur folgende Punkte festgehalten:[34]

a. Eine Keimbahntherapie – wenn Therapie hierfür noch ein gültiger Begriff sein kann – setzte eine verbrauchende Embryonenforschung voraus; so daß zum Beispiel zu fragen ist, wie dies mit dem wertethischen Grundgedanken prinzipiellen Lebensschutzes und der Nicht-Verzweckung menschlichen Lebens in Einklang zu bringen ist.
b. Die genaueren Auswirkungen eines Keimbahneingriffs, auch in seinen möglichen Negativ- und Spätfolgen wären für den Betroffenen nicht wirklich vorhersehbar; sie wären irreversibel und könnten sich womöglich erst in kommenden Generationen erweisen. „Es ist also die Gefahr unvorhersehbarer, fehlschlagender Humanexperimente zu sehen.“[35] Dem würde der Gedanke der unveränderbaren Würde des Menschen als Person entgegenstehen.
c. Wenn zum Konstituens der Auffassung vom Menschen als Person die Relationalität, zum Beispiel die Ich-Du-Beziehung gehört, könnte in Keimbahneingriffen, unter überzoge-

[34] Ich folge hier teilweise Kreß, Hartmut: Probleme um den Lebensbeginn, I. humangenetische Aspekte; in: Hertz, Anselm/Korff, Wilhelm/Rendtorff, Trutz/Ringeling, Hermann: Handbuch der christlichen Ethik; Freiburg/Basel/Wien; 1993; Bd. 2; S. 26.

[35] Ebd.

ner Berufung auf die elterliche Verantwortung und Fürsorge für das Wohl der Kinder, eine genetische Prädisponierung und eine Heteronomie über die Nachkommen entstehen; dies bedeutete eine gleichsam einseitige Dominanz des Ichs der Eltern über das Du der Kinder.

3.2 Alte Träume in neuem Gewand. Die Perfektionierung des Menschen durch Gentechnologie

Im Juni 1998 fand in Los Angeles (Kalifornien) ein bemerkenswertes Symposium statt: „Engineering The Human Germline."[36] Auf diesem Symposium waren bekannte Mediziner, Molekular- und Evolutionsbiologen, darunter der Nobelpreisträger James Watson, versammelt. Bei den Beratungen ging es nicht mehr um die Frage, *ob* der Weg in die Keimbahntherapie zu gehen sei, diese Frage war entschieden; es ging nur noch um das Wie und das Wann. Das Besondere der Tagung war freilich, daß nur noch vordergründig die Chancen oder Risiken der Keimbahn*therapie* behandelt wurden; das eigentliche Ziel war es, die Möglichkeit einer genetischen *Verbesserung* des Menschen aufzuzeigen. Mit geradezu missionarischem Eifer wurden die Keimbahneingriffe als Mittel zur Perfektionierung und Optimierung *des* Menschen verkündet. Es ging um ein Heilsziel; nämlich den Menschen auf genetischem Wege nicht nur gesünder, sondern glücklicher, schöner und besser zu machen. Endlich habe der Mensch – wie der Molekularbiologe Lee Silver es in Los Angeles formulierte,- die Macht (power), seine Evolution selbst in die Hände zu nehmen.

Mit solchen Hoffnungen und Heilszielen kommen wir freilich auf vertrautes Gelände: Die Geschichte der okzidentalen Moderne war immer auch die säkularreligiöse Geschichte der Verheißung, den Menschen zu perfektionieren, ja den Neuen Menschen herzustellen. Hier waren es insbesondere die Verheißungen eines politisch-totalitären Messianismus, der Neue Mensch werde im revolutionären Umbruch in die Geschichte eintreten.

Die Realgeschichte solch innerweltlicher Theophanie des Menschen war aber immer auch eine Geschichte des Terrors und der

[36] Vgl. Bericht in: Frankfurter Allgemeine Zeitung; 29.7.1998; S. N1.

Ausmerzung des „alten“ Menschen, der den Weg hin zur schönen neuen Welt nicht mitgehen wollte. Vestigia terrent, die Spuren schrecken, wenn nun im Namen eines gentechnologischen Messianismus der Weg hin zum Neuen Menschen erneut versucht werden sollte.

Nicht *daß* es Gentechnologie und das technologische Wissen zu Keimbahneingriffen gibt, ist das humane Problem, das vielmehr in der Frage besteht, mit welchen kulturellen Interpretationen und Botschaften diese Möglichkeiten begleitet sein werden.

Hier ist an die nüchterne Einsicht Max Webers zu erinnern: „Alle Naturwissenschaften geben uns Antwort auf die Frage: Was sollen wir tun, wenn wir das Leben technisch beherrschen wollen? Ob wir es aber technisch beherrschen sollen und wollen, und ob das letztlich eigentlich Sinn hat: – das lassen sie ganz dahingestellt oder setzen es für ihre Zwecke voraus.“[37] Wenn aber die Wissenschaft sich anschickt, selbst zur sinnstiftenden Prophetin der Heilslehre vom perfekten Menschen zu werden, dann gilt es das Gedächtnis an eine andere Tradition zu bewahren, die das abendländische Denken vom Menschen immer auch begleitet hat: Die Würde des Menschen als Person – das heißt auch, die Endlichkeit und Unvollkommenheit des Menschen anzuerkennen, die ihm erst Würde und Wert verleiht. Dieses Wissen findet sich schon im alten Griechenland, also an der Wiege der europäischen Kultur, so etwa in der Ode Pindars: „Sterbliches gebührt Sterblichen nur.“[38] Oder es ist für Albert Camus „die einzige Wahrheit, die heute originell ist: „Um Mensch zu sein, sich weigern, Gott zu sein.“[39] Dieses Wissen ist schließlich auch bewahrt im Christentum, dem das Selbstvergottungsstreben des Menschen dessen eigentlicher Sündenfall ist. *Ob* dieses Wissen neu kulturkräftig werden kann oder seine Kraft endgültig verloren hat, ist eine der heute entscheidenden Kulturfragen.

---

[37] Weber, Max: Wissenschaft als Beruf [Nachwort von Friedrich H. Tenbruck]; Stuttgart; 1995; S. 27.

[38] Pindar, Isthmische Oden, V., 14–16.

[39] Camus, Albert: Der Mensch in der Revolte; Reinbek; 1969; S. 248.

4. Embryo und Menschenwürde: Wann ist ein Mensch ein Mensch?

Die Frage: „Wann ist ein Mensch ein Mensch?“ ist die Grundfrage der gegenwärtig in den einschlägigen Wissenschaften und Feuilletons breit geführten Debatten um die Möglichkeiten der Biotechnologie. Hierbei zeigt sich: Bisherige ideologiepolitische Positionen (z.B. Liberalismus – Konservativismus, progressiv – reaktionär usw.) sind überholt. Gegenüber einer verbrauchenden Embryonenforschung wird z.B. mit Positionen der Aufklärung (Kant!) *und* des katholischen Naturrechts argumentiert. (Also: Habermas *und* die katholischen Bischöfe!). So ist eine neue positionelle Gemengelage entstanden, die bisherige ideologisch fixierte Positionen, denen sich die Kulturintelligenz sicher war, obsolet werden läßt. Eine der entscheidenden Fragen wird künftig sein, ob angesichts der Eigenlogik der Forschung und des herrschenden „therapeutischen Imperativs“ und der Ideologisierung menschlichen Glücks und Nutzens, die im Christentum *und* Aufklärung bewahrte Auffassung vom Menschen sich kulturell wird behaupten können, die etwa einer verbrauchenden Embryonenforschung oder dem reproduktiven Klonen sich verweigern muß.

Eine, wenn nicht die zentrale Grundfrage der gegenwärtigen bioethischen, biopolitischen und biotechnologischen Debatte ist: Welchen moralischen Status hat der Embryo? Ernsthaft kann die Frage natürlich nur gestellt werden, wenn sie sich auf jeden Embryo, auch den in der Petrischale überzähligen oder für die Einnistung nicht für gut genug befundenen bezieht.

Wie bekannt hat sich die Frage inzwischen dadurch dramatisiert, daß die Erforschung an embryonalen Stammzellen, zu welchen Zwecken auch immer, den Verbrauch von Embryonen voraussetzt, wobei ethisch grundsätzlich nicht entscheidend ist, ob der zu solchem Verbrauch freigegebene Embryo eigens zu Forschungszwecken hergestellt, oder als überzählig-ausselektiertes Abfallprodukt künstlicher Befruchtungsprozeduren auftritt. Hier kommt nun die Kategorie *Menschenwürde* ins Spiel, mit der einfach-elementaren Frage: Hat sie der Embryo oder hat er sie nicht?

Hier müssen folgende kurze Hinweise zur Kategorie zur Menschenwürde genügen: Der Satz 1 des Grundgesetzes der Bundesrepublik Deutschland: „Die Würde des Menschen ist unantastbar" ist ein Satz, der nicht disponibel ist, der sich aller Definitionen und Interpretationen entzieht, wenn er leisten soll, wozu er da ist: Eine vorgesellschaftliche, vorpolitische Grundnorm, die sich der Diskussion, ob und wer Subjekt von Menschenwürde ist entzieht.

Diese Auffassung von der Würde des Menschen hat zum einen christlich-naturrechtliche Wurzeln, ist aber ebenso verankert im Denken der Aufklärung und – wie oben gezeigt – am klarsten bei Kant formuliert (woran zu erinnern auch deshalb wichtig ist, wegen der eingangs erwähnten eigenartigen geistigen Gemengenlage, in der die Fragen gegenwärtig diskutiert werden). Noch einmal: Für Kant besteht die Würde des Menschen eben darin, daß er „Zweck an sich selbst" ist. Zweck an sich selbst oder an anderer Stelle „Endzweck" meint, die Würde des Menschen besteht darin, daß er nicht bloße Sache ist, die als Mittel für irgendwelche Zwecke dienen könnte. Jede Verdinglichung des Menschen nimmt ihm also seine Würde.

Wenn wir das Verdinglichungsverbot, also die Menschenwürde, schon dem Embryo zuschreiben (was Kant übrigens ausdrücklich tut) so wäre jede verbrauchende Embryonenforschung moralisch unzulässig. Hellsichtig hat dies der Humangenetiker Claus Bartram erkannt, der – in freilich kritischer Absicht – formuliert: „Wenn man der Überzeugung ist, daß mit der Kernverschmelzung von Ei- und Samenzelle ein Mensch wie Du und ich entsteht, ist die Angelegenheit entschieden und eine Forschung an embryonalen Stammzellen abzulehnen."[40] Haarscharf am Problem vorbei argumentiert Bartram aber im folgenden, wenn er spöttisch anmerkt, es sei wohl eine skurrile Vorstellung, daß der Embryo in den wenigen Stadien der Kernverschmelzung plötzlich seine Menschenwürde erlange. Darum aber geht es in der Vorstellung der Mensch von der Menschenwürde gerade nicht, als ob hier magisch irgendeine Substanz zuwüchse, sondern ob wir, die wir den Embryo zu unseren Forschungszwecken, zum Ding und Objekt machen können, dies auch tun wollen oder sollen.

Die Frage ist also im grundsätzlichen sehr einfach und elementar: Hat der Embryo Menschenwürde im beschriebenen Sinn oder hat er sie nicht? Tertium non datur!

[40] Frankfurter Zeitung; 29.6.2001.

An dieser Frage formieren sich derzeit die Lager, in der vorher angedeuteten aparten Gemengenlage. So finden sich – gewiß mit unterschiedlicher Begründung – in Deutschland die Kirchen, der deutsche Bundespräsident, prominente Mitglieder der sozialdemokratischen und christdemokratischen Partei, weite Teile der Grünen in einem Lager mit der Meinung menschliches Leben und damit Menschenwürde beginne mit der Verschmelzung von Ei- und Samenzelle und bedürfe deshalb des besonderen Schutzes der Verfassung. Doch auch die Stimmen, die für eine Zulassung der Forschung an embryonalen Stammzellen votieren, finden sich quer durch die Parteien; so möchte der gegenwärtige Bundeskanzler die Frage wenigstens offen halten und betont, daß auch das Wirtschaftspotential der Biotechnologie ethischen Rang besitze. Auch die sozialdemokratische Wissenschaftsministerin und Teile der christlich-demokratischen Union wollen die aus überzähligen Embryonen gewonnenen Stammzellen für die Forschung freigeben. An die Spitze dieses Arguments stellen sich insbesondere die Deutsche Forschungsgemeinschaft und die Max-Planck-Gesellschaft unter Verwendung des Arguments: Genauso wie die Freiheit der Forschung nicht absolut sei, genauso sei auch das Lebensrecht des Embryos begrenzt. So hat in fast schon rückhaltloser Deutlichkeit der bisherige Präsident der Max-Planck-Gesellschaft Markl in verschiedenen Artikeln und Vorträgen dargelegt, wie er die Dinge sieht und forschungspraktisch betrieben sehen will: Eine Wurzel – so der Biologe Markl – sei noch keine Pflanze, und daraus sei abzuleiten: „Das woraus sich etwas neues entwickelt, ist nicht identisch mit dem neuen selbst. Dies gilt auch für den Menschen. Jede geborene menschliche Person ist etwas neues, das sich aus einer befruchteten menschlichen Eizelle entwickelt hat. Aber deshalb ist diese befruchtete Eizelle noch lange kein Mensch." Dann wird der Biologe Markl zum Kulturtheoretiker: Der „Mensch", sagt er, habe mit seiner natürlichen Entwicklung als „Lebewesen" im Ergebnis gar nichts zu tun, sondern er sei ein historisches Konstrukt, abhängig von den Zuschreibungen, die wir ihm im kulturellen Konsens jeweils geben. Dies bedeutet freilich: Was ein „Mensch" ist, wird hier kulturrelativistisch aufgelöst. Dies aber bedeutet im Ergebnis, daß die Kategorie „Menschenwürde" zuschreibbar, also teilbar und selektiv ist.

Ohne hier in eine ethisch-positionelle Diskussion der anstehenden Fragen einzutreten, ist zunächst rein diagnostisch festzuhalten: Jede Position, die die Kategorie Mensch, Leben und damit Menschenwürde nicht an den Anfang menschlichen Lebens, sei es im Mutterleib oder präimplantationistisch bindet, steht vor der Frage: Wann dann? (14 Tage oder 40 Tage nach der Einnistung, kurz vor der Geburt, kurz nach der Geburt usw.) Wie bekannt hat der Moralphilosoph Peter Singer seine radikale Konsequenz schon gezogen: in den von ihm konstruierten Begründungszusammenhängen hat der Embryo wie auch das Neugeborene kein prinzipielles Anrecht auf Leben und dessen Schutz.

Hier drängen sich, gerade auch wenn man in dem von uns gewählten analytischen oder diagnostischen Fragehorizont verbleibt, unausweichlich Fragen auf, zum Beispiel: Was ist, um das Marklsche Bild vom Wurzelstock und Pflanze aufzugreifen, dann mit dem zu Ende gehenden Leben, wenn der Wurzelstock abgestorben und die Pflanze Mensch zu verdorren beginnt? Was ist also mit dem verdorrenden, sterbenden Menschen – und man begreift, warum Markl das holländische Euthanasiegesetz nur begrüßen kann.

Meine Vermutung, um diesen Punkt abzuschließen, ist, daß wir eine schleichende Umdefinition dessen was „Leben" heißt, vor uns haben. Wie der Hirntote zum lebenden Leichnam zum „Nicht-mehr-Mensch" erklärt werden mußte, um seine medizinische Verwertung ethisch zu legitimieren, so wird der Embryo zum bloßen, irgendwie „lebenden Zellgebilde", also zum „Noch-nicht-Menschen" erklärt werden.

5. Therapie als letzter Wert und die Ideologisierung des Glücks

Wie vorher erwähnt, bedarf der technologische Fortschritt und damit auch der biotechnologische, einer Interpretation, die ihm Sinn und Legitimation verschafft. Die zentrale Leitidee hierfür ist in der heutigen Diskussion die Heilung. Gewiß darf es sich auch eine kritische Perspektive hier nicht zu leicht machen, denn man begegnet auch hier wieder der vorher erwähnten ethischen Ambivalenz. Wenn es denn stimmt, daß die embryonale Stammzellenforschung

Heilung von schweren, bislang nicht therapierbaren Krankheiten verspricht, darf man dem Ernst der Frage ethisch nicht ausweichen: Sollen wir auf solche Heilungschancen verzichten – auch wenn wir damit verbrauchende Embryonenforschung in Kauf nehmen? Ich lasse jetzt alle wirtschaftspolitischen Erwägungen beiseite, die sich mit dem Thema auch stellen unter dem Eindruck, daß hier gigantische ökonomische Interessen im Spiel sind, auch die Frage, was es denn nützt, wenn wir etwa in der Bundesrepublik Deutschland in ethischer Begründung etwas unterlassen, was anderswo anscheinend ungehemmt genutzt wird, was schon Goethe zu der Bemerkung veranlaßte: „Während aber die Deutschen sich mit philosophischen Problemen quälen, lachen uns die Engländer mit ihrem großen praktischen Verstande aus und gewinnen die Welt."

Das alles beiseite gesetzt, muß aber die Frage auch heißen: Wenn „Therapie" der letzte Wert ist, auf den wir uns gesellschaftlich noch verständigen können, welche Dynamik wäre damit ausgelöst? Wenn Heilung die Letztbegründung ist, über die wir verfügen, warum eigentlich soll es dann bei der Verwertung überdies überzähliger Embryonen bleiben? Warum dann nicht – aus Gründen einer Ethik der Heilung – Embryonen zum Zwecke der Forschung selbst herstellen? Was spricht in dieser Logik einer Ethik des Heilens gegen das reproduktive Klonen? Warum sollen dann nicht auch Keimbahneingriffe zur Prävention genetisch verursachter Erbkrankheiten nicht nur möglich, sondern ethisch geradezu geboten sein? Schließlich: Gibt es dann, bei der heute schon beobachtbaren Ausweitung des Therapiebegriffes, überhaupt noch Vorhaben, die nicht auch mit therapeutischen Zielen begründbar wären? Wenn also zu unserem inneren Wohlbefinden ein nicht nur nicht behindertes, sondern ein mit bestimmten positiven Merkmalen ausgestattetes Kind gehört, wie wollen wir diesem Verlangen, befangen in unserer therapeutischen Logik, begegnen, wenn in fünf, zehn oder zwanzig Jahren Keimbahneingriffe eine solche positive Selektion ermöglichen?

Solchen Fragen sich zu stellen, entspringt nicht kulturkritischer Attitüde, sondern entspricht der Realität, nicht nur der gegenwärtigen forschungspraktischen Möglichkeiten, sondern vor allem der sich daran entzündenden Deutungen und Orientierungen. Noch einmal: Es ist mit Händen zu greifen: die alten säkularreligiösen

Hoffnungen, von der Herstellung und Machbarkeit des Neuen Menschen nach unserem Bilde kehren wieder – nunmehr im Gewand eines biotechnologischen Messianismus. Hier geht es dann nicht mehr um die alteuropäische Frage nach der Würde des Menschen, nach seiner Personalität und seiner prinzipiellen Nicht-Verfügbarkeit. Übrig geblieben ist allein eine Ideologie des äußeren Glücks, wie sie schon Nietzsche für die Zukunft Europas prognostiziert hat: „‚Was ist Liebe, was ist Schöpfung, was ist Stern?' so fragt der letzte Mensch und blinzelt. Die Erde ist dann klein geworden und auf ihr hüpft der letzte Mensch, der alles kleinmacht. ‚Wir haben das Glück erfunden', sagen die letzten Menschen und blinzeln. Jeder will das Gleiche. Jeder ist gleich. Wer anders fühlt geht freiwillig ins Irrenhaus. Man hat sein Lüstchen für den Tag und sein Lüstchen für die Nacht, aber man ehrt die Gesundheit. ‚Wir haben das Glück erfunden.' So sagen die letzten Menschen und blinzeln."

Vieles spricht dafür, daß die einzige bestimmende Gestaltungsmacht, die uns kulturell zuhanden ist, die Ideologie des äußeren Glücks und des reinen Nutzens ist. Das Christentum mit seinem ganz anderen Wissen vom Menschen, scheint angesichts seines Geltungsverlustes in Europa keinen kulturprägenden Gegenhalt mehr zu bieten. Dies gilt auch für bestimmte humane Gehalte gelungener Aufklärung. Wenn tatsächlich der Triumph der Ideologie des äußeren Glücks und des reinen Nutzens übriggeblieben wäre, dann hätten wir kulturell nichts mehr in den Händen, weil dann unsere Kultur alle Bindungen zu ihrer geistigen Herkunft abgeschnitten hätte und keine Antwort hätte mehr auf die Frage, auf die doch alle Kultur antworten muß: Was ein Mensch ist. In der gegenwärtigen biotechnologischen Diskussion tritt oft das Bild vom Fluß Rubikon auf, den wir nicht überschreiten sollen oder schon überschritten haben usw. Doch vielleicht ist das ganze Bild falsch, da es uns vorgaukelt, wir stünden noch auf festen Ufern. Vielleicht ist das Bild Nietzsches vom Schiff und dem Ozean kulturdiagnostisch schärfer und erklärungskräftiger: „Wir haben das Land verlassen und sind zu Schiff gegangen! Wir haben die Brücken hinter uns, mehr noch, wir haben das Land hinter uns abgebrochen. Nun Schifflein! Sieh Dich vor! Neben Dir liegt der Ozean …"

VIERTES KAPITEL

Religion – eine Funktion der Gesellschaft?

I. Der bleibende Gegensatz: Die Religion in der Soziologie Max Webers und Emile Durkheims

1. Vom Interesse an zwei Klassikern der Soziologie

Studiert man heutige religionssoziologische Veröffentlichungen[1], die über isolierte Einzelfragen hinausgehen, so fällt schnell auf: Die Analysen, die Formulierungen der jeweiligen Fragestellungen und besonders der Theorieannahmen erfolgen weithin in breiter und ganz expliziter Rückbindung an die Klassiker der Religionssoziologie. Dies gilt insbesondere für Max Weber, zunehmend auch für Georg Simmel, gilt aber auch für Emile Durkheim, wohingegen die Berufung auf Karl Marx in den letzten Jahren eher zurücktrat, der freilich als religionssoziologischer Gewährsmann der „Kompensationsthese", sofern sie noch Vertretung findet, in Anspruch genommen wird.

---

[1] In memoriam Friedrich H. Tenbruck. Die Anregung zu diesem Beitrag und die Formulierung seiner Grundlinie geht zurück auf den Aufsatz von Tenbruck, Friedrich H.: Religionssoziologie – damals und heute (Tenbruck, Friedrich H.: Religionssoziologie – damals und heute; in: Bulletin Seigakun University; No 2; 1991; S. 28–49). Insbesondere aber verdankt sich die genaue Fassung des Beitrags intensiven Gesprächen, die ich mit Friedrich H. Tenbruck (1919–1994) noch habe führen können.

Diese Rückbindung an die Klassiker ist freilich ein generelles Merkmal gegenwärtiger soziologischer Selbstvergewisserung. Ein erstaunlich-nichtselbstverständlicher Vorgang freilich, denn gerade der Klassiker, auf dessen Werk sich heutige Soziologie und zwar weltweit, in gegenwartsbezogener Absicht am stärksten bezieht, nämlich Max Weber, sprach von der prinzipiellen historischen Überholbarkeit und deshalb Vergänglichkeit der Soziologie als Kulturwissenschaft; und dies eben nicht nur in dem selbstverständlichen Sinne, daß Einzelkenntnisse im Wissenschaftsprozeß ständig durch neue überholt würden, vielmehr, daß Überholbarkeit und Vergänglichkeit in der Eigenart von Kultur- und Sozialwissenschaften selbst begründet liege; denn „das Verhältnis von Begriff und Begriffenem in den Kulturwissenschaften bringt die Vergänglichkeit jeder ... (begrifflichen) Synthese mit sich".[2]

Anders gewendet: Es ist der geschichtliche Charakter der Wertbeziehung, welche „Auswahl und Formung" der soziologischen Fragestellung bestimmt, der eben deshalb die Sozialwissenschaften zwingt „ihren Standort und ihren Begriffsapparat zu wechseln, wenn das Licht der großen Kulturprobleme, weitergezogen ist".[3]

Sicherlich ließe sich zunächst eher pragmatisch mit Johannes Weiß argumentieren, daß die anhaltende Rückbindung der Soziologie (und eben auch der Religionssoziologie) an ihre Klassiker, die Möglichkeit sozialwissenschaftsinterner Kommunikation eröffnet, genauer: „... die Mediatisierung der innerwissenschaftlichen Kommunikationen und Kontroversen über die von jenen Klassikern angebotenen Begrifflichkeiten und Theoreme, methodologischen Reflexionen und sachlichen Einsichten."[4]

Sodann aber, über dieses Argument hinausweisend, könnte das anhaltende Interesse der Religionssoziologie an ihren Klassikern darauf verweisen, daß sie den soziologischen Zugang der Klassiker zur Religion eben nicht als vergangen verabschiedet, sondern in ihm auch noch gegenwartsbezogen das gültige Instrumentarium,

---

[2] Weber, Max: Gesammelte Aufsätze zur Wissenschaftslehre; Tübingen; 1973 (WL); S. 207.

[3] Ebd.; S. 214.

[4] Weiß, Johannes: Zur Einführung; in: Weiß, Johannes (Hrsg.): Max Weber heute. Erträge und Probleme der Forschung; Frankfurt am Main; 1989; S. 11 f.

die gültige Synthese von „Begriff und Begriffenem“ sieht. Hierzu freilich bedürfte es sorgfältiger Untersuchungen, in denen die zeitbedingt überholten Einzelerkenntnisse der Klassiker ebenso identifiziert werden müßten, wie vor allem die Frage thematisiert würde: Worin unterscheidet sich die soziale und kulturelle Lage, in welche die Religion zur Zeit der Klassiker gestellt war, von unserer Gegenwart und worin besteht durch solche historische Kulturdifferenz hindurch die mögliche Gültigkeit des Erbes der Klassiker. Dazu gehört dann auch die Rekonstruktion nicht nur der Inhalte des jeweiligen religionssoziologischen Werkes, wozu, im Fall von Weber und Durkheim zahlreiche Einzeluntersuchungen und Gesamtinterpretationen vorliegen, dazu auch werkgeschichtliche Studien, in welchen die Verortung der Religionssoziologie im jeweiligen Gesamtwerk des Klassikers festgestellt wird; vor allem geht es auch um die Erforschung der geistigen, wissenschaftsgeschichtlichen und national-kulturellen Herkunftsgeschichte, in welche das jeweilige Werk gestellt ist, wie insbesondere um das Studium der Quellen, aus denen in Anknüpfung oder Widerspruch das Werk erwachsen ist. Erst ein solcher Zugang eröffnet den Blick nicht nur auf die Bedeutung des jeweiligen Werkes in seinem historischen Ort, sondern auf die ganz andere Frage: Wie wir denn, in Distanz oder Nähe zu den Klassikern, die gegenwärtige Lage von Religion in einem soziologischen Zugriff genauer fassen und verstehen können.

So sehr dies den erkenntnisleitenden Hintergrund der hier vorgelegten Ausführungen zu Weber und Durkheim bildet, ist ihr unmittelbarer Anspruch sehr viel bescheidener: Es geht um eine erste Annäherung an die eben beschriebene Aufgabe; hier zunächst um eine recht kurze Skizze der historischen und geistigen Lagen, in die Webers und Durkheims Religionssoziologie eingebunden war, um dann die Grundfragen des jeweiligen Werkes klarer herauszustellen; dies mit dem Ziel, aufzuweisen, daß in Weber und Durkheim sich zwei Klassiker begegnen, deren Religionssoziologie bleibende und nicht vermittelbare Gegensätze markieren.

2. Grundlinien der Religionssoziologie Webers und Durkheims

Zunächst freilich gilt es die Gemeinsamkeiten der Weberschen und Durkheimschen Religionssoziologie festzuhalten, auf deren Hintergrund sich erst der Gegensatz herausstellt. Hier ist zunächst als fundamentaler Befund festzuhalten: Für beide ist die Frage nach der Religion nicht Beiwerk, sondern zentrierender Gehalt des Gesamtwerkes. Weit entfernt Religionssoziologie als eben auch möglichen Gegenstand der Soziologie im Sinne einer Bindestrich-Soziologie oder gar als bloße Marginalie zu betreiben, ist für beide Religionssoziologie konstitutiv für das Gesamtwerk. Dies gilt am klarsten für Max Weber, schon ausweislich der äußeren Tatsache, daß religionssoziologische Fragestellungen sein gesamtes Lebenswerk bis in die letzten Wochen seines Lebens hinein kontinuierlich bestimmt haben; vor allem aber war es die Logik der inneren Entwicklung seines religionssoziologischen Denkens, die ihm stets die neuen Horizonte, in die ihn der Fortgang seines Werkes führte, erschlossen hat – und noch die Arbeiten, die religionssoziologischer Thematik ganz fern scheinen, wie etwa die Untersuchungen zur Psychophysik des Arbeitslebens, erwuchsen aus Fragen, die sich ihm am Ende seiner „Protestantischen Ethik" neu stellten; vor allem nötigten ihn seine Arbeiten zur „Wirtschaftsethik der Weltreligionen" in den dortigen systematischen Kapiteln „Einleitung" und „Zwischenbetrachtung" das Herzstück seines kultursoziologischen Denkens zu formulieren.[5]

Zunächst liegen die Dinge bei Durkheim werkgeschichtlich ganz anders. Seine Hauptwerke „De la Division du Travail Social" (1893), „Les Régles de la methode Sociologique" (1895) „Le Suicide" (1897) sind längst erschienen, als er erst 1912 als Spätwerk „Les Formes élémentaires de la vie religieuse" veröffentlichte. Festgefügt steht also seine Auffassung von Gesellschaft und der Wissenschaft von ihr, der Soziologie, als er sich der Frage nach der Religion soziologisch zuwendet. Doch ist die soziologische Auffassung von der Religion der Schlußstein und insoweit zentraler

[5] Vgl. Küenzlen, Gottfried: Die Religionssoziologie Max Webers. Eine Darstellung ihrer Entwicklung; Berlin; 1980.

Fixpunkt seiner Gesamtsoziologie, die ohne diese unsicher und nicht konsistent bliebe. Anders also als Weber, dessen Werk mit seinen religionssoziologischen Fragen stets kontinuierlich verknüpft war und in bestimmtem Sinne aus diesen erwuchs, formuliert Durkheim in seinem Spätwerk deshalb eine Soziologie der Religion, um seiner vorher gewonnen Theorie der Gesellschaft ein letztes, dann freilich entscheidendes Fundament zu geben.

Doch liegt es nicht nur in der inneren Logik oder Konsistenz des Werkes selber, der den Klassikern der Soziologie, so auch Durkheim und Weber die Religion als zentrale Frage aufzwang. Die Stellung der Religion in der Kultur, genauer die Frage nach ihrem endgültigen Absterben oder ihrer doch möglichen Zukunft, war im 19. und beginnenden 20. Jahrhundert die zentrale Kulturfrage.

Die Frage nach der Religion als einer zentralen Kulturfrage stellte sich freilich in den national-kulturellen Kontexten Frankreichs und Deutschlands und so auch für Durkheim und Weber unterschiedlich dar, wobei folgende Hinweise genügen müssen. Zur Zeit Durkheims hat – wie Raymond Aron formuliert – der „wenn nicht ewige, so doch dauerhafte Kampf – er füllte einige Jahrhunderte der französischen Geschichte aus – zwischen der katholischen Kirche und der laizistischen Bewegung“[6], als Kampf zwischen Ultramontanismus und Laizismus in der dritten französischen Republik einen dramatischen Höhepunkt. Der Professor der Philosophie Durkheim stand hier ganz in der laizistisch-aufklärerischen Tradition Frankreichs, der alle historische Religion vor dem Forum der wissenschaftlichen Rationalität als überwunden galt. Er stand in der Tradition Auguste Comtes und Ernest Renans, in welche nicht nur die aufklärerische Religionskritik als fester Bestandteil einging, in der es dann vielmehr darum ging, geleitet vom Glauben an die neue Macht, die Wissenschaft, eine neue, nach den Umbrüchen der Revolution notwendige positive Moral, Gesellschaftslehre und schlußendlich also eine neue Gesellschaft zu begründen.

Vielschichtiger, wenngleich nicht weniger andrängend, läßt sich die Lage der Religion in Deutschland um die Jahrhundertwende

---

[6] Aron, Raymond: Hauptströmungen des modernen soziologischen Denkens. Durkheim – Pareto – Weber; Reinbek; 1979; S. 12.

beschreiben. Auch hier wirkten Religionskritik und naturwissenschaftlich begründeter Materialismus nunmehr in die Breite, wobei man nur an die ungeheure Wirkung von Ernst Haeckels „Welträtsel" (1899) oder auch an die teilweise mit über hunderttausendfacher Auflage verbreiteten Bände der Reihe „Kosmos" zu erinnern braucht. Hinzuweisen ist auf die noch in Blüte stehenden Formen des säkularen Glaubens des 19. Jahrhunderts, wie er als politischer Glaube an die Nation oder Revolution als letzter Wert auftrat. Sodann stand jede Beschäftigung mit Religion im Schatten Nietzsches, dessen Christentumskritik nicht nur, sondern dessen Diagnose der Gegenwart als der Zeit der zerfallenden Werte und des Nihilismus „als des unheimlichsten aller Gäste" die Radikalität aufklärerischer Religionskritik noch weit überhöhte. Schließlich aber bildet sich um die Jahrhundertwende in Deutschland, jenseits des überlieferten Kirchenchristentums und seiner Gegentradition: der aufklärerisch-religionskritischen Rationalität, ein neues positives Interesse an Religion, das in den vielfältigen Formen einer frei vagabundierenden Religiosität Erfüllung suchte, worüber Carl Christian Brys Buch „Verkappte Religionen" anschaulich unterrichtet.[7]

Diese wenigen Hinweise müssen genügen, um zu zeigen, daß die Frage nach der Religion, wenngleich in unterschiedlicher Form, zentral gestellt war; dabei ist die Einsicht entscheidend, daß es hier nicht um bloße neuere Religionsgeschichte geht, vielmehr mit der Frage nach der Religion und der Stellung zu ihr die ganz andere Frage sich verband, nämlich: Was bedeutet das Schicksal der Religion für das Fundament und die Zukunft von Kultur und Gesellschaft?

Und eben dies bestimmt auch den Kern der Religionssoziologie Webers und Durkheims, wobei ich mich zunächst Durkheim zuwende. Wie schon vermerkt, ist auch für Durkheim Religionssoziologie nicht Beiwerk, sondern konstitutiver Schlußstein seines Gesamtwerkes. Die Durkheimsche These ist weithin bekannt und

---

[7] Bry, Carl Christian: Verkappte Religionen; Gotha/Stuttgart; 1924. Ein knapper Überblick über die vielfältigen Formen solch vagabundierender Religion findet sich bei Nipperdey, Thomas: Religion im Umbruch. Deutschland 1870–1918; München; 1988, S. 143–153.

kann hier in nur wenigen Sätzen resümiert werden. Religion, als soziale Tatsache, ist nicht nur mit Gesellschaft eng verwoben, vielmehr ist Religion eine notwendig-unabdingbare Funktion jeder Gesellschaft. Religion und Gesellschaft sind untrennbar. Religion symbolisiert die transindividuelle Macht der Gesellschaft über den einzelnen, sie sichert die Bindung der einzelnen Gesellschaftsmitglieder an das gesellschaftlich Ganze; die Gesellschaft als das Heilige, weil dem einzelnen stets übermächtig Vorgeordnete, bedarf symbolischer Sakralisierung, welche die Religion leistet. So feiert die Gesellschaft in der Religion letztlich sich selbst, und die Religion ist als soziale Integration Erfüllung des Bedürfnisses nach solidarischer Zusammengehörigkeit durch die Präsenz überindividueller Gefühle und Vorstellungen (Sentiments et Répresentations).

Dabei sind die Inhalte in welchen die Religion ihre Aufgabe sozialer Integration erfüllt, sekundär, historisch und kulturell relativ und wechselnd; das Bleibende der Religion ist ihre Aufgabe sozialer Integration. Die Götter kommen und gehen, das Bleibende aber ist die Heiligkeit der Gesellschaft als der über den einzelnen herrschenden Macht und ihre Notwendigkeit, die einzelnen Gesellschaftsmitglieder an sich zu binden. „Es gibt also – resümiert Durkheim im Schlußkapitel der ‚Formes élémentaires de la vie religieuse' – in der Religion etwas Ewiges, dazu bestimmt, alle partikularen Symbole, mit denen das religiöse Denken sich abwechselnd umgeben hat, zu überdauern. Es kann keine Gesellschaft geben, die nicht das Bedürfnis verspürte, in regelmäßigen Abständen kollektive Empfindungen und Ideen, die ihre Einheit und Persönlichkeit bilden, zu unterhalten und zu bekräftigen."[8] Der berühmte Satz Durkheims „wir müssen zwischen Gott und der Gesellschaft wählen", mußte auf dem Hintergrund der geistig-kulturellen Lage Frankreichs, die vom Kampf zwischen Laizismus und Ultramontanismus geprägt war, zwar sicherlich wie ein Sprengsatz wirken; Durkheim selbst sah in diesem Satz nur die Beschreibung einer sinnlosen Alternative, „Weil" – wie er im Anschluß an diesen Satz in der Schrift „Sociologie et Philosophie"

[8] Durkheim, Emile: Les Formes élémentaires de la vie religieuse; Paris; 1960.

fortfährt – „ich in Gott nur die verklärte und symbolisch gedachte Gesellschaft erblicke".[9]

In der Logik dieses Zusammenhangs von Religion und Gesellschaft liegt auch begründet, wie Durkheim das Verhältnis von Wissenschaft und Religion bestimmt. Zunächst, so Durkheim, – dies noch ganz im Zusammenhang mit dem eben Gesagten, – zeige die Wissenschaft, etwa als Religionswissenschaft (wie Durkheim selbst am Beispiel des australischen Totemismus aufgewiesen glaubte), daß Religion Transfiguration der Gesellschaft ist, sie verbürgt und, daß auch eine künftige Gesellschaft ihre Götter aus der Verklärung kollektivgesellschaftlicher Wirklichkeit hervorbringen wird. Die Wissenschaft kann also die Universalität von Religion als der Konstitutionsbedingung jeder Gesellschaft aufweisen: „Durkheim verfolgt mit seiner Religionsphilosophie den Zweck, die Wirklichkeit des Glaubensgegenstandes zu begründen, ohne dadurch den intellektuellen Gehalt der überkommenen Religionen bejahen zu müssen. Letztere sind durch den wissenschaftlichen Rationalismus zum Untergang verurteilt. Dieser aber rettet, was er zu zerstören scheint. Denn er zeigt, daß die Menschen stets nur ihre eigene Gesellschaft verehrt haben."[10]

Wir haben kurz dargestellt, wie in Frankreich, und in anderer Weise in Deutschland, die Frage nach der Religion eine zentrale Kulturfrage war, wobei insbesondere in Frankreich weite Teile der Kulturintelligenz in jener Tradition standen, der alle historischen Religionen vor dem Forum wissenschaftlicher Rationalität als überwunden galt. Es geht also um das Verhältnis von Religion und Wissenschaft als das eines Gegensatzes, wobei für Durkheim entschieden war, daß der überkommenen Religion im Lichte wissenschaftlicher Rationalität keine Autorität mehr zukommt, diese vielmehr nun selbst den Rang höchster geistiger und moralischer Autorität einnimmt.

Doch was kulturell weithin als Gegensatz präsent war, nämlich Religion und Wissenschaft, ist für Durkheim so nicht mehr existent, denn die Wissenschaft selbst tritt in der Realität aufklärungs-

[9] Durkheim, Emile: Soziologie und Philosophie (Hrsg.: Adorno, Theodor W.) Frankfurt am Main; 1976; S. 105.
[10] Aron, Raymond; a.a.O.; S. 45.

bestimmter Gegenwart an die Stelle der überlieferten Religion. Nicht etwa, daß Wissenschaft Religion begründen könne, vielmehr ist sie in kultureller Präsenz selbst zu einer Glaubensmacht geworden, in welcher nunmehr, nach der Auflösung der überlieferten Religion, die Gesellschaft sich ihrer selbst versichert. „Die Wissenschaft übt Macht über uns aus, weil die Gesellschaft, in der wir leben, es so will."[11] Für die wissenschaftlichen Geltungsansprüche „genügt es nicht, daß sie wahr sind. Befinden sie sich nicht in Übereinstimmung mit den anderen Glaubensvorstellungen und -meinungen, kurz gesagt, mit sämtlichen kollektiven Vorstellungen, so wird man sie leugnen. Der menschliche Geist wird sich ihnen verschließen, und sie werden behandelt, als existieren sie überhaupt nicht. Wenn wir ihnen heute eine Art Vorzugskredit einräumen, nur weil sie den Stempel der Wissenschaftlichkeit tragen, so aus dem Grunde, weil wir an die Wissenschaft glauben. Dieser Glaube unterscheidet sich aber nicht grundlegend vom religiösen Glauben. Der Wert, den wir der Wissenschaft beimessen, hängt, kurz gesagt, von der Vorstellung ab, die wir uns gemeinsam von ihrer Natur und ihrer Rolle im Leben machen"[12].

So erfüllt die Wissenschaft, genauer der kulturell präsente Glaube an sie, die gleiche Aufgabe, wie sie Durkheim am Beispiel des australischen Totemismus studierte, nämlich: Den funktionalen Zusammenhang von Gesellschaft und Individuum zu sichern. Deshalb ist der Gegensatz von Wissenschaft und Religion für Durkheim nicht etwa nur überwunden, er ist nicht existent; denn in dem Zeitalter, in dem wir leben, im Zeitalter der Wissenschaft, ist nunmehr die Wissenschaft die die Heiligkeit der Gesellschaft verbürgende und so ihre Mitglieder an sich bindende Macht, wie es in der Religion des Totemismus das Totem des Clans oder die Mana-Vorstellung der Melanesier darstellt.

Jeder, der Max Webers Religionssoziologie auch nur in ihren elementaren Grundlinien kennt, weiß, wie ganz anders Weber das Verhältnis von Religion und neuzeitlicher Wissenschaft bestimmt. Zunächst ist selbstverständlich auch für Weber der Aufstieg der

---

[11] Aron, Raymond; ebda; S. 54.

[12] Durkheim, Emile: Les Formes élémentaires de la vie religieuse; Paris; 1960; S. 625 f. (Heraushebungen von G. K.).

Wissenschaft zur Kulturmacht das grundstürzende, Kultur und Gesellschaft bestimmende Ereignis. Dieser Vorgang „der Eroberung des Lebens durch die Wissenschaft“[13] bedeutet für die Religion, daß sie in der modernen okzidentalen Verlaufsgeschichte als die die gesellschaftlichen Daseinseinrichtungen legitimierende Größe, wie auch im Lebensführungshorizont des einzelnen mehr und mehr zurückgedrängt wurde, also ihre Bedeutung als „Lebensmacht“ (Weber) zunehmend verlor; eine Entwicklung, die Weber in der Einleitung zur Wirtschaftsethik der Weltreligion kurz so beschrieb: „Die moderne Form der zugleich theoretischen und praktischen intellektuellen und zweckhaften Durchrationalisierung des Weltbildes und der Lebensführung hat die allgemeine Folge gehabt: Daß die Religion, je weiter diese besondere Art von Rationalisierung fortschritt, desto mehr ihrerseits in das – vom Standpunkt einer intellektuellen Formung des Weltbildes aus gesehen: – Irrationale geschoben wurde.“[14]

Weber freilich war, ganz im Unterschied zu Durkheim, weit davon entfernt, diesen Aufstieg der Wissenschaft als Kulturmacht und das Zurückdrängen der Religion im Sinne einer innerweltlichen Fortschrittsgewißheit zu verstehen. Früh schon hat Weber sich in Distanz, ja Abkehr zum Kollektivsingular „Fortschritt“ als des offenen oder geheimen Dogmas des säkularen Glaubens der Moderne gebracht. So zeigt schon seine Freiburger Antrittsvorlesung (1895), daß Weber sich distanziert vom Glauben an eine sich selbst tragende und fortentwickelnde Rationalität als Grundlage neuzeitlich aufklärerischer Gewißheit eines Fortschritts hin zum universalen Glück der Menschheit. War Weber auch nicht der einzige, zumal im deutschen geistigen Kontext, der aus der Selbstgewißheit des Rationalitäts- und Fortschrittsglaubens der Zeit heraustrat und dazu seine Fragen stellte, so zeigen doch die Antworten, die er gab, ihre eigene unverwechselbare Gestalt. Dies sei im folgenden in einer knappen Skizze von Webers Bestimmung des Verhältnisses von Religion und Rationalität dargelegt, da gera-

[13] Weber, Max: Zur Lage der bürgerlichen Demokratie in Rußland; in: Gesammelte Politische Schriften; Tübingen; 1971.

[14] Weber, Max: Gesammelte Aufsätze zur Religionssoziologie; Band I; Tübingen; 1971 (GARS I); S. 253.

de von hier aus dann schließlich der elementare Gegensatz zu Durkheim sich markieren läßt.

Religion und Rationalität: Das war – wie schon angeführt – für ein verbreitetes zeitgenössisches Bewußtsein die Benennung eines Gegensatzes, wobei für das aufklärungsbestimmte Denken die neuzeitlich wissenschaftliche Rationalität nicht nur Merkmal der menschlichen Epoche, vielmehr das Ziel der neuzeitlichen Kultur und des menschlichen Geistes war. Die sich siegreich durchsetzende Rationalität war weithin Grundlage des zeitgenössischen Selbstbewußtseins und Selbstverständnisses und schien die Kulturüberlegenheit der westlich-europäischen Welt dauerhaft zu begründen und konnte so den Glauben an den weiteren unaufhaltsamen Fortschritt sichern. Der Religion blieb, vor dem Forum wissenschaftlicher Rationalität, in die reine Irrationalität sich zurückzuziehen, oder sich in den wirksamen Fortgang der wissenschaftlichen Rationalität selbst hineinzuverweben – ein Weg den etwa der liberale Protestantismus durch sein Bündnis mit der Wissenschaft einschlug.

Von diesem geistigen Hintergrund hob sich Webers Bestimmung von Rationalität und ihres Verhältnisses zur Religion nun elementar ab. Dies läßt sich in drei Thesen fassen:

1. Weber nimmt Abschied von der Vorstellung, die abendländische Rationalität sei die einzige und damit auch von der Vorstellung, es gäbe eine für sich seiende, sich selbst fortentwickelnde, substantielle Rationalität.
2. Religion ist für Weber nicht das bloß Arationale, vielmehr trägt sie ihren eigenen Rationalitätscharakter, ihre eigene Rationalitätsdynamik, und vor allem:
3. Die Religion selbst kann, gerade durch die ihr eigene Dynamik religiöser Rationalisierung zur wirkenden Kraft der historischen Entwicklung werden.

Erst auf dem Hintergrund dieser Bestimmung Webers des Verhältnisses von Religion und Rationalität erhält dann auch seine berühmte Studie „Die protestantische Ethik und der Geist des Kapitalismus“ ihr Fundament. Deren Kernthese lautet ja: Die neuzeitliche Rationalität, die alle Bezirke der Kultur durchdringt und besetzt hält, ist in ihrer Genese ohne die Schubkraft einer religiösen Lebensführungsmacht nicht erklärbar. Nur die Stärke einer Religion mit ihren religiös-ethischen Postulaten zur methodisch-rationalen Erfassung des ganzen Menschen, „nur die ungeheure weltüberwindende Macht der rationalen Askese", konnte es sein, die dem neuzeitlichen Rationalismus wesentlich zum Durchbruch und Sieg verhalf.

So erschloß sich Weber schon in der protestantischen Ethik die Einsicht, die im weiteren Fortgang seine religionssoziologischen Untersuchungen bestimmt: Daß nicht der Rationalismus einer autonomen Vernunft, sondern die rationale Ethik einer Religion den Weg in die Moderne wesentlich bestimmte; dies deshalb, weil in der Religion selbst sich eine „systematische, praktische Rationalisierung des Lebens"[15] vollzog, weil „in der Regel auch und oft entscheidend durch religiös bedingte Wertungen und Stellungnahmen die Richtung der ganzen Lebensführung, wo immer sie planmäßig rationalisiert wurde, auf das tiefgreifendste bestimmt" war.[16] „Die Richtung der ganzen Lebensführung", die systematische praktische Rationalisierung des Lebens durch religiös bedingte Wertungen und Stellungnahmen" – also die sinnhafte vereinheitlichende Prägung des Handelns und die Haltung zur Welt als eines sinnvollen Kosmos: Das ist für Weber das Werk der Religion. Gerade dadurch, gerade durch ihre Fähigkeit zur systematischen praktischen Rationalisierung ist sie nicht bloße Funktion der Gesellschaft, vielmehr kann sie selbst als „Lebensmacht" zur wirkenden, Kultur und Gesellschaft prägenden Größe werden. Nur so werden denn ja Webers Aussagen über das religiöse Charisma „als der großen revolutionären Macht in traditional gebundene Epochen"[17] verständlich.

So können die religiösen Wahrheitsansprüche, die als Lebensführungsmacht das Handeln der Menschen bestimmen, selbst zur wirkenden Kraft der Geschichte werden; dies vor allem dort, wo sie, wie in den Weltreligionen, zu religös-rationalen Weltbildern sich entwickelten. Deshalb auch steht der oft zitierte, freilich in seinem systematischen Sinn oft unterschätzte Satz über die „Ideen

---

[15] GARS I; S. 567.

[16] GARS I; S. 259.

[17] Weber, Max: Wirtschaft und Gesellschaft; Tübingen; 1976; S. 147.

und Interessen" in Webers Einleitung zur Wirtschaftsethik der Weltregionen und hat dort seinen systematischen Ort:

„Interessen (materielle und ideelle), nicht Ideen beherrschen unmittelbar das Handeln der Menschen, aber: die „Weltbilder", welche durch „Ideen" geschafften wurden, haben sehr oft als Weichensteller die Bahnen bestimmt, in denen die Dynamik der Interessen das Handeln fortbewegte. Nach dem Weltbild richtete sich ja: „wovon" und „wozu" man erlöst sein wollte und nicht zu vergessen: konnte."[18]

Die Religion als gesellschaftlich prägende und geschichtlich wirkende Kraft: Hierher gehört die weitere Einsicht Webers, daß dann die *Inhalte* der religiösen, systematisch-praktische Rationalisierung ermöglichenden Wahrheits- und Erlösungsversprechen für die Richtung des Handelns und die Stellung zur Welt und damit für die Prägung von Gesellschaften und ihren geschichtlichen Fortgang entscheidend werden. „Man kann eben – formuliert Weber programmatisch schon in der Protestantischen Ethik – das Leben unter höchstverschiedenen letzten Gesichtspunkten und auch sehr verschiedenen Richtungen hin ‚rationalisieren'. Der ‚Rationalismus' ist ein historischer Begriff, der eine Welt von Gegensätzen in sich schließt."[19] Je nach diesen letzten Gesichtspunkten und ihren „sehr verschiedenen Richtungen", dem „wovon und wozu" der Erlösungsverheißungen, richtet sich das Handeln der Menschen und entscheidet sich, – wo religiöse Weltbilder, vor allem in den Weltreligionen kulturbestimmend werden, – die Richtung, welche die Geschichte einer Kultur und Gesellschaft nimmt.

Ich muß nun nicht lange ausführen, will nur um Mißverständnissen vorzubeugen, die Nebenbemerkung einfügen, daß Weber diese kultur- und geschichtsbestimmende Kraft der religiösen Ideen und Weltbilder nicht, wie er selbst sagt „spiritualistisch" behauptet, vielmehr hielt er sich die Verflochtenheit der religiösen Ideen und Weltbilder in die gesellschaftlichen Interessen- und Bedürfnislagen stets bewußt, wie er in der Wirtschaftsethik der Weltreligionen ständig aufwies. So sind für Weber die religiösen Ideen nicht etwa bloße Bestände eines Sonderreiches des Geistes, viel-

[18] GARS I; S. 252.
[19] GARS I; S. 62.

mehr selbstverständlich immer hineingebunden in die „Dynamik der Interessen".

Doch noch einmal: Die Inhalte einer kulturbestimmenden Religion können wesentlich die Richtung prägen, in der Kultur und Gesellschaft sich fortentwickeln. So zeigt Weber, wie die Gotteskonzeption eines „überweltlichen, persönlichen ..." Schöpfergottes und damit verbunden eine Sendungsprophetie, bei welcher, „die Frommen sich als Werkzeug dieses Gottes"[20] wußten, in der okzidentalen Geschichte ihre prägende Wirkung hatten. Dagegen herrscht etwa in der indischen Kultur eine, wie Weber es nennt, „exemplarische Prophetie" vor, in welcher der Fromme sich nicht als Werkzeug, sondern als Gefäß des Göttlichen versteht, als des „unpersönlichen, weil nur kontemplativ, als Zuständigkeit, zugänglich höchsten Wesens"[21], weshalb diese Kultur wegen ihrer ganz anderen „rationalen religiösen Heilspragmatik" auch ihren ganz anderen Weg nahm, welch andere Faktoren dabei auch noch mächtig eingewirkt haben mögen.

3. Durkheim und Weber: Ein bleibender Gegensatz

Die bisherigen Darlegungen haben schon immer wieder deutlich gemacht, wie unterschiedlich der religionssoziologische Ansatz bei Weber und Durkheim sich darstellt. Dies sei abschließend in knappem Umriß in einigen wesentlichen Punkten eigens zusammengefaßt:

Daß die Religion unter dem Zwang und der Logik eigener Rationalisierung steht, daß sie gesellschaftsbestimmende Kraft und in bestimmten Stufen ihrer Entwicklung und im Zusammenwirken bestimmter historischer Konstellationen eine den geschichtlichen Gang von Kulturen prägende Größe sein kann – solche Auffassung von Religion wäre Durkheim nicht nur fremd und unverständlich erschienen, seine eigene Bestimmung der Religion steht hier in unvermittelbarem Gegensatz. Denn die Religion als symbolische Verehrung der Gesellschaft ist für Durkheim die Funktion sozialer

[20] GARS I; S. 257.
[21] GARS I; S. 258.

Integration und soziologisch nichts anderes als eben dies. Wenn generell für Durkheim soziale Tatsachen, die Tatsachen der Gesellschaft eine unveränderliche, überall gleiche quasi-naturhafte Realität darstellen, so gilt dies in besonderer Weise auch für die Religion. Auch sie gehört als soziale Tatsache zur unveränderlichen, vom Wollen und Handeln der Individuen unabhängigen Natur der Gesellschaft. Weil die Religion zur Natur des Sozialen gehört, ist sie unabhängig von den Individuen und unabhängig von der Geschichte. Denn die Natur des Sozialen hat keine Geschichte. Die historisch unterschiedlichen Entwicklungsstufen der Gesellschaften sind „in Wirklichkeit nur verschiedene Kombinationen einer und derselben ursprünglichen Gesellschaft".[22] „Wenn man das religiöse Phänomen für die Arunta erklärt hat, dann hat man es im Prinzip auch für Frankreich erklärt; man muß dann nur noch feststellen, welche zusätzlichen äußeren Variablen das religiöse Phänomen in Frankreich zu einem typisch französischen machen."[23]

Deshalb auch sind die Inhalte der zur Natur des Sozialen gehörenden Religion ganz sekundär und Ausdruck der historisch wechselnden Konstellation. Die Inhalte von Religion sind äußere Variablen, das Ewige in der Religion ist ihre Funktion.

Wie ganz anders Weber soziologisch von der Religion dachte, habe ich oben ausgeführt und will deshalb nur noch einmal festhalten: Für Weber kann Religion, die mit ihrem Wahrheitsanspruch der Lebensführung des einzelnen Sinn und Richtung verleiht, selbst zur gesellschafts- und geschichtsbestimmenden Macht werden und ihre Inhalte können die Richtung bestimmen, in der sich Kultur und Gesellschaft entwickeln.

Sodann ist noch einmal auf das jeweilige Verständnis von Wissenschaft und ihres Verhältnisses zu der Religion zurückzukommen. Durkheim also stand ganz in der Tradition des aufklärerischen Rationalismus Frankreichs, in der Tradition Comtes und Renans, der die neuzeitliche Wissenschaft nicht nur als vorrangige, ja einzige Quelle der Erkenntnis, sondern als einzig verläßliche Quelle zur richtigen, den Zwecken des Menschen gemäßen Ge-

---

[22] Durkheim, Emile: Die Regeln der soziologischen Methode (Hg.: König, René); Neuwied/Berlin; 1961; S. 173.

[23] Jonas, Friedrich: Geschichte der Soziologie; Bd. III; Reinbek; 1969; S. 41.

staltung und Ordnung der Wirklichkeit galt. Die Ablehnung, oder besser die Überwindung der Religion geschah im Namen eines neuen Glaubens, des Glaubens an die Wissenschaft. Deshalb auch ist für Durkheim der Gegensatz von Wissenschaft und Religion im Grundsatz überwunden und, sofern er noch existiert, nur Indiz eines noch nicht ganz zur Wahrheit rationaler Weltsicht gekommenen, aber überlebten historischen Restbestandes. Wissenschaft mit ihrem Beruf zur rationalen Welterkenntnis, zur richtigen Gestaltung und Ordnung der Wirklichkeit ist deshalb, insonderheit als Wissenschaft von der Gesellschaft, der Soziologie, berufen, die neue Ordnung des Zusammenlebens, die neue Moral nach Auflösung der religiös-traditional bestimmten Kultur im nachrevolutionären Frankreich zu schaffen. „Im rationalisme scientifique wird der Wissenschaft die Lösung der Glaubensfrage abverlangt und im Blick auf die Soziologie heißt es: ‚Bien loin que la science soit la source du mal, elle est le remède et le seul dont nous disposions.‘[24] Die Soziologie wird deshalb die wahre moralische Wissenschaft, welche die bisherigen, auf bloße Annahmen gegründeten Glaubenssysteme ersetzen wird“.[25]

Nie hätte Max Weber dergleichen über die Aufgaben der Wissenschaft sagen können. Wie wir richtig handeln oder handeln sollen – darauf kann die Wissenschaft uns keine Antwort geben und keine wissenschaftliche Lehre von der Gesellschaft kann die wahre soziale Ordnung und Moral einer Gesellschaft begründen. Immer hat Weber der Wissenschaft ihre Grenzen gezogen, so im bekannten Wort über den Menschen unserer Kulturepoche, der vom „Baum der Erkenntnis“ gegessen hat, dessen Schicksal aber ist, „den Sinn des Weltgeschehens nicht aus dem noch so sehr vervollkommneten Ergebnis seiner Durchforschung ablesen zu können“.[26]

So kann auch für Weber die Wissenschaft nicht das Erbe der Religion antreten. Auch wenn „die Wissenschaft, die jenen Kosmos

---

[24] Durkheim, Emile: Le Suicide; 9. Aufl.; Paris, 1960.

[25] Tenbruck, Friedrich H.: Emile Durkheim – oder die Geburt der Gesellschaft aus dem Geist der Soziologie; in: Die kulturellen Grundlagen der Gesellschaft. Der Fall der Moderne; Opladen; 1989; S. 201.

[26] WL; S. 154.

(i.e. der rationalen Weltbetrachtung) schuf, im Namen der intellektuellen Rechtschaffenheit auftrat, die einzig mögliche Form der denkenden Weltbetrachtung zu sein"[27], so gilt doch für Weber: „Es liegt hier das Vorurteil durchaus fern, als ob Betrachtungen des Kulturlebens, die über die denkende Ordnung des empirischen Gegebenen hinausgehend die Welt metaphysisch zu deuten versuchen, etwa schon um ihres Charakters willen keine Aufgabe im Dienste der Erkenntnis erfüllen könnten."[28]

Kurz: Nicht Ablösung der Religion durch Wissenschaft, wie bei Durkheim, sondern das Gegenüber zweier Mächte, deren „letztes inneres Spannungsverhältnis" Max Weber in seiner Religionssoziologie, und insbesondere in den wenigen Seiten der „Zwischenbetrachtung" zur Wirtschaftsethik der Weltreligionen so dramatisch beschrieb.

II. Die „Nützlichkeit" der Religion: Grenzen und Gefahren einer Religionstheorie und ihrer kirchlich-theologischen Vereinnahmung

Zum theoretischen Instrumentarium der Selbstaufklärung modern-westlicher Gesellschaften gehören die Human- und Sozialwissenschaften. Insbesondere wurde die Soziologie zur Deutungsmacht, aus deren Begriffen und damit verbundenen Welt- und Menschenauffassungen das Verstehen der äußeren und inneren Lagen moderner Daseinsverhältnisse gewonnen werden solle. Dahinter steht die zu einem Weltbild geronnene hypostasierte Auffassung von „der Gesellschaft", die als quasi-metaphysische Größe Stellung und Schicksal der in ihr lebenden Menschen bestimmt. „In der Gesellschaft als sozialem System wurde der Mensch zum Wesen, das ganz von der Gesellschaft bestimmt wurde und deshalb in ihr seiner entscheidenden Wirklichkeit begegnete. Auf diese Weise avancierte die Soziologie ... zur Schlüsselwissenschaft, die allein

[27] GARS I; S. 569.
[28] WL; S. 156.

die Menschen über die Mächte, welche sie wie Puppen an ihren Fäden handeln ließ, aufklären, aber zugleich auch mit dem Wissen über gesetzmäßige Zusammenhänge versorgen konnte, das über die Veränderung der Gesellschaft zur Veränderung des Menschen führen könnte."[29]

In den Bann des sozialwissenschaftlichen Weltbildes geriet auch eine sich modernitätsbewußt verstehende Theologie und das von ihr geprägte kirchliche Handeln, wie der Blick auf die einschlägigen Veröffentlichungen und die kirchliche Praxis der vergangenen dreißig Jahre zeigt. Die historische Ironie hierbei ist, daß somit die Theologie sich anschickte, beerbenden Anschluß zu suchen an eine Wissenschaftstradition, die in ihrer Genese von dem aufklärungsbestimmten Pathos bestimmt war, die überlieferte Religion, ja alle Religion zu überwinden – ein religionskritischer Antrieb, der einem Hauptstrom auch der neueren Soziologie immanent blieb.

Zwar ist gegenwartsbezogen die Kulturbedeutung der Soziologie als gesellschaftlich-kultureller Deutungsmacht geschwunden – sei es, daß die Soziologie in einem Prozeß eigener Selbstaufklärung von ihren einstigen Antrieben still zurücktrat, sei es, daß die Glaubensmacht „Wissenschaft" generell einem kulturellen Geltungsschwund unterliegt. Jedenfalls ist auffallend, daß die Analyse und die Diagnose zur Gegenwartsbestimmung und die darüber geführten Diskurse kaum mehr von Soziologen, zunehmend aber wieder von Literaten, Historikern und Philosophen bestritten werden. Dies zeigt sich z.B. am schon zehn Jahre zurückliegenden „Historikerstreit" oder an der gegenwärtigen Debatte um das Schrifttum Martin Walsers.

In solcher Lage ist es bemerkenswert, daß sich, womöglich seltener die akademische Theologie, aber die z.B. in kirchlichen Akademien, theologisch-kirchlicher Publizistik, kirchenamtlichen Studienabteilungen usw. vorgenommenen theologischen Selbstvergewisserungsversuche weithin noch der soziologischen Interpreta-

---

[29] Tenbruck, Friedrich H.: Einleitung zu Michael Bock. Soziologie als Grundlage des Wirklichkeitsverständnisses. Zur Entstehung des modernen Weltbildes; Stuttgart; 1986; siehe auch: Tenbruck, Friedrich H.: Die unbewältigten Sozialwissenschaften oder die Abschaffung des Menschen; Graz/Wien/Köln; 1984.

mente und Welterklärungen bedienen. Hier ist zunächst festzuhalten: Selbstverständlich sind theologische Rede und kirchliches Handeln angewiesen auf ein auch soziologisches Verstehensinstrumentarium gegenwärtiger gesellschaftlicher Lagen, wie denn überhaupt säkulare Gesellschaften zum Verstehen ihrer selbst fortdauernd auf „Soziologie" angewiesen sind. Der kritische Einwand beginnt dort, wo die sozialwissenschaftlichen Analysen und Deutungen nicht mehr heuristisch genommen, sondern dogmatisierend zu letztgültigen Aussagen über Lage und Stellung des Menschen gemacht werden. Hier ist schon deshalb Vorsicht geboten, weil die Veraltungsgeschwindigkeit auch soziologisch-wissenschaftlicher Erkenntnisse bedeutend ist und man sich ihrer schon von daher nicht ohne Distanz bedienen sollte. Dazu kommt: Auch Soziologen können irren und haben geirrt! Und man muß hinzufügen, sie können und müssen irren dürfen – denn dies ist ein integraler Bestandteil von Wissenschaft, die – gerade in ihren besten Vertretern – immer von der Vorläufigkeit und Irrtumsanfälligkeit ihrer selbst gewußt hat. Das Problem entsteht dort, wo in der theologischen und kirchlich-praktischen Rezeption, die sozialwissenschaftlichen Aussagen, die sich oft selbst nur als hypothetische Annäherung an die soziale Wirklichkeit verstehen, reifizierend als Beschreibung der Wirklichkeit selbst genommen werden.

Konkret: Ob „Wertewandel" oder „no-future-Generation", ob einstmals „Spätkapitalismus" dann „Postmoderne" oder schließlich „Zweite-Moderne", ob „Konsumgesellschaft", „Risikogesellschaft", „Erlebnisgesellschaft" und so weiter und so fort – alle diese soziologischen Klein- oder Großtheorien, so erklärungskräftig oder in ihrer Begründung immer schon zweifelhaft sie auch waren: Alle wurden sie theologisch-kirchlich oft in naiver Unmittelbarkeit rezipiert, um theologischer Rede und kirchlichem Handeln Gegenwartsbezug und Aktualität zu sichern. Der Vorgang zwingt zu nachdenklich-kritischer Selbstreflexion angesichts der Einsicht, daß viele der einst geradezu dogmatisch gehandelten sozialwissenschaftlichen Gewißheiten inzwischen zur Makulatur wurden oder nie wissenschaftliche Dignität besaßen.

Als besonders erfolgreiche soziologische Denkfigur hat sich seit Jahren die funktionale Bestimmung der Religion erwiesen. Diese insbesondere im Erbe Emile Durkheims stehende Deutung von

Religion[30], bestimmt diese als „soziale Tatsache“ in ihrer Wirkung, ihrem Nutzen und ihrer Funktion für die Gesellschaft. Die leitende Frage ist nicht die nach Wesen und Inhalt der Religion, sondern: Was bewirkt sie und welche Funktion übt sie aus? Oder noch genauer: Was „Religion“ jeweils heißen soll, wird bestimmt von der gesellschaftlichen Funktionalität, die sie ausübt. Es ist hier nicht der Ort, die einzelnen Theorieentwürfe – auch in ihrer Unterschiedenheit – darzustellen, wie sie im deutschen Sprachraum prominent insbesondere von Thomas Luckmann, Niklas Luhmann und Hermann Lübbe vorgelegt wurden oder gar die Herkunftsgeschichte, den systematisch-theoretischen Ort des „funktionalen Arguments“ auch nur zu skizzieren. Hierzu ist ausdrücklich auf das weitausgreifende Werk von Heinz Theo Homann zu verweisen.[31] Im folgenden geht es vielmehr um die Tatsache, daß die soziologisch-funktionale Religionsauffassung breiten Einzug auch in das theologische Denken und in die kirchliche Publizistik gehalten hat. Einige der Grenzen und möglichen Gefahren der funktionalen Religionsauffassung in knappster und ganz fragmentarischer Skizze aufzuzeigen, ist die Absicht der folgenden Ausführungen.

Welches sind die Gründe für die angedeutete Karriere funktionaler Religionsauffassung im theologisch-kirchlichen Raum? Hier wird die These vertreten, daß eine der Hauptantriebe ein kirchlich-apologetisches Interesse ist, um auf den gesellschaftlich-kulturellen Geltungsschwund des Christentums und den sozialen Bedeutungsverlust der Kirchen Antwort zu finden.

Man kann sich vorab die ganz praktisch-aktuelle Bedeutung der funktionalen Logik vor Augen halten, wenn man die kirchlich-offizielle Argumentation bei der Abschaffung des evangelischen Buß- und Bettages oder die gegenwärtige Diskussion um die Beibehaltung des arbeitsfreien Sonntags betrachtet. Zunächst ist die Diskussion um kirchliche Feiertage selbst ein Indiz für den kulturellen Geltungsschwund des Christentums und den sozialen Bedeutungsverlust der Kirche; ein Vorgang wie die Abschaffung des

30 Siehe hierzu den vorstehenden Beitrag.

31 Homann, Heinz Theo: Das funktionale Argument. Konzepte und Kritik funktionslogischer Religionsbegründung; Paderborn/München/Wien/Zürich; 1997.

Buß- und Bettages wäre vor Jahrzehnten undenkbar gewesen. Die kirchliche Reaktion aber hierauf beruhte im wesentlichen – wie auch bei der Diskussion um den Sonntag – im funktionalen Argument, Feiertage seien doch gesellschaftlich nützliche Einrichtungen, ihr Verlust bedeute den Wegfall der gesellschaftlichen Funktion, die ihnen eignen. Das Argument freilich führte (und führt) unverzüglich in eine Sackgasse. Denn die politischen Abschaffungsbetreiber des Buß- und Bettages – so insbesondere der damalige Arbeitsminister Blüm – argumentierten ihrerseits funktional: Das sozial hohe Gut der Finanzierung der Pflegeversicherung sei in seiner gesellschaftlichen Nützlichkeit höher zu bewerten, als die Nützlichkeit eines kirchlichen Feiertages, den abzuschaffen womöglich bedauerlich, aber am ehesten noch bei der gesellschaftlich sich marginalisierenden evangelischen Kirche durchzuführen sei.[32]

Das Beispiel zeigt vorweg die Begrenztheit und Problematik des Funktionalismus in Fragen der Religion. Wenn die Religionsvertreter selbst zentral funktional argumentieren, womöglich ihre eigene Selbstvergewisserung funktional begründen, erhebt sich unverzüglich die Frage nach den funktionalen *Äquivalenten* dessen was man religiös vertritt. Wenn nämlich funktionale *Äquivalente* auftreten, die „nützlicher", gesellschaftlich funktionaler, ja ganz banal im umfassenden Sinne „kostengünstiger" sind, gibt es – im Horizont funktionalen Denkens – kein Argument mehr, das dagegen ins Feld zu führen wäre.

Die Problematik, ja mögliche Gefahr religiös-funktionalen Denkens sei im folgenden an zwei Sachverhalten dargestellt.

1. Die Bestimmung der Religion unter dem Aspekt ihrer *Nützlichkeit*, die Moral und Glaube ineins fallen läßt, verweist auf einen tiefgreifenden okzidental-modernitätsgeschichtlichen Vorgang: Wenn sich nachaufklärerisch mit den Mitteln der kognitiven Vernunft die Frage nach der Wahrheit der Religion und insbesondere des christlichen Glaubens nicht mehr entscheiden läßt, so gäbe es doch den Ort der gelebten *Pra-*

[32] Bemerkenswert ist, daß es drei bewußt katholische Ministerpräsidenten waren, die sich der Abschaffung des evangelischen Feiertages – und am Beispiel Sachsens auch erfolgreich – widersetzten.

xis, in dem sich Wahrheit und Wesen der Religion zeige. Im lebenspraktischen Vollzug, also in der Ethik, bewahrheite sich Religion – so ein Hauptstrom aufklärungsgestimmten Bewußtseins. Dazu tritt die eingangs erwähnte Dominanz „der Gesellschaft" als Weltbild. Wenn nur die Gesellschaft es ist, die als letzte, dann quasi-metaphysische Größe Handeln, Denken und Fühlen der Menschen bestimmt, so wird auch die Religion nur nach ihrer funktionalen Brauchbarkeit für die Gesellschaft gemessen, ja nur noch so überhaupt identifiziert werden können.

Die Rezeption dieser Denkfigur im theologisch-kirchlichen Raum, die seit Jahrzehnten so dominant geworden ist, läßt sich unschwer als apologetische Reaktion auf den Bedeutungsschwund von Christentum und Kirche deuten: Mögen auch die religiösen Botschaften und dogmatischen Gehalte des Christentums im Lebensführungshorizont der Menschen sich verflüchtigen und kulturell verdampfen, so kann doch immer noch die Brauchbarkeit der Religion behauptet werden. In gesellschaftspolitischer, sozialtechnologischer, sozialtherapeutischer oder gesellschaftsdiakonischer Programmatik soll sich die Nützlichkeit von Christentum und Kirche erweisen. Mögen auch die Kirchen als Institutionen in einem Prozeß der Privatisierung und Marginalisierung gesellschaftlich randständig geworden sein, ihre religiöse Funktion für den Zusammenhalt der Gesellschaft müßte ihr doch Akzeptanz und Bestand sichern; dies nicht zuletzt unter Berufung auf kommunitaristische oder zivilreligiöse Konzepte. Der Weg ist freilich notwendig ein Weg in die Sackgasse, wobei nur zwei Einsichten genannt seien:

Zum einen ist noch einmal daran zu erinnern, daß wo funktional, z.B. in Nützlichkeitsaspekten gedacht wird, sogleich und unvermeidlich die Frage nach den funktionalen Äquivalenten auf den Plan tritt. Was also ist, wenn z.B. säkular-diesseitige Programme effektiver und im Wahrnehmungshorizont der Menschen auch verstehbarer leisten, als dies christlich-kirchlich sich artikulierende Nützlichkeitsanstrengungen tun können? Einer Religion, die zentral unter den Aspekt ihrer im weitesten Sinn gesellschaftlichen Brauchbarkeit verstanden und vertreten wird, bleibt dann nur der weitere gesellschaftliche Rückzug, wenn andere Gesellschaftsagenturen ebenso oder besser können, was der Leistung der Religion zugeschrieben war.

Sodann ist von neuem daran zu erinnern, daß die funktionale Frage nach dem gesellschaftlichen Nutzen von Religion eine religiös sekundäre, wenngleich nicht zweitrangige Frage ist. So hat insbesondere die reformatorische Theologie immer darauf bestanden, daß das caritative und im weitesten Sinn gesellschaftsdiakonische christliche Handeln *Ergebnis* des Glaubens ist, der zwar, laut Jakobusbrief, ohne „Werke" nicht lebbar ist, diesen aber immer voraus liegt. Doch auch in religionstheoretischer Begründung, sobald sie die utilitaristisch-funktionale Bestimmung von Religion hinter sich läßt, findet sich jene Einsicht wie sie prägnant der japanische Religionstheoretiker Nishitani zusammenfaßt: „Ebenso wenig wie das Leben selbst, sollte die Religion unter dem Gesichtspunkt der Nützlichkeit betrachtet werden. Wenn eine Religion derartigen Überlegungen den Vorrang einräumt, so beweist das nur, daß sie bereits degeneriert ist. ... Was Religion notwendig, was sie für den Menschen notwendig werden läßt, ist dies: Sie läßt uns zum Ursprung des Lebens zurückkehren. Dort ist Leben etwas jenseits von Funktionalität oder Nützlichkeit; das bedeutet, dort gehen wir über unsere übliche Lebensweise hinaus, unsere gewöhnliche Seiensweise wird durchbrochen. ... Wenn vom Wesen der Religion die Rede ist, so befindet sich die Frage: ‚Welchen Zweck hat Religion für uns?' bereits als Frage im Irrtum. ... Die Frage welche die erste Frage durchbricht, ist die Gretchenfrage: ‚Wozu existieren wir?' ... Deshalb verdunkelt die Frage: ‚Warum brauchen wir Religion?' von Anfang an den Weg zur Antwort. Sie blockiert den Weg, auf dem wir uns selbst zur Frage werden."[33]

Dann, das utilitaristisch-funktionale Paradigma überwindend, stellt sich die Frage nach Nutzen und Funktion von Religion und Glaube ganz anders und neu: „Ihr [der Religion] ‚weltlicher' Nutzen, ist um so größer, je unbeirrbarer sie ausschließlich ihre Aufgabe erfüllte, je eindeutiger sie ihre ‚religiöse Eigenart'

[33] Nishitani, Keiji: Was ist Religion?; Frankfurt am Main; 1986; S. 40 f.

wahrte. … Das Faktum der Religion selbst ist ihr wahrer Dienst an der Welt. …“[34]

Der theologische und religionstheoretische Befund läßt sich auf die nur scheinbar paradoxe Formel bringen: Nutzen für die Gesellschaft hat die Religion dort, wo sie nicht um dieses Nutzens willen gelebt wird.

2. Ein weiterer Bereich, in dem das funktionale Denken im kirchlich-theologischen Raum bedeutenden Einfluß ausübt ist ein funktional-elargierter Religionsbegriff, der es erlaubt, die unterschiedlichsten Phänomene „religiös“ zu nennen. Auch hier ist das apologetische Interesse unübersehbar: Wenn esoterische Bewußtseinstechnologien, all die vagierenden Strömungen eines gegenwärtigen Sinnmarktes, aber auch Rockkonzert, Fußballspiel, Love-Parade, Drogenkonsum und so fort, zu religiösen Daseinsäußerungen erklärt werden, ist dies der – anscheinende – Beleg dafür, daß die Welt sich zwar zusehends entkirchlicht, womöglich entchristlicht, aber doch insgesamt religiös durchdrungen ist. So meint man, den kommunikativ-hermeneutischen Anschlußpunkt an die Zeitgenossenschaft gefunden zu haben, sofern es nun darum gehe, was sich gesellschaftlich an „Religion“ regt, wieder in den christlich-kirchlichen Raum einholen zu können. Doch eine solche Strategie ist ein kultursoziologischer und schlußendlich auch theologischer Kurzschluß. Selbst wenn man religionsfunktionaler Logik folgend, all die außeralltäglichen Erlebnisphänomene und Sinnangebote zu „Religion“ erklärt, ist damit über deren mögliche christlich-kirchliche Potentialität noch gar nichts gesagt. Denn was hier „Religion“ genannt wird, tritt mit eigenem Anspruch, mit eigenem Erlebnisbedarf, mit eigenen Inhalten, mit eigenen Menschen- und Daseinsverständnissen auf; deren offener oder geheimer Dogmatik gilt es nachzuspüren.

Jedenfalls verkürzt man sich christlich-kirchlich das Verständnis gegenwärtiger geistiger Lagen, wenn man hier nur ein kommunika-

[34] Schaeffler, Richard: Religion und kritisches Bewußtsein; Freiburg/Br.; 1973 (zit. nach: Homann, Heinz Theo; a.a.O.; S. 497).

tives oder hermeneutisches Sprachproblem sieht. Wie die authentischen Religionen selbst von unterschiedlichen Welt- und Menschenkonzeptionen getragen und bestimmt sind, worauf Max Weber so eindringlich hingewiesen hat, so sind auch die „religiös" genannten Sinnphänomene bestimmt von *eigenen* Daseinsverständnissen und entziehen sich *deshalb* kirchlich-christlichen Einholungsstrategien. Hier geht es also nicht nur um andere *Formen* religiöser Orientierung, wie die funktionale Argumentation es nahe legt, sondern, mit Georg Simmel zu reden, um ein „anderes Glauben": „Im religiösen Glauben aber besteht diese gegenseitige Unabhängigkeit von Inhalt und Funktion nicht: Der Glaube eines anderen Gottes ist ein anderes Glauben. Das ist wie mit dem Gemütsverhältnissen zu Menschen; wenn Liebe sich von dem einen ab – und einem anderen zuwendet, so hat sie nicht nur den Gegenstand gewechselt, sondern je tiefer sie ist, je mehr sie unser *Sein* berührt, desto mehr ist sie eine andere Liebe. Ob man an Jehova, an den Christengott, an Ormuz und Ahriman, an Vitzliputzli glaubt – das ist nicht nur inhaltlich, sondern auch funktionell verschieden, das verkündet ein verschiedenes *Sein* der Menschen."[35]

In alldem ist nicht bestritten, daß das funktionale Religionsverständnis ein begrenztes heuristisches Instrumentarium darstellen kann, um die Breite der gesellschaftlich wirksamen Sinnorientierungen – auch im Horizont z.B. christlicher Apologetik – in den Blick zu bekommen. Aber noch einmal: Dann muß die „religiöse" Eigenart und der jeweils damit verbundene eigene Wahrheitsanspruch wahrgenommen und festgehalten werden. Zu warnen ist vor jenen kurzschlüssigen Konzepten, die mit Begriffen wie „Alltagsreligion", „impliziter Religion", „unsichtbarer Religion", usw., alles was gesellschaftlich als „Sinn" oder außeralltägliche Erlebnisse identifiziert wird, flugs zu „Religion" erklären, – womit

[35] Simmel, Georg: Gesammelte Schriften zur Religionssoziologie (Hrsg. mit einer Einleitung von Horst Jürgen Helle; Berlin; 1989); S. 58; siehe hierzu auch meinen Versuch „säkulare Religion" in der nur ihr zukommenden Eigenart zu bestimmen: Küenzlen, Gottfried: Der neue Mensch. Eine Untersuchung zur säkularen Religionsgeschichte der Moderne; München; 1994 (Frankfurt am Main; 1997); bes. S. 269 ff.

man nur einem funktionalen Religionsverständnis aufsitzt, dem alle religiösen Katzen grau sind.

Sich solchen Konzepten gegenüber distanziert zu verhalten, ist auch aus einem weiteren Grund geboten; dies gilt insbesondere für eine christlich-theologische und kirchliche Thematisierung der vielfachen Sinnorientierungen und außeralltäglichen Erlebnisangebote: Das funktionale Denken verführt dazu, den Menschen selbst nur noch in Funktionalitäts- und Verwertungskategorien zu verstehen und setzt damit die modernitätstypische Dynamik der Depersonalisierung des Menschen fort. Konkret: Wer ins Rockkonzert geht, geht eben ins Rockkonzert, und findet dort, was er sucht. Ihn aber deshalb zum „religiös Suchenden" oder gar zum „latenten Christen" zu erklären, ist nicht bloß ein bestenfalls hilflos christlich-apologetischer Einholungsversuch, – es nimmt dem so funktional Traktierten seine personale Würde.

Aus der Fülle der weiteren Aspekte seien abschließend nur noch zwei genannt:

1. Der Funktionalismus kennt keine *Geschichte*. Auch hier ist es das Erbe des Werkes Emile Durkheims, in dem die Funktion der Religion für die Gesellschaft das Ewige, deren Inhalt aber das historisch Vergängliche und schließlich Austauschbare darstellt. Somit aber wird die Religion in ihrer historischen Genese, aber auch die mögliche kultur- und gesellschaftsbestimmende und damit geschichtswirksame Macht der Religion ganz ausgeblendet. Wenn wir gegenwärtig den Blick über Europa hinaus richten, wird augenscheinlich wie sehr die Religion, immer noch oder wieder neu Macht über Menschen ausübt und somit in die Geschichte zurückgekehrt ist. Was mißleitend in die Formel vom „Fundamentalismus" gepreßt wird, läßt sich in der funktionalen Religionstheorie in seiner möglichen Kulturbedeutung nicht erklären. So wird gerade auch die christliche Apologetik gut daran tun, in ihren Bemühungen um das Verstehen der religiösen Gegenwartskultur, deren historische Verortung zentral im Blick zu halten.
2. In alldem ist die entscheidende Einsicht noch nicht benannt, zu der aber jede Beschäftigung mit dem Funktionalismus führt und die auch die vorherigen Ausführungen immer mit

bestimmt hat: Der Funktionalismus hebt die Frage nach der *Wahrheit* der Religion auf. Diese These auch nur in knappstem Umriß zu entfalten, ist hier nicht der Ort. Und überhaupt: Was ist Wahrheit?

Doch bleibt im Kontext dieser Überlegungen wenigstens noch anzufügen: Das funktionale Denken kann die Frage nach Wahrheit und Unwahrheit nicht einmal mehr als *Frage* stellen. „Wahr" an Religion ist im Horizont eines exklusiven funktionalen Religionsverständnisses das, was die erforderliche soziale Funktion erfüllt und damit gesellschaftlich notwendig ist; das Disfunktionale ist das „Unwahre" und damit Unnötige. Damit aber ist in religionstheoretischer Außen- wie in theologischer Binnenperspektive das Wesen der Religion – und ganz gewiß der christlichen – nicht nur reduziert, sondern verfehlt. Der homo-religiosus weiß sich seiner Wahrheit verpflichtet, auch wenn diese in der gesellschaftlich-funktionalen Rechnung als das Unnötige und nicht Verrechenbare bilanziert wird.[36]

Und schließlich: Wo ein funktional elargierter Religionsbegriff, unter Ausschluß der Frage nach der Wahrheit, alles was gesellschaftlich an subjektiv erfahrenem „Sinn" identifiziert werden kann, zu „Religion" erklärt, ist der Frage nicht auszuweichen: Wie läßt sich dann „Sinn" von „Un-Sinn" unterscheiden? „Die Gefahr, die in der Gleichsetzung des religiösen Seins des Menschen mit seinem Bewegtsein vom Sinn liegt, besteht in der simplen Tatsache, daß es auch falschen Sinn gibt. Wenn die subjektive Erfahrung von Sinn bereits die Wahrheit des Erfahrenen zu verbürgen vermöchte, dann wäre die Differenz zum Wahn beseitigt."[37]

So ist es an der Zeit, im theologisch-kirchlichen Raum in kritischer Selbstreflexion das Deutungsmuster des funktionalen Religionsverständnisses, das vordergründig so handhabbar scheint, in seinen Grenzen und Gefahren zu überdenken.

---

[36] Vgl. hierzu: Jüngel, Eberhard: Wertlose Wahrheit; in: Schelz, Sepp (Hrsg.): Tyrannei der Werte; Hamburg; 1979; S. 45–75.

[37] Rohrmoser, Günter: Die methaphysische Situation der Zeit. Ein Traktat zur Reform des religiösen Bewußtseins; Stuttgart; 1975; S. 126.

Fünftes Kapitel
Ausblicke

Vorbemerkung

Im folgenden verzichte ich auf eine „Zusammenfassung" der vorstehenden Sachkapitel. Diese Beiträge müssen für sich selber sprechen, zumal ich versucht habe, sie jeweils in die allgemeineren geistig-kulturellen Lagen einzuordnen. Im folgenden geht es vielmehr um den Versuch, *einige* der Fragen zu thematisieren, die ausgesprochen oder implizit schon anklangen und die sich jetzt und in absehbarer Zukunft zum Thema „Religion" stellen. Diese wenigen Hinweise und Bemerkungen sind unabgeschlossen und fragmentarisch und somit in vielfacher Hinsicht vorläufig.

1. Die Zukunft des Christentums als Frage nach der Zukunft Europas

Das vor uns liegende Jahrhundert wird – so nicht viele Anzeichen trügen – *auch* von der Macht der Religion geprägt sein. Die großen Weltreligionen kehren, nach dem Ende der säkularen Ideologien, als Lebensführungsmacht, als Garanten kultureller Identität und als religionspolitische Gestaltungskräfte zurück. Dies gilt auch für das nichtwestliche Christentum, das bald eine Milliarde Anhänger umfassen wird.

Die Tragik des westeuropäischen Christentums ist es, daß es in solcher Wiederkehr der Religion keinen öffentlich-wirkenden

Platz einnehmen wird – soweit wir zu blicken vermögen. Seine kulturelle Entmächtigung *und* die kulturelle Ermächtigung der Säkularität haben zu tiefgreifende herkunftsgeschichtliche Wurzeln und anhaltende Gegenwartsdynamik, als daß eine bevorstehende Umkehr dieses Prozesses auch nur zu ahnen wäre.

Zu den erstaunlichsten Beobachtungen, die man gegenwartsdiagnostisch gerade in Deutschland machen kann, gehört, daß dieser Befund keinerlei geistige Unruhe erzeugt. Gerade auch die heutige Kulturintelligenz, freigestellt zur Reflexion über Lage und Schicksal unserer gesellschaftlichen und kulturellen Verhältnisse, scheint von dieser Erosion des Christentums ganz unberührt. Man hat sich im liberalen juste milieu – wie es scheint – auf die Religion bezogen in einer gemütlichen Stube milder Religionskritik oder Religionsindifferenz eingerichtet. Hier gilt die Frage nach der Zukunft des europäischen Christentums für unwichtig, weil erledigt oder nachrangig, wichtig nur für die gesellschaftlichen Restbestände eines christlich-kirchlichen Sondermilieus.

Solch aufklärungsgestimmtes, teils im Erbe der Religionskritik des neunzehnten Jahrhunderts stehendes Bewußtsein ist freilich inzwischen selbst seltsam antiquiert und abgestanden. Nicht nur, daß solches Bewußtsein in eurozentrischer Selbstbornierung die Augen verschließt vor der beschriebenen weltweiten Rückkehr der Religionen als wirkendem und realpolitischem Faktor und hilflos, weil ohne Kategorien damit nichts anzufangen weiß; vielmehr auch in Europa selbst wird man künftig mit Restbeständen aufklärerischer Religionskritik oder auch schiedlich-friedlicher Religionsindifferenz geistig nicht mehr lange überwintern können. Dies gilt spätestens dann, wenn die nach Europa schon längst einwandernde Religion, die ihrer selbst fraglos sicher ist, sich zunehmend öffentlichen Rang und Geltung verschaffen wird, nämlich der Islam. Welche neue Lagen sich hier auftun, wollen wir in einem späteren Abschnitt thematisieren.

Doch auch unabhängig davon, geht es um eine grundsätzliche Einsicht: die entscheidende Kulturfrage ist *zunächst* gar nicht die nach der Zukunft des europäischen Christentums, sondern die nach der Zukunft der europäischen Kultur selbst. Genauer: Welche Zukunft hat, wohin bewegt sich die europäische Kultur, in der die sie einst prägende Herkunftsreligion sich kulturell marginalisiert hat?

Diese Frage wenigstens als *Frage* offen zu halten – dazu zwingt die Erinnerung daran, daß nahezu alle „westlichen“ Welt- und Menschenauffassungen, das Ensemble all dessen, daß wir inzwischen die westlichen „Werte“ nennen, christentumsgeschichtlicher Herkunft entstammen. Dabei geht es nicht um bloße „Ehrfurcht“ vor einem abgelebten musealen Erbe, sondern um ein Bewußtsein davon, daß Kulturen und damit auch Gesellschaften *auch* leben von den Ideen, Welt- und Menschenbildern, die in ihnen lebendig und bestimmend sind. *Deshalb* – noch einmal – ist die Frage nach der kulturellen Zukunft Europas so andrängend, weil das zumindest westliche Europa von seiner geistig-religiösen Herkunftsgeschichte nur noch ein residuales Bewußtsein hat oder sich ganz von ihm trennte.

Gewiss sind uns die Vorstellungen von einem „christlichen Europa“ ganz fremd und unverständlich geworden, in die sich der Freiherr von Hardenberg – Novalis – in romantischer Verklärung zurückträumte: „Es waren schöne, glänzende Zeiten, wo Europa ein christliches Land war, wo *eine* Christenheit diesen menschlich gestalteten Weltteil bewohnte; *ein* großes gemeinschaftliches Interesse verband die entlegendsten Provinzen dieses weiten geistlichen Reiches. – Ohne große weltliche Besitztümer lenkte und vereinigte *ein* Oberhaupt die großen politischen Kräfte …“[1]

Zwar waren auch für Novalis schon 1799 diese Zeiten längst versunken und Europa geschüttelt von Raserei und neuen Kriegen, als Folge „des modernen Unglaubens“ als des „Schlüssels zu allen ungeheueren Phänomenen der neuern Zeit“ (S. 296). Doch das „Neue Europa“ wird als Wohnstätte „neuer Menschen“ sich bilden, dann wenn das Christentum als Seele dieses Europas wieder aufersteht: „Wer weiß, ob des Kriegs genug ist, aber er wird nie aufhören, wenn man nicht den Palmenzweig ergreift, den allein eine geistliche Macht darreichen kann. Es wird solange Blut über Europa strömen, bis die Nationen ihren fürchterlichen Wahnsinn gewahr werden, der sie im Kreise herumtreibt, und, von heiliger Musik getroffen und besänftigt, zu ehemaligen Altären in bunter Vermischung treten, Werke des Friedens vornehmen und ein

[1] Die Christenheit oder Europa. Ein Fragment von Novalis (1799); in: Die Deutschen Romantiker; Bd. 1; Salzburg; 1986; S. 287.

großes Liebesmahl als Friedensfest auf den rauchenden Walstätten mit heißen Tränen gefeiert wird. Nur die Religion kann Europa wieder aufwecken und die Völker sichern und die Christenheit mit neuer Herrlichkeit sichtbar auf Erden in ihr altes friedenstiftendes Amt installieren." (S. 301)

Dies alles also ist uns nur noch ein Zeugnis einer versunkenen geistigen Welt und der Traum des Novalis von einem bevorstehenden „christlichen Europa" nur noch Illusion. Man halte sich als Kontrast die gegenwärtigen Beratungen zu einem Verfassungstext der Europäischen Union vor Augen. Hier ist derzeit noch völlig offen, ob auch nur das Wort „christlich" in einer Präambel Aufnahme finden darf, oder ob man sich allenfalls auf ein verdünntes: „spiritual heritage" verstehen kann. Ob man damit – gerade in der gegenwärtigen Weltlage – auf Dauer europäisch wird bestehen können, darf aber – noch einmal – als Frage wenigstens offen gehalten werden. Es könnte ja sein, daß bei Novalis – in all seiner romantisch-katholischen Nostalgie, doch auch eine vorwärtsgewandte Aktualität aufscheint: Nämlich, daß auch das Christentum als kulturelle Kraft zum Bau des künftigen Europas gehört und seine „Völker sichern" hilft.

Die Frage nach der Zukunft des Christentums als Frage nach der Zukunft Europas – diese Frage ist in ihrer kulturellen Tiefenschärfe bei keinem klarer gestellt als bei Friedrich Nietzsche. Freilich, die Literatur zu Nietzsche und seines Verhältnisses zum Christentum ist nahezu unübersehbar. In den folgenden knappen Bemerkungen und Hinweisen kann es nicht auch nur ansatzweise um eine Nietzsche-Interpretation gehen, sondern darum, im Blick auf Nietzsche die obige Frage in ihrer möglichen Dimension und Dramatik noch genauer zu bestimmen.

Daß Nietzsche der neuzeitlich radikalste Christentumskritiker war, ist – auch in popularisierter Verbreitung – bekannt. Alle Christentumskritik seitdem steht im Schatten Nietzsches. Die Wucht dieser Christentumskritik Nietzsches erschließt sich freilich erst, wenn man sie versteht als Aussage über das Schicksal der europäischen Kultur selbst. Wer von Nietzsche nur weiß, daß er den „Tod Gottes" konstatiert und den Abschied vom Christentum proklamiert hat, der hat ihn nur halb und damit gar nicht verstanden. Vielmehr, für Nietzsche ist mit der Frage nach der Zukunft des

Christentums auch die Frage nach der Zukunft der europäischen Kultur eindeutig beantwortet: Mit dem Ende des Christentums ist auch die bisherige Kultur Europas an ihr Ende gekommen.

Dies läßt sich kurz verdeutlichen am Beispiel zweier Aphorismen, in denen zugleich das Ungeheuere des Vorgangs, so wie ihn Nietzsche beschreibt, aufscheint:

„Am Sterbebett des Christenthums. – Die wirklich activen Menschen sind jetzt innerlich ohne Christenthum, und die mässigeren und bedachtsameren Menschen des geistigen Mittelstandes besitzen nur noch ein zurechtgemachtes, nämlich ein wunderlich vereinfachtes Christenthum. Ein Gott, der in seiner Liebe Alles so fügt, wie es uns schließlich am besten sein wird, ein Gott, der uns unsere Tugend wie unser Glück giebt und nimmt, so daß es im Ganzen immer recht und gut zugeht und kein Grund bleibt, das Leben schwer zu nehmen oder gar zu verklagen, kurz, die Resignation und Bescheidenheit zur Gottheit erhoben, – das ist das Beste und Lebendigste, was vom Christenthum noch übrig geblieben ist. Aber man sollte doch merken, daß damit das Christenthum in einen sanften Moralismus übergetreten ist: Nicht sowohl ‚Gott, Freiheit und Unsterblichkeit' sind übrig geblieben, als Wohlwollen und anständige Gesinnung und der Glaube, daß auch im ganzen All Wohlwollen und anständige Gesinnung herrschen werden: Es ist die Euthanasie des Christenthums."[2]

Am „Sterbebett" des Christentums geht es also – für Nietzsche – nicht um ein bloßes Erlöschen des Christentums, sondern um seine „Euthanasie". Zu solcher „Euthanasie" gehört, daß Nietzsche – wie er in zahlreichen anderen Stellen immer wieder betont – nicht behauptet, alles „Christliche" sei verschwunden; dies lebt vielmehr in banalisierter und trivalisierter Transformation weiter, wofür insbesondere bei Nietzsche der Begriff der „Dekadenz" des Christentums steht. Doch was das Christentum einst war, das sich auf „Gott, Freiheit und Unsterblichkeit" gründete, hat mit dem Verlust dieses seines geistigen Zentrums als kulturbestimmende Kraft aufgehört zu existieren.

---

[2] Nietzsche, Friedrich: Morgenröthe, Aph. 92, Kritische Studienausgabe; Bd. 3; München; 1988; S. 85 f.

So sehr dieser Aphorimus Anlaß böte zur Reflektion über gegenwärtige Christentums- und Kirchenverhältnisse („sanfter Moralismus"!), ist, davon abgesehen, in ihm nur die eine Seite der Diagnose Nietzsches formuliert. In immer neuen Anläufen hat Nietzsche beschrieben, was für ihn das Ende des Christentums als Kulturmacht *bedeutet*. Dies sei mit Sätzen aus dem berühmten Aphorismus „Der tolle Mensch" wenigstens angedeutet. „Der tolle Mensch", der auf dem Marktplatz mit der Laterne nach Gott sucht, ruft: „Wohin ist Gott? ... ich will es euch sagen! *Wir haben ihn getödet!.*" Doch dann fährt er fort: „Aber wie haben wir dies gemacht? Wie vermochten wir das Meer auszutrinken? Wer gab uns den Schwamm, um den ganzen Horizont wegzuwischen? Was thaten wir, als wir diese Erde von ihrer Sonne losketteten? Wohin bewegt sie sich nun? Wohin bewegen wir uns? Fort von allen Sonnen? Stürzen wir nicht fortwährend? Und rückwärts, seitwärts, vorwärts, nach allen Seiten? Giebt es noch ein Oben und ein Unten? Irren wir nicht wie durch ein unendliches Nichts? Haucht uns nicht der leere Raum an? Ist es nicht kälter geworden? Kommt nicht immerfort die Nacht und mehr Nacht? Müssen nicht Laternen am Vormittage angezündet werden? Hören wir noch Nichts von dem Lärm der Todtengräber, welche Gott begraben? Riechen wir noch Nichts von der göttlichen Verwesung? – auch Götter verwesen! Gott ist todt! Gott bleibt todt! Und wir haben ihn getödtet! Wie trösten wir uns, die Mörder aller Mörder? Das Heiligste und Mächtigste, was die Welt bisher besaß, es ist unter unseren Messern verblutet ..."[3]

Für Nietzsche ist die Beschreibung des Todes Gottes in diesem Aphorismus die Beschreibung eines ungeheuerlichen Verlustes, nämlich des „Heiligsten und Mächtigsten". In drei Bildern faßt Nietzsche diesen Verlust: Meer, Horizont und Sonne. Als Ergebnis heißt dies: All das, was einer über zweitausend-jährigen Kultur in Antike und Christentum metaphysische Tiefe („Meer"), kulturelle

[3] Nietzsche, Friedrich: Die fröhliche Wissenschaft, Aph. 125, Kritische Studienausgabe; Bd. 3; München; 1988; S. 480 f. Vergleiche hierzu die überzeugende und philosophiegeschichtlich erhellende Interpretation von Günter Rohrmoser; in: Rohrmoser, Günter: Nietzsche als Diagnostiker der Gegenwart; München; 2000; S. 276–286.

Gestalt („Horizont") und geistiges Zentrum („Sonne") gab, ist mit der Tötung Gottes geschwunden. Zurück bleibt die Erwartung des „unheimlichsten aller Gäste" des Nihilismus („Irren wir nicht wie durch ein unendliches Nichts?").

Es kann und braucht uns – noch einmal – hier nicht darum gehen, ob Nietzsche in seiner Kulturkritik „recht" hat und schon gar nicht darum, wie sein eigner Entwurf zur Überwindung des Nihilismus, etwa in der Botschaft vom kommenden Übermenschen als des „eigentlichen Sinnes der Erde" aussieht oder zu bewerten ist. Vielmehr: Nietzsches Diagnose der europäischen Kulturentwicklung *zwingt* dazu, die in der kulturellen Erosion des europäischen Christentums beschlossene Frage überhaupt wieder als *Frage* zu erkennen: Wie sieht die Zukunft einer Kultur aus, deren Herkunftsreligion ihre einst prägende Kraft verlor?

2. Die Stunde Allahs?

Die Zeiten aber sind nunmehr vorüber, in denen man das Thema „Religion" auch als Frage nach der Zukunft Europas als erledigt abtun konnte. Vielmehr ist dies inzwischen eine höchst realistische, ja andrängend *realpolitische* Frage. Denn vor unseren Augen vollzieht sich ein geschichtlich für Europa einzigartiger Vorgang: Mit den muslimischen Migrationsströmen hält der Islam in Europa Einzug. Wir haben noch gar nicht begriffen und *können* auch noch nicht wirklich verstehen, was dieser Vorgang für Europa und auch insbesondere für Deutschland bedeutet und noch bedeuten wird.

Was einst in Tours und Poitiers, dann im südlichen Spanien und Jahrhunderte später vor den Toren Wiens durch den Sieg des „christlichen Abendlandes" endete, nämlich das Vordringen des Islam, ist heute unaufhaltsame Realität. Der Islam *ist* in Europa angekommen; und dies nicht nur in marginaler, sondern auch jetzt schon quantitativ bedeutsamer Verbreitung. Lebten in den Jahren nach dem Zweiten Weltkrieg weniger als eine Millionen Muslime in Westeuropa – den europäischen Sonderfall der Bosnijaken und teilweise Albaner beiseite gesetzt – so sind dies heute allein in Frankreich, England und Deutschland ca. 15 Millionen Muslime und deren Zahl wird in zwei Jahrzehnten auf ca. 30 bis 40 Millionen angewachsen sein. Zwischen 1970 und heute hat sich die Zahl der in Deutschland errichteten muslimischen Gebetsräume um mehr als tausend Prozent erhöht. Die Zahlen und Statistiken ließen sich fortsetzen, sind aber in unserem Fragezusammenhang eher zweitrangig. Vielmehr geht es um die Bedeutung des Vorganges.

Hier stellen sich im wesentlichen zwei Fragen, die freilich ineinander fließen:

Erstens: *Welch* eine Religion ist es, die hier Einzug hält? Von welcher religionswissenschaftlichen, religionskulturellen und religionspolitischen *Eigenart* ist sie? Oder anders gewendet: Welche Bedeutung hat es, daß es der *Islam* ist, der in Europa ankommt? Sodann zweitens: Welche kulturelle, gesellschaftliche und möglichen langfristig zukunftsprägende Bedeutung hat die Präsenz des Islams für *Europa selbst*? Welche gesellschaftlichen, politischen und kulturellen Lagen sind es, die den Einzug des Islam nach Europa ermöglichen, die seine dauerhafte Verwurzelung begünstigen oder auch hemmen?

Hierzu wenige Hinweise und Anmerkungen, die sich insbesondere auf Deutschland beziehen.

Zunächst berührt es auch hier eigenartig, daß die politischen Eliten und weithin auch die herrschende Kulturintelligenz durch die bevorstehende Teilislamisierung Europas und eben auch Deutschlands wenig berührt, gar beunruhigt scheinen. Auch darin zeigt sich, daß das Bewußtsein von der möglichen Macht einer Religion, wie von der Macht der Kultur überhaupt geschwunden ist. Zudem scheint man sich der Fundamente des säkularen Rechtsstaates auf Dauer sicher. Allenfalls werden diffuse „Ängste“ weiter Teile der deutschen Bevölkerung vor „dem“ Islam zugestanden, die es zwar zu „verstehen“, aber durch volkspädagogische Einwirkung zu zerstreuen gelte. Die gängige und immer neu verbreitete Argumentation lautet: Der westlich-liberale Verfassungsstaat hat sein Verhältnis zur Religion gültig und auf Dauer geregelt. So hat sich, bezogen auf das Verhältnis von Religion und Politik, die politische Neutralisierung religionspolitischer Geltungsansprüche durchgesetzt. Religionsfreiheit ist ein Konstituens des westlich-säkularen Staates und meint die Freiheit, eine Religion bekennen zu dürfen oder nicht bekennen zu müssen – *ohne* daß die staatsbürgerliche Rechtstellung davon berührt wäre. Der religionsneutrale säkulare demokratische Staat und die Werte unserer Verfassung sind die Garantiemächte dafür, daß jede Religion frei gelebt werden, Staat und Politik selbst aber nicht unmittelbar bestimmen kann. Im übrigen sind die religiösen Wahrheitsansprüche gleich welcher Herkunft und Prägung, hineingestellt in den prinzipiellen Pluralismus der Lebensführungsangebote, der für das Selbstverständnis liberaler Gesellschaften konstitutiv ist.

Solcher und ähnlicher Argumentationen ist grundsätzlich natürlich ohne Einschränkung zuzustimmen, wollte man nicht hinter entscheidende Bestände gelungener Aufklärung zurückfallen, die den Weg der westlich-säkularen Moderne wesentlich bestimmt haben, wie dies an einzelnen Beiträgen dieses Buches auch immer wieder aufgewiesen wurde. Doch ist damit das Realproblem, das sich mit der Präsenz des Islam stellt, noch nicht wirklich berührt; dies lautet nämlich: Was ist, wenn wir es kulturell und gesellschaftlich, mit einer Religion zu tun haben, die von diesem Prozeß, also dem Auseinandertreten von religiöser Wahrheit und politischer Geltung unberührt geblieben ist, die womöglich davon weiter unberührt bleiben *will*, oder die ohne Selbstpreisgabe ihrer religiösen Herkunftsidentität davon unberührt bleiben *muß*? Allein schon religionswissenschaftliche Dignitätsansprüche, vor allem aber ein gegenwartsdiagnostisch-kritischer Blick zwingen dazu, solche Fragen dem Islam gegenüber zu stellen.

Eine der zentralen Fragen lautet: Kann der Islam jenes elementare Fundament aufgeben, das ihn von Anfang an prägt und trägt, nämlich: Der Islam ist das Gesetz und das Gesetz ist der Islam?

Hier hilft wohlgemerkt auch jene von gutmeinenden, vor allem von westlichen „Dialogikern“ vorgenommene Aufspaltung in einen „eigentlichen“, tolerant-reformbereiten und damit modernitätsverträglichen Islam und in einen fundamentalistisch-islamistisch verirrten Islam nicht weiter. Man tut dem Islam als *Religion* auch keine Ehre an, wenn man ihn mit westlich-wohlwollender Hermeneutik uminterpretiert. Festzuhalten ist vielmehr: Den „göttlichen Gesetzen kommt … im islamischem Glauben eine zentrale Stellung zu: Da die Gesetze unmittelbar als Gottes Wille verstanden werden, ist ihre Befolgung Gottesdienst im wahren Sinne des Wortes – sie ist nicht ein Bestandteil des Islam unter anderen, sondern das Leben nach den Gesetzen ist der ganze Islam … Aus dieser zentralen Stellung des Gesetzes folgt, daß es idealerweise das gesamte Rechtswesen der Gemeinschaft diktiert. Das gottgemäße Leben wird in der Gemeinschaft der Muslime geführt, eine Trennung von Staat und Kirche wie im Christentum ist deshalb nicht möglich."[4]

Nicht fundamentalistische Verirrung, sondern der Vollzug des Grundsatzes nachdem der Islam Religion *und* Staat (din-wa-daula) ist, war prägendes Element muslimischer Gesellschafts- und Staatsverhältnisse von der Urgemeinde Medina, als dem Leit- und Zielbild muslimischer UMMA und ist dies bis heute geblieben. Es ist hier nicht der Ort, Stufen und Stadien jenes Versuches nachzuzeichnen, die es in der islamischen Geschichte, vor allem in Gestalt islamischer Philosophie, auch gegeben hat, nämlich, das islamische Gesetz reformerisch an veränderte Lagen anzupassen.

Unsere Frage lautet vielmehr noch einmal: Kann der Islam, dessen Religion das alles, auch Staat und Gesellschaft durchdringende und bestimmende Gesetz *ist*, auf dem Weg in Europa sich selbst so transformieren, daß er auf Dauer auf das zentrale Element seiner Religionsidentität verzichtet – oder es zumindest substanziell so verändert, daß es mit der Religionsneutralität des säkularen Staates und dem prinzipiellen Pluralismus westlich-liberaler Gesellschaften vereinbar ist?

Eine weitere zentrale Frage sei wenigstens benannt: Kann der Islam auf seinem Weg nach und in Europa jenen Antrieb aufgeben, der ihm von Anfang an eingewurzelt ist, nämlich: der Antrieb zur Eroberung und Herrschaft.

Max Weber hat die Trägerschichten der „Weltreligionen" idealtypisch so zusammengefaßt: „Will man die Schichten, welcher Träger und Propagatoren der sog. Weltreligionen waren, schlagwörtlich zusammenfassen, so sind dies für den Konfuzianismus der weltordnende Bürokrat, für den Hinduismus der weltordnende Magier, für den Buddhismus der weltdurchwandernde Bettelmönch, *für den Islam der weltunterwerfende Krieger*, für das Judentum

[4] Hansen, Hendrik: Globaler Dschihad? Die Freund-Feind-Unterscheidung im Islam und in der Theorie des Gesellschaftsvertrages; in: Aus Politik und Zeitgeschehen; B18/2002; S. 19.

der wandernde Händler, für das Christentum aber der wandernde Handwerksbursche."[5]

Der „weltunterwerfende Krieger": die Typologie Webers findet im Blick auf die Realgeschichte ihre Bestätigung. Die Geschichte des Islam ist auch die Geschichte seiner Eroberungen und Herrschaftsansprüche. Dies ist nicht zufällig, sondern folgt einer *religiösen* Logik, die ihren Anfang in der Rückeroberung Mekkas und der schließlichen Eroberung nahezu der ganzen arabischen Halbinsel durch Mohamed nahm. Bei diesem Hinweis geht es nicht um die Selbstverständlichkeit, daß auch der Islam bei seiner Verbreitung zu Mitteln weltlicher Gewalt und Herrschaftsausübung gegriffen hat. Solches gehört zur Pragmatik der Verbreitung einer Religion und schon gar „Weltreligion" und ist somit Kennzeichen auch anderer Religionen – womöglich mit der Ausnahme des Buddhismus. Vielmehr geht es darum, daß der Islam *als* Religion der Eroberung und Herrschaftsansprüche in die Geschichte eingetreten ist – gemäß dem geoffenbarten Wort: „Kämpft gegen die, die nicht an Gott und an den Jüngsten Tag glauben und nicht für verboten erklären, was Gott und sein Gesandter für verboten erklärten und die nicht die wahre Glaubenspraxis befolgen … bis diese demütig, ein jeder aus seiner Hand, die Kopfsteuer errichten."[6]

So hat auch die häufig genannte und gerühmte „Toleranz" des Islam, oft am historischen Beispiel der islamischen Herrschaft im südlichen Spanien illustriert, wenig mit der neuzeitlich-aufklärerischen Toleranzidee zu tun. Toleranz, genauer Duldung insbesondere gegenüber den Juden und Christen als den von Abraham herstammenden Vorläufern der vollen Offenbarung, gebührt den „Schutzbefohlenen" (Dhimmis), also den Tributpflichtigen im eroberten Land.

Der Islam als Religion des alles durchdringenden Gesetzes und der Herrschaft: nun wäre es ganz unsinnig, *allein* mit Verweis auf solche Grundelemente des Islam dessen unbedingte Unvereinbarkeit mit europäisch-westlichen Gesellschaftsverhältnissen abzuleiten. Auch Religionen sind historisch wandelbare Gebilde, wie die

---

[5] Weber, Max: Wirtschaft und Gesellschaft; Tübingen; 5. Auflage; 1972; S. 311 (Heraushebung von G. K.).

[6] Koran; Sure 9; Vers 29.

Geschichte der Religionen ständig zeigt. Ebenso ist nicht zu übersehen, daß von „dem" gegenwärtigen Islam zu reden problematisch ist, dieser sich vielmehr in vielfältigen Ausprägungen darstellt. Auch sind die Stimmen gerade mancher deutscher Muslime nicht zu negieren, die auf eine Vereinbarkeit muslimischen Glaubens mit westlichen Lebensverhältnissen hinstreben, ja gerade in der europäischen Diaspora eine Chance islamischer Reformbemühungen sehen: „Auch nach Meinung von islamischen Politikern und Theologen lebt der Islam in seinen Stammländern gegenwärtig in einer Art ‚babylonischer' Gefangenschaft. Von ihm in die Zukunft gerichtete Impulse zu erwarten, wäre geradezu weltfremd. Das Interesse Europas sollte daher in erster Linie den Muslimen und ihren Gemeinschaften in der Diaspora gelten, die teilweise begonnen haben, eine Versöhnung zwischen Islam und technischer Zivilisation zu versuchen, sich mit dem Pluralismus und dem Säkularismus auseinanderzusetzen, die an einem noch nicht endgültig definierten Modell ‚Islam im säkularen Staat' arbeiten."[7]

Wenn auch solche Stimmen nicht beiseite geschoben werden dürfen, so zeigt eine realistische Bestandsaufnahme doch ein vielfach anderes Bild: So wenig die gesellschaftlich-soziale Integration der muslimischen Zuwanderer bislang jedenfalls gelang, deren Zuzug vielmehr in Parallel- und Ghettogesellschaften sich einrichtete, so zeigt auch die religiöse Präsenz des Islam bei uns kaum Neigung zu Veränderung und Verwandlung. Die Vorstellungen eines „Euro-Islam" sind bislang eine intellektuelle Wunschkonstruktion geblieben, die der beobachtbaren Wirklichkeit nicht Stand hält.

Kein „liberaler" Islam kommt bei uns an, sondern ein orthodoxer und teilweiser „fundamentalistischer" Islam, wie die Analyse der Organisationen, Gruppen und „Zentren", in Deutschland jedenfalls, deutlich zeigt. Das religiöse Selbstverständnis zumindest von Teilen der muslimischen Einwanderer ist das der „hidschra". Seit Mohamed 622 von Mekka nach Medina auswanderte – dem ersten Jahr der islamischen Zeitrechnung – wurde „hidschra" (Migration, Wanderung) zu einem zentral religiösen Begriff. „Auch

[7] Abdullah, Muhammad S.: Neue Wege, neue Wagnisse. Zur Koexistenz der christlich-abendländischen und islamischen Kultur; in: zur sache.bw-Evangelische Kommentare zu Fragen der Zeit; 2/2002; S. 17.

nach dem Tod des Propheten war die Verbreitung des Islam der Inhalt des hidschra und somit die Hauptaufgabe der folgenden Migrationsbewegungen. In dem Buch ‚Kreuzzug und djihad' habe ich historisch nachgewiesen, wie die hidschra mit dem dschihad als Mittel der islamischen Mission/Da,wad verbunden wurde. Einige Verbände des organisierten Islams in Europa übertragen dieses hidschra-Vorbild aus dem siebten Jahrhundert auf die Gegenwart. Mit einem solchen Verständnis von Einwanderung ist keine Integrationspolitik verträglich. Mit dem Glauben an den Islam als überlegene Religion ist die religiöse Pflicht verbunden, ihn weltweit zu verbreiten. Überall dort, wo Muslime leben, beansprucht der Islam unbedingte Geltung für sich. Das hat nichts mit Fundamentalismus zu tun, sondern ist Inhalt der Doktrin von der Verbreitung des Islams als Politik der Islamisierung, zu der die hidschra, also die Migration, gehört."[8]

Man muß die Beispiele und Hinweise nicht im einzelnen fortführen. Durchweg zeigt eine wirklichkeitsorientierte Analyse: Mit dem Islam zieht eine Religion in Deutschland ein, die sich mit der Unterscheidung von säkular begründeter Politik und Religion und der Privatisierung ihrer selbst nicht abfinden wird, sich damit auch nicht abfinden will, weil sie dies ohne Verlust ihrer Herkunftsidentität nicht kann. So stellt denn auch einer der ausgewiesensten Vertreter der deutschen Islamforschung, Tilman Nagel, illusionslos fest: Um eine Übereinstimmung zwischen den fundamentalen Aussagen des deutschen Grundgesetzes und des Islam herzustellen, „müssten wesentliche Partien des Korans und der Prophetenüberlieferung für nicht mehr gültig erklärt werden; insbesondere den zahlreichen Koranstellen und Prophetenworten, die zur Gewaltanwendung gegen Andersgläubige auffordern … und den absoluten Geltungsanspruch des Islam verfechten, sowie den ebenfalls zahlreichen Belegen für die inferiore Stellung der Frau wäre ohne Wenn und Aber die ewige Geltung abzusprechen."[9]

---

[8] Tibi, Bassam: Hidschra nach Europa; Frankfurter Allgemeine Zeitung; 18.12.2000; S. 15.

[9] Nagel, Tilman: Kann es einen säkularisierten Islam geben?; in: Meier-Walser, Reinhard C./Glagow, Rainer (Hrsg.): Die islamische Herausforderung – Eine kritische Bestandsaufnahme von Konfliktpotentialen; aktuelle analysen 26; München; 2001; S. 19.

Mit den bisherigen Bemerkungen ist die weitere Frage schon angeklungen, auf die eine Beschäftigung mit dem Thema „Deutschland und der Islam" zentral hinausläuft: Auf welche politischen, sozialen, ökonomischen, kulturellen und religiösen Lagen trifft die islamische Zuwanderung im *Aufnahmeland*, in unserem Falle also in Deutschland?

Es ist dies nicht der Ort, die Mixtur all der Probleme, Konflikte und angegangenen Lösungsversuche, die sich mit dem Thema stellen, zu erörtern. Doch ganz offenkundig ist: Deutschland ist geistig-kulturell auf die zunehmende islamische Präsenz nicht vorbereitet. Dies wesentlich deshalb, weil wir nichts mehr wissen und wissen wollen, was die Macht einer Religion bedeuten kann. Gewohnt in Religion *allenfalls* eine Sache privater Lebensführung zu sehen, stehen wir weitgehend hilflos vor dem Einbruch einer ihrer selbst und ihres öffentlich-unbedingten Geltungsanspruchs sicheren Religion.

Es gab nach dem 11. September 2001 ein kurzes – inzwischen freilich abgeebbtes – Erschrecken darüber, daß ausgerechnet Deutschland das Vorbereitungsland für die Anschläge in New York und Washington war. Deutschland war – in der präzisen Formulierung der New York Times – ein sicherer Hafen (safe haven) des Terrors. Dies war nicht zufällig. Im deutschen Gespinst aus allumarmender „Toleranz", als dem letzten Wert auf den wir uns kulturell noch verständigen können, Dialogseligkeit, multikultureller Träumerei und Realitätsverweigerung fand der Terror seinen Schutzraum.

Gewiss wäre es abwegig, allein am Beispiel des islamistischen Terrors und seiner Einnistung in Deutschland das Thema „Islam und Deutschland" zu verorten. Nicht zuletzt deshalb, weil man so die zahlreichen in Deutschland lebenden Muslime übersähe, die, sofern nicht nur formal, sondern mit innerer Überzeugung sich von den islamistischen Terrorakten distanzieren; aber auch deshalb, weil so im allgemein geteilten Abscheu über die Untaten, man sich gegenüber den Grundfragen des Themas allzu schnell immunisierte. Eine solche Grundfrage, die Deutschland von nun an begleiten wird und deren mögliche Dramatisierung erst noch ausstehen könnte, lautet: Nicht nur, was wird aus dem *Islam*, wenn er nach Europa zieht, sondern was wird aus *Europa*, und damit aus Deutschland, angesichts seiner sich fortsetzenden Teilislamisierung?

Die Selbstgewissheit mit der weite Teile der politischen und kulturellen Eliten bei uns solche Fragen für erledigt, wenn nicht ohnehin für abwegig halten, weil der säkulare religionsneutrale Staat doch fest und sicher auf dem Boden des Grundgesetzes stehe, beeindruckt nur vordergründig. Der genauere Blick in die Realität, wie sie sich bei uns schon entwickelt hat, gibt Anlaß zu Fragen. So steht für die Propagandisten einer anzustrebenden multikulturellen Gesellschaft bei uns fest, daß die Muslime eben eine andere Kultur mitbrächten mit eignem Recht und Anspruch auch bei uns. So drängt sich den Verfassern des sechsten Familienberichtes der Bundesregierung auch ganz konsequent die Frage auf, „ob der verfassungsmäßige Schutz von Ehe und Familie Raum für die Einbeziehung von in anderen kulturellen Kontexten legitim praktizierten, funktional äquivalenten Lebensformen gibt“[10]. Diese Aussage meint ja im Klartext und macht nur so einen Sinn, wenn sie – in nuce – die Forderung oder zumindestens die Frage enthält, ob nicht künftig auch in Deutschland die Mehrehe (oder überhaupt Polygamie) wie sie im Islam (begrenzt) möglich ist, unter den staatlichen Schutz zu stellen sei. Nun mögen sich diese Autorinnen und Autoren im Einklang mit der neuerdings regierungsparteilich angestrebten staatlichen „Lufthoheit über den Kinderbetten“ wissen – im Einklang mit dem Grundtext unseres Verfassungsstaates sind sie nicht mehr. Die Beispiele ließen sich fortsetzen: Ob das Beispiel einer islamistischen Gruppierung, die alle Werte unseres Grundgesetzes offensiv bestreitet, der die Zulassung zum islamischen Religionsunterricht gewährt wird, ob das Beispiel des „Schächtungsurteils“, gefällt gegen das *auch* im Grundgesetz neuerdings verankerte Tierschutzgebot und so weiter: Man muß in solchen Beispielen nicht gleich die ersten Unterwerfungsgesten des Aufnahmelandes gegenüber der einströmenden islamischen Kultur sehen und die Stunde Allahs im Westen schlagen hören, aber festzuhalten ist: Wie fest und sicher sind wir uns *selbst* der im Grundgesetz formulierten Grundrechte? Deren schleichende Relativierung jedenfalls ist – entgegen aller öffentlichen und offiziellen Rhetorik – nicht Kennzeichen einer zukunftssicheren, ihrer

[10] Bundesministerium für Familie, Senioren, Frauen und Jugend: Familien ausländischer Herkunft. Sechster Familienbericht; S. 23.

selbst bewußten europäischen oder auch nur deutschen nationalen Identität.

Daraus erklärt sich wohl auch wie in fast schon entlarvender Dankbarkeit Vertreter aus Regierung, Parteien und Kirchen, die im Februar 2002 veröffentlichte „Islamische Charta" begrüßten, die als „Grundsatzerklärung des Zentralrats der Muslime in Deutschland (ZMD) zur Beziehung der Muslime zum Staat und zur Gesellschaft" vorgestellt wurde. Geradezu erleichtert wurde die „Islamische Charta" als ein eindeutiges Ja der deutschen Muslime zum Staat des Grundgesetzes aufgenommen. Die Islamkenner, die sich einen kritisch-nüchternen Blick bewahrt haben, lasen das Dokument freilich ganz anders; ebenso übrigens viele deutsche Muslime, die sich vom Zentralrat nicht repräsentiert wissen. So lautet das Fazit der Analyse der Charta von Tilman Nagel: „Die westliche Rechtsordnung bleibt zweitrangig."[11] Und Ursula Spuler-Stegemann kommt zum Ergebnis, daß in der „Charta" von einer wirklichen Akzeptanz der vom Grundgesetz bestimmten Gesellschaftsordnung nicht die Rede sein kann; vielmehr: „Die islamische Charta zeigt in allen Punkten, daß dem Zentralrat Koran, Sunna, Sharia, als allein verbindliche Norm zu gelten haben, auch wenn zunächst gewisse Zugeständnisse in der Diaspora-Situation zu machen sind. Klare positive Aussagen fehlen."[12] So aber, mit Zweideutigkeit auf der einen, naiver oder womöglich politisch-strategisch gewollter Blindheit auf der anderen Seite, wird „Begegnung", „Integration", „Dialog" und dergleichen nicht gelingen können.

Vor allem verweist das Beispiel noch einmal auf die vorstehend formulierte These: Das als säkularer Staat sich verstehende Deutschland ist auf die Präsenz des Islam nicht vorbereitet, weil es – gewohnt an die öffentliche Entmächtigung des Christentums – mit dem öffentlichen Anspruch einer ihr selbst bewußten Religion nichts mehr wirklich anzufangen weiß.

Zu welchen Herausforderungen und Anfragen die beschriebene Lage das europäische und deutsche *Christentum* und die *christlichen*

---

[11] Nagel, Tilman; in: Hessisch-niedersächsische Allgemeine; 10.03.2002.

[12] Spuler-Stegemann, Ursula: Die Islam-Charta und Probleme der Integration; in: Meier-Walser, Reinhard C./Glagow, Rainer (Hrsg.): Die islamische Herausforderung – Illusion und Realität; München; 2002; S. 167.

Kirchen zwingt, bedürfte eines eigenen, weitaus greifenden Beitrages. Hier nur soviel: Mit der sich künftig noch verfestigenden Präsenz des Islam steht das vor allem kirchlich verfaßte Christentum vor der Frage, wie es sich *selbst* versteht. Längst geht es nicht mehr allein darum, wie das Christentum dem Siegeszug, den Herausforderungen, aber auch den Ermüdungserscheinungen des *Säkularismus*, begegnet. Jetzt steht das westlich-europäische Christentum einer ihrer selbst absolut gewissen, mit unbedingtem Wahrheitsanspruch auftretenden Religion gegenüber; einer Religion, die nichts anderes will, weil sie nichts anderes wollen *kann*, als ihre Wahrheit dauerhaft in den neuen Ländern ihrer Einwanderung zu etablieren und schließlich Kultur und Gesellschaft, in die sie einzieht, zu bestimmen. Diese Religion trifft nicht nur auf eine säkulare Kultur und Gesellschaft, geprägt von voranschreitender Entchristlichung; sie trifft auf ein Christentum, das kulturell marginalisiert ist und das in seiner institutionalisierten Gestalt, den Kirchen (vorrangig der protestantischen), sich in einem Prozeß der Selbstsäkularisierung, des Rückzugs und der institutionalisierten Schwächung, teils Amorphie befindet.

So ist es nicht nur der Zustand der libertär-westlichen Gesellschaften, sondern auch die innere Verfaßtheit der Kirchen selbst, die die – nicht nur islamistisch orientierten – Muslime bei uns in ihrem Gefühl der moralischen, aber eben auch *religiösen* Überlegenheit bestärkt.

Gewiß muß man sich, bezogen auf die Kirchen vor einem schnellfertigen Urteil hüten und nichts ist wohlfeiler, als in eine gegenwärtige, auch publizistisch verbreitete Kirchen- und Christentumskritik einzustimmen. So ist *auch* nicht zu übersehen, wie viel an christlichem Glaubensernst immer noch, oder auch wieder neu in vielen deutschen Kirchengemeinden lebendig ist. Aber die Zeichen der *Selbstentmächtigung* der christlichen Kirchen, die sich etwa in Konzepten der Zeitgeistanpassung vermeintliche „Aktualität“ zu verschaffen meinen, sind unübersehbar. Wenn etwa in Deutschland, einmal das Land Martin Luthers, die evangelische Bischöfin einer Landeskirche im Fernsehen vor Millionen erklärt, mit dem zentralen Symbol ihres Glaubens, dem Kreuz, nicht mehr wirklich etwas anfangen zu können – wie eigentlich soll ein von *seiner* Religion bewegter Muslim in Deutschland anders als mit

Verachtung auf eine solch öffentlich erklärte religiöse Selbstpreisgabe reagieren?

Man darf die Prognose wagen: durch die Präsenz des Islam, gerade als einer „nicht-säkularisierten", ihrer selbst fraglos sicheren Religion, werden Christentum und die christlichen Kirchen künftig *gezwungen sein*, sich neu auf *ihre* Wahrheit und deren auch öffentliche Präsenz und Geltung zu besinnen.

Dies erst wäre Voraussetzung für einen wirklichen *Dialog* gerade auch mit dem Islam. Hierher gehört, spätestens seit dem 11. September 2001, auch die Einsicht: Die Zeit eines naiven, rein gesinnungsethisch fundierten „Dialogs" ist vorüber. Vielmehr ist eine neue geistige Entschiedenheit gefordert, die auch im „Dialog" die Tatsachen nicht verschweigt. Dazu gehört etwa der Hinweis, daß islamische Staaten, z.B. Saudi-Arabien, für sich in Anspruch nehmen, in den westlichen Ländern ungehindert und unter – legitimer – Beanspruchung geschützter Religionsfreiheit Mission zu betreiben, Moscheen zu bauen und islamische Zentren zu unterhalten. In den eignen Herkunftsländern aber ist christliche Mission – nicht selten bei Todesstrafe – verboten und der Bau auch nur einer christlichen Kirche nicht möglich. Zu den bedrückendsten Erfahrungen der vergangenen Jahre gehört, daß die hunderttausend getötete Christen in den islamischen Ländern kaum öffentlicher Wahrnehmung Wert waren. Ein „Dialog", der solche und weitere Tatsachen zu nennen sich nicht traut, produziert seine eigene Überflüssigkeit, ja wird zu einer trostlosen Gespensterveranstaltung.

Gewiss nicht nur die Kirchen, aber auch sie, müssen sich fragen, ob sie in den vergangenen Jahren nicht von einer realitätsblinden Dialogideologie bestimmt waren. So haben wir in den vergangenen Jahren islamistischen Gruppen Aufnahme gewährt, die unter dem Schutz staatlich garantierter Religionsfreiheit und des Toleranzgebots und unter Ausnützung naiver Dialoggläubigkeit, selbst Intoleranz und Freiheitsfeindlichkeit predigen; die „Glaube" sagen und womöglich Terror meinen. Zu einem realistischen zukunftsoffenen Dialogverständnis gehört: Es gibt Grenzen des Dialogs, die zu überschreiten gefährlich ist. So kann es keinen Dialog mit den offenen oder verdeckten Feinden einer freien Gesellschaft geben.

Zu vermerken ist freilich, daß inzwischen – nach dem 11. September 2001 – auch in den Kirchen ein realistisches Dialogverständnis, das die Tatsachen nicht verschweigt und auch die grundlegenden *religiösen* Unterschiede zwischen den Religionen neu zu sehen lernt, sich zu formieren beginnt. So hat der „Auslandsbischof" der evangelischen Kirche Deutschlands, Rolf Koppe, in einer Antwort auf Scheich Tantawi zur Frage des christlichen Märtyrerverständnisses im Gegenüber zu den islamistischen Selbstmordattentätern, das Beispiel eines gelungenen Dialogversuches gegeben.[13]

So oder so: eine realitätsblinde Dialogideologie können wir uns im Blick auf die Wirklichkeit unseres Landes nicht mehr leisten. Nicht vorüber aber ist die Dringlichkeit und Notwendigkeit von Gespräch und Begegnung zwischen Kulturen und Religionen. Dies wird vielmehr zu einem Imperativ in einer sich auch kulturell globalisierenden Welt – und gilt insbesondere für die Begegnung mit dem „Haus des Islam". Zu solcher Begegnung gehört dann hoffentlich *auch* die Ehrfurcht vor der anrührenden Glaubenswelt der Muslime, vor der Größe ihres Glaubens und auch seiner Schönheit.

3. Offene Fragen

Immer wieder lagen den hier vorgelegten Untersuchungen zwei Grundeinsichten zugrunde. Zum einem: das westlich-europäische Christentum, die Herkunftsreligion Europas, hat seine kultur- und gesellschaftsbestimmende „Lebensmacht" (Max Weber) verloren. Sodann aber: Auch die Götter der säkularen Kultur, die die Geschichte der westlichen Moderne wesentlich bestimmt haben, sind alt geworden. So wie das ausgelaugte westlich-europäische Christentum ist auch die an ihren säkularen Gewißheiten müde gewordene Moderne, ihres Weges nicht mehr sicher.

Dann aber stellt sich die Frage: Aus der Kraft *welcher* geistigen Quellen werden wir den Herausforderungen, die jetzt schon anstehen, begegnen?

Dem Ernst dieser Frage wird eine bloß kulturkritische Larmoyanz, die nur von „Verfall", gar „Ende" der westlichen Kultur

[13] In: Frankfurter Allgemeine Zeitung; 11.12.2002; S. 30.

zu reden weiß, nicht gerecht, weil sie nicht weit genug denkt. Gewiß: auch Kulturen und Religionen vergehen und die Geschichte ist auch die Geschichte vom Aufstieg und Fall der Kulturen und Religionen. Doch das Ende abgelebter kultureller und religiöser Daseinsdeutungen war immer auch der Beginn neuer, nach Kulturkämpfen sich schließlich siegreich durchsetzender Welt- und Menschenerklärungen und Kulturgewißheiten. Wer immer noch „den Untergang des christlichen Abendlandes" beklagt, ist reichlich spät dran. Dies ist schon längst untergegangen und die Frage heißt jetzt, wohin steuert, getrieben von welchen geistigen Kräften, das von seinen Herkunftstraditionen sich lösende Europa?

Freilich noch elementarer verfehlt den Ernst der obengenannten Frage jene Auffassung, die heute im Alltagsbewußtsein, im politischen Handeln und bis hinein in die Wissenschaften, so bestimmend scheint: Jene Auffassung nämlich, die nichts mehr weiß und nichts mehr wissen will von der Macht der Kultur und dem blinden Aberglauben verfallen ist, die Welt würde allein von der Pragmatik der Interessen und der bloßen Nutzenkalküle fortbewegt und die nötigen „Werte" würden sich dann auch finden. Blind ist dieser Glaube deshalb, weil er vergißt, daß Menschen immer darauf angewiesen sind, ihrem Handeln, Denken und Fühlen sinnhafte Deutungen zu verleihen und dies auch tun; deshalb muß die Frage heißen: *Welche* Deutungen und Daseinsinterpretationen setzen sich durch und werden schließlich gesellschafts- und kulturbestimmend? Auch die viel beschworenen „Werte" fallen nicht von einem imaginären Wertehimmel, sondern gründen sich in Religionen, Ideologien, in Weltbildern und Weltanschauungen und werden verkündet von ihren religiösen, oder heute säkularen Priestern und Propheten. So ist die heutige Dominanz einer bloßen Pragmatik der Interessen und reiner ökonomischer Rationalität *selbst* Ausdruck von kultureller Daseinsdeutung, die sich nicht unschuldig-naturhaft bildet, sondern Ergebnis ist des Weges der säkularen Kultur der Moderne und der in ihr immer wichtiger gewordenen Welt- und Menschenauffassung.

Daß diese Daseinsdeutung heute so alternativlos erscheint, verschärft die obengestellte Frage nach den „geistigen Quellen", nämlich: Wie werden wir die anstehenden Herausforderungen bestehen können, wenn wir kulturell nichts anderes mehr in Händen haben als bloßen Utilitarismus und das blasse Reden von „Werten“, die freilich in keinem Glauben mehr gründen.

Abschließend seien einige der „anstehenden Herausforderungen“ genannt, die wir im Blick auf die Gegenwart für besonders andrängend halten, und die sich mit der Frage nach Lage und Schicksal der Religion notwendig verbinden.

Ganz beiseite bleiben muß die Thematisierung der Herausforderungen, die sich dem *einzelnen* und seiner individuellen Lebensführung in den äußeren und inneren Lagen der säkularen, westlich-liberalen Gesellschaften stellen und welche mögliche Bedeutung und Zukunft der Religion hierbei zukommen könnte.

Doch bezogen auf das Gesamt der westlich-europäischen Kultur und Gesellschaften, gibt es gute Gründe für die These: Wir stehen in Europa und Deutschland vor der Aufgabe *neuer kultureller Selbstvergewisserung*. Einer der Gründe ist im obenbehandelten Thema „Islam und Europa“ schon angeklungen. Wo eine neue Kultur und Religion einzieht wird die Frage nach der *eignen* kulturellen und nationalen Identität unausweichlich, die Frage also: Wer sind wir selbst und *wollen* wir sein – als Europäer, als Deutsche?

Viel ist in den vergangen Jahren – insbesondere nach dem 11. September 2001 – im öffentlichen Diskurs die These Samuel Huntingtons vom „Kampf der Kulturen“ („clash of civilizations“) besprochen worden; es ist nicht zufällig, daß die Deutungseliten, gerade in Deutschland, auf Huntington weitgehend mit bloßer Abwehr, ja Argumentationsverweigerung reagiert haben. Die Fragen nach kultureller Selbstbehauptung, nach der Identität von „Volk“ und „Nation“ stehen bei uns unter dem Dauerverdacht, es verberge sich dahinter das „Völkische“ und der „Nationalismus“ als höchste Werte, deren unheilvolle jüngste Geschichte uns wie ein Schatten begleitet.

Doch wird auch uns, als Europäer, als Deutsche, die Frage nach uns selbst, wer wir sind und sein wollen, nicht erspart bleiben. Ob wir es wahrnehmen wollen oder nicht – jeder Blick in die Geschichte zeigt: Nur die Kulturen können überleben, die wissen, wer sie selber sind und die auf Dauer den Glauben an sich selbst nicht verloren haben. Der Wegfall des Kommunismus, als dem negativen Gegenüber der westlichen Welt, – der Prozeß der Internationalisierung und der globalen Kopräsenz aller Kultur, zwingen zu der Frage nach der Eigenart *unserer* Kultur und unserer Gesellschaftsauffassung. Hier helfen auch die Träume von der „Einen Welt", von denen so viele sich bewegt zeigen, nicht wirklich weiter. So „ergibt sich der Umriss einer globalen Konfrontation, deren ferner Ausgang offen steht. Aber ganz sicher ist es, daß sich dabei die Kulturen weder bloß durch Geben und Nehmen wechselseitig befruchten und entfalten noch durch ihren Austausch zu einer einzigen Weltzivilisation zusammenwachsen, zu der alle ihr Bestes beigesteuert haben. Solche Hoffnungen hat man auch früher genährt, wo immer ein Großreich die übrigen Völker und Staaten bis auf ein paar belanglose Randstämme überwältigt hatte … Aber früher oder später entstand doch immer wieder die Vielheit der Kulturen, Völker und Sprachen. Falls uns diesmal doch die Eine Weltkultur bevorstünde, in der alle freien aufgingen, so wird sie jedenfalls nicht aus einer freien Verschmelzung hervorgehen, sondern den Stempel der einen Kultur tragen, welche die übrigen geprägt, überformt, beiseite gedrängt, bekehrt oder aufgesogen hat. Dies ist das ausnahmslose Zeugnis aller Geschichte."[14]

Doch auch wer vom „ausnahmslosen Zeugnis der Geschichte" sich nicht berührt zeigt, wird doch vom Ernstfall der *Gegenwart* eingeholt. Kampf der Kulturen? Es geht hier gar nicht darum, ob Huntingtons These „stimmt", über deren diagnostische und vor allem prognostische Erklärungskraft man durchaus unterschiedlicher Meinung sein kann. Es geht um die Frage: Haben wir überhaupt die Wahl? Was tun wir, wenn *andere* uns diesen Kampf, gar im Namen ihres Glauben erklären? Dann wird uns in den offenen liberalen Gesellschaften des Westens nichts übrig bleiben, als neu zu entdecken was *unsere* geistig-kulturellen Wurzeln sind und ob wir bereit und noch fähig sind, die so ganz und gar nicht selbstverständlichen Werte unserer Verfassungen – Schutz des Lebens, Würde des Einzelnen, Verzicht auf Gewalt bei strikter Wahrung des staatlichen Gewaltmonopols, Freiheit der Religion und Weltanschauung und so weiter – neu zu erkennen und womöglich zu verteidigen.

Ernstfall also, der uns zwingt, fast versunkene Tugenden neu zu lernen: Moralischen Mut und Ausdauer, geistige Entschiedenheit

---

[14] Tenbruck, Friedrich H.: Perspektiven der Kultursoziologie; Hrsg.: Albrecht, Clemens/Dreyer, Wilfried/Homann, Harald; Opladen; 1996; S. 276.

und das Wissen vom Wert und der Würde unserer eignen kulturellen Grundlagen.

Dann aber stellt sich die zu Beginn dieses Schlußkapitels benannte Frage nach der Zukunft des Christentums als Frage nach der Zukunft Europas noch andrängender: Ist eine solche Selbstvergewisserung Europas und seine Neubesinnung auf seine kulturellen Grundlagen trag- und zukunftsfähig, ohne daß sie einhergeht *auch* mit einer Neubesinnung auf seine religiöse Herkunft, auf den Glauben des Christentums?

Zu solcher kultureller Selbstvergewisserung gehört auch die Frage die als weitere grundstürzende Herausforderung vor uns steht: Welches *Bild vom Menschen* soll für uns künftig bestimmend sein?

Dem Zwang dieser Frage entgeht man auch nicht mit dem Verweis auf den prinzipiellen Pluralismus der Menschenbilder und Daseinsorientierungen, der für liberal-westliche Gesellschaften konstitutiv ist. Was immer „Pluralismus" im einzelnen heißen, wie wertvoll oder bedrohlich wir ihn einschätzen mögen: Pluralismus ist nicht nur der schiedlich-friedliche Ort von Begegnung und freiem Diskurs umlaufender Sinnangebote, sondern auch ein Kampfplatz von Wahrheiten, die sich kulturell und damit schlußendlich auch politisch durchsetzen wollen.

Dies zeigt sich gegenwärtig unabweisbar am Beispiel der Möglichkeiten der Biotechnologie. Diese könnten das Ende alles dessen bedeuten, was abendländisch bisher vom Menschen gedacht wurde. Spätestens wenn es um die Frage des therapeutischen und des selbstverständlich darauffolgenden reproduktiven Klonens geht, hilft der Verweis auf den kulturell zuhandenen Pluralismus von Menschenbildern nicht mehr weiter. Dann geht es um die Frage: *Welches* Bild vom Menschen wird sich durchsetzen?

Am gleichen Tage der Abfassung dieser Schlußbemerkungen erschienen im Feuilleton der „Frankfurter Allgemeinen Zeitung" zwei große Artikel[15]: In dem einem Artikel fragt der Berliner Landesbischof und protestantische Sozialethiker Wolfgang Huber: „Darf der Mensch einen Menschen nach eignem Bild schaffen?" In seinem die Argumente wägenden Artikel warnt Huber nicht

[15] Frankfurter Allgemeine Zeitung; 11.01.2003; S. 33 und 41.

nur vor den biotechnologischen Möglichkeiten der Reproduktionsmedizin, sondern plädiert auch für die Wiederentdeckung des biblischen Bildes vom Menschen: „Christen bekennen sich zu dem Gott, der sie bei der Suche nach Transzendenz von sich selbst befreit. Sie wissen, daß sie Vollkommenheit nicht bei sich selbst, sondern nur bei ihm finden können ... Das befreit Glaubende von der Meinung, sie müssten selbst ein Leben herstellen, daß der Endlichkeit nicht unterworfen ist." Der andere Artikel stammt von Ray Kurzweil, einem „der eminentesten Anreger in der Wissenschaftsfolgendebatte in den Vereinigten Staaten" (F.A.Z.). Der Titel des Beitrags enthält schon seine Botschaft: „Alle Grenzen werden fallen". In fast schon atemberaubendem Optimismus preist Kurzweil die umwälzenden biotechnologischen Möglichkeiten, die insbesondere die Klonierungsverfahren eröffnen werden. Sie werden uns nicht nur von bislang unbesiegbaren Krankheiten heilen, wir werden durch sie immer wieder neu und immer wieder jung werden.

Man versteht die Kraft solcher Wissenschaftsverheißungen, vor allem die dahinterstehende *Kulturfrage* aber erst wirklich, wenn man zur Kenntnis nimmt, daß Kurzweil nicht etwa von ethischen Selbstrechtfertigungszwängen geplagt wird, sondern von der ethischen Dignität, ja Überlegenheit seiner Botschaft überzeugt ist.[16]

Welche Auffassung vom Menschen wird sich durchsetzen? Der zur realen Möglichkeit gewordene Traum vom herzustellenden „perfekten", vom „neuen" Menschen, der die Geschichte der säkularen Moderne immer wieder begleitet hat und in dem der Mensch sein eigner Schöpfer und Geschöpf zugleich ist? Oder das Bild vom Menschen, daß von dessen Endlichkeit weiß, die ihm erst Würde und Wert verleiht und das im Christentum bewahrt ist, das davon spricht, daß – nach Kierkegaard – die größte Vollkommenheit des Menschen seine Unvollkommenheit ist, nämlich Gottes zu bedürfen?

---

[16] So sind bei Kurzweil auch die Tierschützer in der vor uns liegenden „neuen Welt" gut aufgehoben: „Aufregend neu am Klonen ist schließlich die Möglichkeit, Fleisch ohne Tiere zu gewinnen. Wie beim therapeutischem Klonen würden wir dabei nicht das ganze Tier erzeugen, sondern nur die erwünschten Teile, also das Fleisch ... Eine Fleischerzeugung, die ohne Tiere auskommt, wird auch das Leiden der Tiere verringern."

Alle Kultur muß Antwort geben auf die Frage, was ein Mensch ist. Zu welchen Antworten wir in unserer heute so zersplitterten säkularen und religiösen Kultur schließlich finden, bleibt unserem in die Gegenwart gebannten Blick verborgen.

Hinweis: Einige Textpassagen sind bereits früher erschienen, sie wurden für dieses Buch überarbeitet.

Religiöser Fundamentalismus – Aufstand gegen die Moderne?; in: H.-J. Höhn (Hg.): Krise der Immanenz: Religion an den Grenzen der Moderne; Fischer Taschenbuch Verlag; Frankfurt/Main; 1996.
Zweites Kapitel I

Die New Age Botschaft im Gegenüber zum Gottes- und Menschenbild des Christentums (= EZW-Texte, Informationen, Nr. 124); Stuttgart; 1994.
Zweites Kapitel II und Exkurs

Pluralismus, Toleranz und Wahrheit: Der liberale Verfassungsstaat und die „Sekten"; in: Materialdienst der EZW 2; 2002; S. 35–46.
Zweites Kapitel III

Das funktionale Religionsverständnis: Grenzen und Gefahren; in: Hempelmann, Reinhard/Dehn, Ulrich: Dialog und Unterscheidung. Religion und neue religiöse Bewegungen im Gespräch. Festschrift für Reinhard Hummel (= EZW-Texte, Sonderausgabe, Nr. 15); Berlin; 2000; S. 89–98.
Drittes Kapitel I

Ideologien; in: Hempelmann, Reinhard (Hrsg.): Panorama der neuen Religiosität. Sinnsuche und Heilsversprechen zu Beginn des 21. Jahrhunderts; Gütersloher Verlagshaus; Gütersloh; 2001; S. 64 ff.
Viertes Kapitel II

Wir bedanken uns bei den Verlagen für die Nutzungsgenehmigung.